DAODE JIAOYU
PINGLUN
2013

■ 高德胜 主编

道德教育评论 2013

教育科学出版社
·北京·

编　委　会

目录

在多元社会中传授价值：
香港近三十年的德育发展

香港中文大学文化及宗教研究系　杨国强

　　摘　要：德育工作从来不易，在多元社会中传授价值尤其困难。本文从教育政策演变、儒家和宗教传统对德育实践的影响及生命教育和心灵教育三方面，回顾了香港学校德育在过去三十年的发展。香港德育在具体实践上纵然有差异，但整体的发展还是肯定价值多元的环境，以普世核心价值为骨干，尊重学生个人的体验和反思，强调道德价值要与学生情意和内在觉察能力相连。

　　关键词：多元文化；儒家价值；宗教传统；生命教育；心灵教育

一、引言

　　德育工作从来不易，在当代社会进行尤其困难。道德涉及对错、好坏等价值判断，以及对美善生活的选择。现代社会趋向多元，要在什么是好的价值、什么是美善生活等问题上达成社会共识实非易事。然而，多元文化的好处在于，既能尊重人的自主以及自决、诚信和发声的权利，又能因为社会多样性促进经济和艺术发展，也能制约不同社会权力的使用。[①] 从

---

　　① Joel Zimbelman. Ethics after Babel：Moral Education in a Multicultural Society［M］∥ Leslie Nai-kwai Lo and Si-wai Man edited. Research and Endeavours in Moral and Civic Education. Hong Kong：Hong Kong Institute of Educational Research，The Chinese University of Hong Kong，1996：121-123.

这个角度看，为了更好地保障个体的自主和权利，我们不应责怪多元文化窒碍了德育，而应该重新反省，德育的目标究竟是什么，我们通过德育要培育怎样的人，德育的内容应该是什么以及应该如何进行德育。

青贝尔曼（Joel Zimbelman）认为，在现代多元文化的处境下，我们在评价任何德育计划时，都需要探讨以下四个课题，这有助于我们反省上述的问题。第一个课题涉及德育计划的人性论及生活的现实①：究竟人性是无限、发展和进步的，还是有限、腐败和自欺的？人生活在具体的现实世界，究竟是怎样的？一个德育计划必须能与人类的反思和经验产生共鸣，才能令人信服。第二个课题关于要传授给学生实质道德价值的内容，包括规则、原则、理想、德性、品格习惯、美善生活的构想等道德生活的基础。任何德育计划都要选定社会重视的道德价值，且要理解它们为什么重要及社会怎样解释它们是重要的，又要将这些价值内容与此计划的人性论及生活的现实联结起来。第三个课题关于批判性道德推论（critical moral reasoning）。任何德育计划若只期望学生掌握道德价值是不够的，还要发展学生的分析、评估、判断、解释和捍卫道德价值的能力，连带要培养他们的情感、想象和人际能力，使学生能理解人行动的动机和理由，也有能力质疑现存道德价值是否合理，并尝试提出新的建议。为此，德育工作者必须能营造容许讨论、辩论及异议的学习空间。第四个是教学法的课题。其中所涉及的，不单是实际的课堂技巧，更包括背后的假设及教师的角色等。恰当的教学法要能把学校教授的道德与学生私人的道德和社会公共的道德加以联系和对照，也要考虑到学生的成长发展阶段的特质。教师的角色究竟是负责社会化的文化训练员，还是刺激学生批判思考的裁判，是必须要予以澄清的。②

本文的目的是回顾香港德育在过去三十年的发展，试图找出其中的一些特征和趋势。首先，我们会分析几份香港政府的德育政策文件，看看德

---

① 青贝尔曼指的生活现实包括生活的环境、历史、社群、文化和传统。Zimbelman. Ethics after Babel：Moral Education in a Multicultural Society［M］∥ Leslie Nai-kwai Lo and Si-wai Man edited. Research and Endeavours in Moral and Civic Education. Hong Kong：Hong Kong Institute of Educational Research，The Chinese University of Hong Kong，1996：123.

② Zimbelman. Ethics after Babel：Moral Education in a Multicultural Society［M］∥ Leslie Nai-kwai Lo and Si-wai Man edited. Research and Endeavours in Moral and Civic Education. Hong Kong：Hong Kong Institute of Educational Research，The Chinese University of Hong Kong，1996：123-126.

育政策如何在不同社会政治的环境中提出实质的德育价值内容以及推动德育的方法。之后，我们会检视儒家价值和宗教传统对香港德育实践的影响。最后，我们会讨论作为新德育模式的生命教育和心灵教育的理念和发展。期望能通过本文的讨论，描绘香港德育如何在多元文化和变迁的社会环境中努力前行。

二、香港德育的政策发展

香港的正式德育政策可以说是始于 1981 年《学校德育指引》（以下简称《指引》）的颁布。① 此前，香港政府没有把学校德育独立来处理，德育被认为是隐含在各学科之中，"一般是透过学科教师在教学中以顺带一提的方式出现"，各学科中又主要以中国语文、文化和历史及宗教教育等科目承担德育工作。② 虽然此《指引》只勾勒了相当宽松的学校德育框架，缺乏严谨和完整的课程纲要，但我们还是可以阐述一下其中几个重要的特点。第一，《指引》的德育理念虽然简单，却颇有全人教育色彩。《指引》强调良好的德性有赖于自制、控制情绪、欣赏艺术等能力的培养。德育应培养学生从个人的自我认识开始，然后逐步扩展至认识自己在家庭、学校、社会以至整个世界中的位置和角色。③ 至于什么是德育要传授的正确价值观，《指引》只有零散地提及善、爱、义、谦、忠、孝、恕、守法、慈爱、容慰、耐性、关怀他人等德性。不过，《指引》不忘补充，价值观也会因时间而改变，没有放诸四海皆准的行为准则，尤其是科技进步会引起社会和道德的转变。因此，《指引》否定教条式的德育训练和道德概念的灌输，认为这样的德育无法培养学生适应转变的社会环境而作独立而正

---

① 一些教育制度及社会环境转变的压力，促使了《学校德育指引》的编写，包括九年强迫普及教育的实施，扩大了学生程度和家庭背景的差异，教师必须加强关注个别学生的德育发展。同时，青少年的犯罪率也在增长。香港教育署. 学校德育指引 [M]. 香港：香港教育署，1981：1. 林智中指出，其实《学校德育指引》也是政府响应民间压力的结果，因为学校、办学团体、教师、社工、宗教团体皆忧虑青少年行为问题恶化，向政府表达了加强德育的诉求。参见林智中. 香港二十年来的德育发展 [M]//拓思. 香港：廉政公署，1994. http：//www. me. icac. hk/upload/doc/j124. htm.

② 林智中. 香港二十年来的德育发展 [M]//拓思. 香港：廉政公署，1994. http：//www. me. icac. hk/upload/doc/j124. htm.

③ 香港教育署. 学校德育指引 [M]. 香港：香港教育署，1981：3.

确的思考。《指引》提倡小学时期最好的德育方法是成人自身做榜样；到了中学阶段，教师应与学生进行讨论，而避免只谈论一般性的道德标准，否则只会因过于抽象而难以产生效果。①

后来，香港教育署又先后于1985年和1996年颁布了两份《学校公民教育指引》（下文分别称为《1985指引》、《1996指引》）②，其中涉及大量的价值观教育成分。《1985指引》开宗明义地指出，学校有职责去"增进青年人所需的知识、态度和技能，使他们成为有理性的、富政治醒觉而又负责任的公民，俾使在政治及社会变迁的过程中，做出建设性的贡献"。③《1985指引》清楚地说明，为了适应新的社会政治环境，学校要培育学生成为有知识、价值、态度和技能的成熟公民。《1985指引》特别强调了民主社会的价值和态度，诸如尊重、包容、公平、公正、法治、理性、政治醒觉及负责任等。这些价值都属于社会层次，有别于传统德育载体的中文科涵盖的个人和群体取向价值（下文将会详及）。《1985指引》更清楚地否定灌输式的教学法（只介绍一种主义或反复灌注某种政治信仰），而是鼓励课堂使用分组讨论、作价值分析等方法，教学时给予学生讨论或发问机会，让学生自行思考和作价值判断。

《1996指引》顺应了当时香港即将回归祖国的处境，特别明确地提出要培养学生认识和认同民族与国家。回归祖国所构成的崭新的现实世界，使得公民价值有了新的含义。此《指引》首次清楚地罗列了公民应具备的价值观和态度，特别是标示出有普效性的"核心价值"。④ 这种要培养下一代一些重要和核心的价值观和态度的教育取向，接近亚里士多德的德性伦理和当代的品格教育的立场。⑤ 尽管《1996指引》没有对核心价值给出详尽阐释，但其所建议的大抵都能反映香港社会认同的普世价值。此外，

---

① 香港教育署. 学校德育指引 [M]. 香港：香港教育署，1981：5.

② 1985年的《学校公民教育指引》是期望为香港代议政治发展提供公民教育的基础，1996年的《学校公民教育指引》则是为了迎接香港回归中华人民共和国。

③ 香港教育署. 学校公民教育指引（1985）[M]. 香港：香港教育署，1985：5.

④ 在个人层面的有生命神圣、人生尊严、真诚、真理、勇气、自由等，在社会层面的有平等、守望相助、共同福祉、友爱、容忍等。香港教育署. 学校公民教育指引（1996）[M]. 香港：香港教育署，1996：10—16.

⑤ 可参见近年美国颇有影响力的品格教育著作。Thomas Lickona. Educating for Character [M]. New York：Bantam，1991.

《1996 指引》还特地确定了公民教育必须包括批判性分析思维和技能的训练，并鼓励学生作为公民参与社会的建构。① 价值教育又要教育青少年分辨事实和主张，识别理据的真实性和准确性，避免为只求达到目的而忽视或歪曲理据及带有偏见地表达观点。②

进入 21 世纪，香港的教育改革对学校课程中的德育及公民教育作了几项较大调整。香港课程发展议会在 2001 年发表的教育改革建议中，把德育和公民教育确立为帮助学生发展独立学习能力的四个关键项目之一③，又把五项核心价值——坚毅、尊重他人、责任感、国民身份认同及承担精神——定为学校应该"首要培养的价值观和态度"④。因为香港已成为中国的一个特别行政区的新处境，使国民身份认同价值更为凸显。⑤在推行策略方面，课程发展议会又建议采用"生活事件方式"，以学生在每一学习阶段会碰到的生活事件（如"进入青春期"）作为德育的切入点。新的德育及公民教育政策文件仍提醒教师，要避免要求学生只给出"正确"的答案，甚至应该让学生参与评估准则的制定。整体来说，教育改革对德育的调整，尝试让德育变得更为集中和实用，但相对于《1996 指引》，却似乎更着重价值观的传授，对学生的讨论和参与的关注减少。

经过二十多年的发展，香港德育及公民教育政策愈趋全面和复杂，德育也由缺乏规划演变为培养学生独立学习能力的关键项目。几份德育相关政策文件固然各有其社会和政治发展的背景，但都同样以学生的全人成长为目标，而且始终对学生向善和成为有理性与负责任的公民抱持期望。各

---

① Yan Wing Leung, Teresa Wai Lin Chai and Shun Wing Ng. The Evolution of Civic Education: From Guidelines 1985 to Guidelines 1996 [M] // School Curriculum Change and Development in Hong Kong. Yin Cheong Cheng, King Wai Chow and Kwok Tung Tsui Edited. Hong Kong: Hong Kong Institute of Education, 2000.

② 香港教育署. 学校公民教育指引（1996）[M]. 香港：香港教育署，1996：73-74.

③ 课程发展议会. 学会学习——课程发展路向 [M]. 香港：课程发展议会，2001：74. 另外三项关建项目是从阅读中学习、专题研习和运用信息科技进行互动。

④ 课程发展议会. 3A 德育及公民教育 [M] // 基础教育课程指引——各尽所能，发挥所长. 香港：课程发展议会，2002. 2008 年，教育局又新增了"关爱"和"诚信"两项首要价值观。香港教育局. 汇聚百川流，德雨育青苗：新修订德育及公民教育课程架构 [M]. 香港：教育局，2008.

⑤ 课程发展议会. 3A 德育及公民教育 [M]. 基础教育课程指引——各尽所能，发挥所长. 香港：课程发展议会，2002.

份政策文件都异口同声地反对单纯的价值灌输，一致强调在传授社会的共同价值的同时，要培养学生批判反思价值的能力。后期的德育相关政策都力图避免使德育化约为抽象道德原则的谈论，所以提出了核心价值、培养批判性思维、首要培养价值、以生活事件为切入点等新的观念。可以说，香港的德育政策一直在不背离社会多元、学生自主及全人成长理想的情况下，尝试找出社会可共同接受的德育目标。

三、德育的实践：儒家价值及宗教传统的影响

影响香港学校德育实践的因素很多。按郑汉文的观点，塑造香港德育内容的三大影响力，按重要性排序，分别为家庭的儒家道德元素、学校的宗教教育及主要来自香港廉政公署的公民教育资源。香港华人家庭向下一代传递了勤奋、坚毅、自力更生、仁爱和尽责等儒家价值。香港宗教团体则因为办学的影响力①，使宗教教育成为德育的重要来源。② 下文尝试通过回顾最近的一些相关研究，勾画出儒家传统及宗教传统对香港德育实践的影响。

（一）儒家价值

香港的德育是否包含儒家道德价值，以及包含哪些儒家道德价值，一直是学者研究的课题。为了确定香港中文科的价值内容，区婉仪和梁淑群两人分别研究了初中及高中级别的相关课程③，并得出了两个主要结论。第一，中文课本包含的价值，数量以自我取向的最多，然后依次是群体取

---

① 香港教育的一个特色就是只有极少数学校由政府直接管理，大部分皆由政府资助或由自愿办学团体负责开办，其中宗教学校占全香港中小学校过半。例如，2011 年，香港的 457 所中学之中，只有 31 所由政府直接管理，而在 530 所小学之中，只有 34 所由政府直接管理。参见家庭与学校合作事宜委员会. 中学概览 2010/2011 ［EB/OL］. http：//ssp. chsc. hk/secondary/tc/index. htm 及小学概览 2010/2011 ［EB/OL］. http：//psp. chsc. hk/primary/tc/home. htm.

② Roger H. M. Cheng. Moral Education in Hong Kong：Confucian-parental，Christian-religious and Liberal-civic Influences ［A］. Journal of Moral Education，33（2004），4：533-551. 香港廉政公署为了推动社会的廉洁和公正，出版德育杂志、制作影音教材、举办教师培训及教育活动。

③ Yuen-yee Au. Value Orientations in the Junior Secondary（S1-S3）Chinese Language Curriculum in Hong Kong ［M］. M. Ed. diss，University of Hong Kong，1994，and Shuk-kwan Leung. Value Orientations in Senior Secondary（S4-S5）Chinese Language Curriculum of Hong Kong and Perceptions of Teachers on Values Education ［M］. M. Ed. diss，University of Hong Kong，1996.

向、社会取向、国家取向、大自然取向。第二，中文课本所包含的都是儒家价值。可惜，两个研究为这个重要的结论提出的论据的说服力并不强。试看以下论据：

> 要"格物"，即求学问，我们必须要"勤奋"、"负责"、"乐观"、"勇敢"、"谨慎"、"进取"、"专注"，也要培养"远见"。①

这样把负责和勇敢等价值归入儒家的八目下，有明显困难。勇敢和谨慎不正是自亚里士多德以来一直获西方推崇的四大德性（cardinal virtues）之二吗？②

我们可再多看两个关于教师观点的研究。有研究者曾访问了 34 位教师，发现除了不到十分之一的基督教学校的教师外，大多数教师都相信儒家道德价值可以成为香港德育的框架，并认为儒家价值能促进和谐关系，虽然他们同时对儒家价值的前景感到悲观，因为当代的青少年受到大众传媒和朋辈影响，大都质疑或忽视儒家思想，并视之为不合时宜。③ 也有学者访问了香港六所中学的 60 位初中教师，发现受访教师的观点包含了五个主题：（1）学生行动反映了人的善良本性，他们内蕴良知；（2）个人必须用功，部分惩罚学生的方法（如抄写字句）也是用来协助学生用苦功来呈现他们的良善本性；（3）训导工作是出于仁心，教师要以情来赢取学生；（4）学生要有礼貌，具体表现为遵守校规及规范；（5）训导是为了培养学生学做人，学习自爱、克己和无私等。该研究认为这五个主题所反映的就是传统的儒家文化。④ 以上的结论还是一样说服力有限。前者的研究没有深入考究教师认为的儒家价值内容，后者则把教师提及的"情"等同于儒家的"仁"的概念，又把礼貌视为无异于儒家

---

① Shuk-kwan Leung. Value Orientations in Senior Secondary（S4-S5）Chinese Language Curriculum of Hong Kong and Perceptions of Teachers on Values Education［M］. M. Ed. diss, University of Hong Kong, 1996：93.

② Ching Leung Lung, Teresa Oi Yee Poon and Pattie Yuk Yee Luk-Fong. Value Orientations in the Primary Chinese Textbooks［M］// School Curriculum Change and Development in Hong Kong. Yin Cheong Cheng, King Wai Chow and Kwok Tung Tsui edited. Hong Kong：Hong Kong Institute of Education, 2000：384.

③ Man-Lee Isabel Chong. Elements of Confucian Thought in the Curriculum of Hong Kong Secondary schools［M］. M. A. diss, McGill University, 1998.

④ Ming-Tak Hue. Emergence of Confucianism from Teachers' Definitions of Guidance and Discipline in Hong Kong Secondary Schools［J］. Research in Education, 2007（78）：21-33.

提倡的"礼",是简化了问题。其实,"仁"和"礼"的含义,是由整个儒家道德论述来决定的,而儒家道德论述又与传统的社会文化脉络相连。

尽管存在这些困难,这些研究还是能帮助我们了解香港德育中传统价值的现状。首先,多数受访教师既重视儒家道德价值在德育中的位置,同时又知道学生倾向质疑或忽略儒家价值。这驱使我们去问:为什么教师推崇儒家价值?他们如何看待现代社会价值多元?教师推崇的德育内容与学生接受程度存在差异,其原因何在?此外,研究似乎反映了直至 20 世纪 90 年代后期,德育还是侧重教师直接传递价值,多于教师以中立者身份协助学生澄清他们自己的价值。① 在训导工作方面,教师注重学生要遵守由学校单方面订立的规范,多于学生的参与。②

(二) 宗教学校的德育

宗教团体在香港办学历史悠久,其中不少天主教和基督教的教会学校更被推崇为拥有优良传统和校风。③ 事实上,宗教普遍有清晰的道德观点和完整的伦理体系,宗教学校因为有办学的宗教团体支援,普遍较愿意在德育上投放资源。④ 要了解宗教学校的德育,可以从其办学目标入手。一般来说,宗教团体办学有双重目标:教育和传教⑤。两者孰先孰后,决定

---

① Shuk-kwan Leung. Value Orientations in Senior Secondary (S4−S5) Chinese Language Curriculum of Hong Kong and Perceptions of Teachers on Values Education [M]. M. Ed. diss, University of Hong Kong, 1996:131−133.

② 关于后一点,我们可从保罗·莫里斯和埃斯特·莫里斯的公民教育实践研究得到支持。他们访问了两所中学的校长、教师和学生,发现两所学校的公民教育皆倾向于保守,着力于维持学校秩序,主要采取灌输方法,却回避了"问题、争议、道德问题和不确定性"。参见 Paul Morris and Esther Morris. Becoming Civil in Hong Kong:A Tale of Two Schools [J]. International Journal of Educational Research, 2001 (35):25.

③ 杜祖贻. 香港教会学校的德育功能 [J]. 教育学报,1982 (10):49−50. 关于宗教学校在香港教育发展的简单回顾,可参见 Kwok Keung Ho. The Past, Present and Future of the Religious Schools in Hong Kong [J]. Compare:A Journal of Comparative Education, 1996 (1):51−59.

④ 1997 年的一项香港学校德育调查显示,在 44.3%的小学及 55.1%的中学里,宗教教育是进行德育的重要途径。参见香港教育工作者联会. 香港学校德育的推行问卷调查报告 [R]. 香港:香港教育工作者联会,1997.

⑤ 吴梓明于 20 世纪 80 年代末调查了香港基督新教学校的办学目标,发现全人教育和传扬福音为两个首要目标。吴梓明. 香港教会办学初探 [M]. 香港:崇基学院神学组,1988.

了宗教学校的德育实践。

以天主教为例，徐锦尧神父认为，天主教学校不是要利用德育来传教，也不是要学生不经思考地接受社会的道德价值。① 他解释说：

> （德育）虽然是以伦理学或道德哲学为基础，但主要的目的却是为启发学生对人生各种问题的思考兴趣，并使他们借各种价值澄清法和实际的生活体验，能掌握正确的伦理与道德原则，确认个人修养、人际关系与社会责任之间的密切关联，塑造自身的"伦理性格"，培养道德习惯，养成个人高尚品德，促进人际关系，善尽公民责任，成为改善环境的酵母。②

德育不是纯粹的道德哲学研究，也不是纯粹教人实践某些德育项目，而是要培养学生道德思考的能力。陈乃国及林仲伟分别以问卷调查了香港天主教中学的学校校监、校长和教师对德育的看法，显示教师大都持有跟徐锦尧相类似的观点。大多数教师认同道德发展是宗教教育最重要的目标，也同意应该教授天主教价值，却不赞成以此来传教。此外，多数教师认为，德育的目的是要训练学生的批判、分析、独立和理性的思维，协助他们认识自己及建立良好人际关系，最后成为良好公民。德育不应单纯地鼓励学生接受一套道德问题的答案，也不应向学生传递服从长辈等主要传统价值。③

然而，不是所有宗教学校教师都认同着重培养学生独立理性分析能力的德育观。林严壮以问卷和访谈形式，研究了香港循道卫理联会教会学校的宗教教育科教师对宗教学校德育的理解。他发现，多数教师支持通过宗教教育来教授德育，而且他们注重的是基督教的道德价值，并且看重教师及宗教领袖的身教和示范的德育作用。部分教师更把宗教信仰置于德育之前，他们认为，基督教信仰者以宗教信仰为道德基础，因此

---

① 徐锦尧. 天主教学校在多元化社会中推行道德与公民教育之困局及出路 [M] // 刘国强，李瑞全. 道德与公民教育：东亚经验与前瞻. 香港：香港教育研究所，1996：256.

② 徐锦尧. 道德教育应是助人从内发展之全人教育 [J]. 香港宗教教育学报，1991 (3)：53.

③ Simon Chung-wai Lam. A Study of the Religious Education in Hong Kong Catholic Secondary Schools in Facing the Change of Sovereignty in 1997; Policy, Practices and Prospective Changes [M]. M. Ed. Diss., University of Hong Kong, 1997; Francis Nai Kwok Chan. A Survey of Moral Education in the Catholic Secondary Schools of Hong Kong [J]. Hong Kong Journal of Religious Education, 1990 (2)：56-57.

较易有道德行为。① 林严壮指出，因为宗教教育科教师一般缺乏相关范畴的教师训练，很容易偏重灌输知识和价值观，忽略了学生的理解和理性思考。②

从以上讨论我们可以看到，宗教背景固然能赋予学校较完整的道德体系和较强的推动德育的动力，可是如果忽略了尊重社会多元性的现实，忽视对宗教信仰及价值的坚持，很容易把德育变成宗教价值的灌输，排挤了启发和讨论，容不下学生的不同声音。

四、德育的变奏：生命教育和心灵教育的兴起

即使政府不断更新德育概念和架构，学校德育的推行还是差强人意。步入 21 世纪，经济不稳，人心不安，社会上也发生了一些青少年伤害自己及他人生命的事件。凡此种种，推动了教师和关心教育的人士找寻新的德育模式，近年以源自台湾的生命教育和源自英美的心灵教育的影响较大。

生命教育与传统德育相同，关心正面价值的传授，却采用新的教育方法，注重学生的经验、情意和反思。根据香港的实际情况，可以从三种不同的角度来理解生命教育和德育的关系。第一种是香港教育局的角度，把生命教育视为德育及公民教育的一个范畴，以关心学生的价值和生命意义为目标。③ 第二种角度刚好相反，视生命教育为含义较广的领域，德育作为价值教育只是元素之一，其他还有防止自杀和欺凌的珍惜生命教育、生活技能和情绪教育以及生命意义和生死教育等范畴。④ 第三种角度则把生命教育视为一种着重情意和体验的价值与意义教育，用以取代过去说教式

---

① Yim-chong Lam. The Teaching of Moral Education through Religious Subject：A Case Study of the Religious Education Teachers of the Methodist Secondary Schools in Hong Kong［M］. M. Ed. Diss., University of Hong Kong, 1999.

② Yim-chong Lam. The Teaching of Moral Education through Religious Subject：A Case Study of the Religious Education Teachers of the Methodist Secondary Schools in Hong Kong［M］. M. Ed. Diss., University of Hong Kong, 1999：80.

③ 香港特别行政区教育局. 生命教育［EB/OL］. http：//www.edb. gov. hk/index. aspx? nodeID＝7122&langno＝2.

④ 杨国强. 香港生命教育的推动与发展概况［C］∥苏肖好. 生命教育：推行现况、课程及防治自杀. 澳门：澳门大学教育学院，2005：40.

的德育。① 在以下的讨论中，我们会取第三种角度。

香港生命教育的发展固然孕育自本土的社会脉络，同时也受台湾影响甚深。台湾的前"教育部长"曾志朗认为，过去的教育过分注重智育，无力教育小孩在当代多元的社会中面对复杂的价值情况，也不能体会人情冷暖和现实的生活。同时，学生已非常厌恶说教，教条式的教育已没有效果。因此，新的教育改革，必须要加强一直遭到忽略的情意教育，重视学生在知、情、意、行四个方面的平衡培育，要培养学生懂得体会别人的感受，懂得尊重别人和约束自己，使自己变成文明的人。情意教育要让学生成为懂得思考、拥有健全人格和正义精神、能了解自己生命意义和存在价值的人。② 后来的生命教育学者大致都认同曾志朗的这些观点。

我们可以从不同的生命教育理论中归纳出两个相关联的目的。第一个目的是学生的全人成长。生命教育即全人教育，要促进个人的身体、心理、灵性、社会的均衡发展，也注重学生的知、情、意、行的学习，又关乎与自己、他人、自然万物及宇宙相处互动。③ 第二个目的是引导学生认识和体会生命的意义及存在价值，并学会尊重和珍惜生命。④ 第一个目的提及的全面发展，几乎可以说是当今全球教育的一个共识。至于强调与自己、他人、自然万物及宇宙的关系及对生命意义和价值的体会，则是生命教育较为独特的侧重点。

新的教育目的和理念要求不一样的教学法。生命教育注重亲身经验和启发式的教学法，鼓励学生学习感受自身的情绪，了解自己的价值，而且

---

① 杨国强. 生命教育的源起和内涵 [C]//李韧之，关瑞文，陈瑜. 清朗人生——汕头大学全人生命教育论文集 [C]. 汕头：汕头大学出版社，2010：13.
② 曾志朗. 生命教育：教改不能遗漏的一环 [EB/OL]. 台北市教育入口网. http://www.tp.edu.tw/topic/200307/mind_05.html. 曾志朗 2000 年至 2002 年在任期间，积极推动台湾生命教育的发展。
③ 吴庶深，黄丽花. 生命教育概论：实用的教学方案 [M]. 台北：学富，2001：19；孙效智. 生命教育之困境与推动策略 [M]//香港的生命教育：文化背景、教育改革与实践方向. 香港：宗教教育中心，2002；吴秀碧. 生命教育：理论与教学方案 [M]. 台北：心理出版社股份有限公司，2006：3.
④ 吴庶深. 心灵教育：生命教育的核心概念 [M]. 香港：香港教育学院宗教教育与心灵教育中心，2008：19；孙效智. 生命教育的内涵与实施 [EB/OL]. http://life.edu.tw/data/plan/091/H51100-0000008/index.htm；吴秀碧. 生命教育：理论与教学方案 [M]. 台北：心理出版社股份有限公司，2006：38.

懂得表达出来。① 香港一些学校采纳了台湾的教学法。举个实例，过去我们要教育学生孝顺父母，主要是通过中文科课文或教师说道理的方法。结果，学生可能只获得了知识。生命教育则着重让学生从亲身经验开始，学习的过程可以是这样的：一班学生在选定的上课时间里，除了课堂时间外，每人都必须把他们的书包带在自己的腹前，就像怀孕的母亲带着自己的胎儿一样，让学生亲身感受妈妈怀着自己时的辛劳。此外，教师还要求学生把自己的感受写给妈妈，总结自己对这次学习活动的经验和感受，再与老师和同学分享。这跟老师单纯把道理说出，再要求学生背诵知识去学习孝道，效果当然是不一样的。

至于心灵教育，近年在英美学界蓬勃发展，各种著作不断推陈出新。② 心灵（spirituality，也常译为灵性或精神）一词不易说明，西方心灵教育学者一般将心灵理解为人本性的核心特质或组成部分，或类似中国人所说的精神。这个人性的内核会外显为两个方面：其一是与其他人、生物和宇宙的联结和关系；其二是一些识别或觉察能力，如对自然的惊叹、超越、统一、平静、爱等内心的觉察力。③ 按此理解，心灵教育就是要培育学生与万物的联系及对世界的美善和超越的觉察力。心灵教育还认为，心灵培养能成为道德的强大支持，原因是心灵成熟的人行善，不是因为道德教诲的要求，而是完整人性的自然表达。此外，心灵修养更能帮助人突破偏重个人利益和物欲的主流意识，改变个人的生活方式。④

香港学校的心灵教育一直主要由宗教教育承担，但随着香港大专教育

---

① 吴秀碧. 生命教育：理论与教学方案［M］. 台北：心理出版社股份有限公司，2006.

② 例如，近年的重要著作有 David Hay and Rebecca Nye. The Spirit of the Child［M］. rev. ed., London：Jessica Kingsley Publishers，2006；Andrew Wright, Spirituality and Education［M］. London：Routledge/Falmer，2000；Clive Erricker, The Education of the Whole Child［M］. London：Cassell，1997；John P. Miller，Education and the Soul：Toward a Spiritual Curriculum［M］. Albany：State University of New York Press，2000；David Tacey, The Spirituality Revolution：The Emergence of Contemporary Spirituality［M］. New York：Brunner-Routledge，2004；Brendan Hyde, Children and Spirituality：Searching for Meaning and Connectedness［M］. London：Jessica Kingsley Publishers，2008. 还有专门以心灵教育为主题的学报 International Journal of Children's Spirituality。

③ Brendan Hyde. Children and Spirituality：Searching for Meaning and Connectedness［M］. London：Jessica Kingsley Publishers，2008：23－44；Jeff Lewis. Spiritual Education as the Cultivation of Qualities of the Heart and Mind［J］. Oxford Review of Education，2000（26）：263－283.

④ 陆鸿基. 心灵何价：资本主义全球化下的教育与心灵［M］. 香港：香港中文大学崇基学院，2009.

学院近年推出的相关教育计划和课程①，心灵教育的领域渐渐扩大了。学者开始探索心灵教育与不同学科的关系②，其中最具体的实践，是采纳不同宗教传统的心灵修养思想和修持方法，来制订心灵教育计划。香港中文大学的心灵教育计划，就融合了天主教的灵修传统和佛教的禅修与觉醒生活训练来培养学生的反思和修持方法，让他们学会自处、觉醒和与万物共富共享。③

生命教育与心灵教育相似，皆源自对现代社会的反思。两者都侧重人性的发展和进步的可能，尝试协助学生在多元复杂的社会中，通过反思自身的体验，认识自己的人生意义，建立起与万物共存共荣的关系。两者都认为，学生必须先对道德价值的意义有亲身体验，联系到个人的经历，最后因为有情意上的共鸣，才能实践道德的行为。这样对知、情、意、行的整体关注，突破了过去单重知识灌输的德育模式。理论上，这样把德育的重点放在学生的自身经验和反思上，而且鼓励学生表达自己的观点和感受，应该能照顾到学生的多元背景和差异。当然，是否达到这样的理想，要视乎教师实际的教学实施，更有待更多研究说明。

五、结论

本文从教育政策演变、儒家和宗教传统对德育实践的影响及生命教育和心灵教育两个德育相关教育范畴三方面，回顾了香港学校德育在过去三十年的发展。我们看到政府的德育政策愈趋全面，顺应社会和政治环境的转变，提出了核心价值、培养批判性思维、以生活事件为切入点等新的观念。各份政策建议都尝试在肯定社会价值多元的前提下，提出以培养拥有

---

① 香港教育学院于2006年成立了"宗教教育与心灵教育中心"，着力在中小学推动心灵教育课程和计划。香港中文大学文化及宗教研究系也推行了供中学参与的心灵教育计划，此计划最后由香港中文大学的香港教育研究所接办。

② 香港教育学院宗教教育与心灵教育中心，于2008年出版了一系列的专文，如吴梓明的《宗教教育就是心灵教育》，吴庶深的《心灵教育：生命教育的核心概念》，林智中的《通识教育与心灵教育：两个风马牛不相及的概念?》，储朝晖的《生活教育与心灵教育》，吕丽艳的《从德育到宗教教育与心灵教育》等。

③ 马庆堂，张颖珊，邝绮信. 触动心灵深处的教与学 [M]. 香港：香港中文大学天主教研究中心，2010.

普世核心价值的成熟公民作为德育的目标。在具体的德育实践方面，我们检视了儒家及宗教对香港德育影响的相关研究。我们发现，这些研究虽然还无法清楚地确立学校课程中的儒家价值，但提醒我们教师对维持儒家传统价值和秩序的期望，与学生愿意接受的程度，存在相当大的差距。而且在德育实践中，教师普遍维持和采取灌输方法，却回避了有争议性的课题。我们也看到宗教学校因为其宗教背景，有较强的推动德育的动机。然而，不同宗教学校的德育立场也有分歧。天主教学校的立场较接近政府德育文件，他们强调德育的目的是训练学生的理性批判思维，使他们能独立进行道德判断。部分基督教学校教师则认为传教要先于德育，因为只有宗教信仰才能为道德提供基础。最后，我们讨论了近年来生命教育和心灵教育的发展。生命教育和心灵教育都强调对价值观和生活方式的反思，着重从学生的情意和经验出发，鼓励学生反思和表达自身的体验和感受，培养学生的觉察能力，体会到生命价值，重建天人物我的关系，并找到人生意义和方向。总的来说，香港德育在实践上纵然有差异，整体的发展还是趋向提倡普世核心价值，尊重学生个人的体验和反思，强调道德价值要与学生情意和内在觉察能力相关联。

教育目的的再思考：
关顾心灵教育的刍议

香港中文大学　吴梓明

摘　要： 在过去的一个世纪，学校教育经历了革命性的转变。最为明显的就是教育目的的重新思考，其中较重要的教育范式转移，就是从"以文本为中心"转变为"以人为本"及"以生命（学生生活）为中心"的教育取向。本文从近代有关教育目的的思考中，重新提出关顾心灵教育的重要性，尤其是：（1）它是"以人为本的教育"，教育工作所面对的受教育者乃是个有心灵的人；（2）心灵教育也是"整全教育"中一个不可或缺的部分；（3）人的心灵是与"关系性"和"超越性"有关联的。因此，笔者在重新思考教育目的的同时，提出了关顾心灵教育的刍议。

关键词： 教育目的；道德教育；超越；心灵；心灵教育；生命教育

2008 年，中国成了举世瞩目的国家，8—9 月间在北京举办了奥运会，又有航天员飞天的新闻。那时候，在香港报纸上有一则评论，标题上写着八个大字："卫星上天，道德扫地。"文章说：中国举办奥运会和航天员飞天，当然是值得我们中国人感到自豪的事情，但很可惜的是在同一段时间内中国发生了"毒奶粉事件"，因为一些商人和政府官员的自私自利，在奶粉中加上三聚氰胺，不单害了许多无辜的婴儿，更损害了中国食品在世界的声誉。这些事件告诉我们，如果聪明人心地不好的话，他们就会成为"聪明的坏人"，对社会甚至整个国家的伤害是很大的。作为教育工作者，我们当然望（学）子成龙，至少也希望他们聪明，但是我们绝对不会希望他们是"聪明的坏人"，给社会带来任何的伤害。因此，我们的教育就更应该重视学生品格的培养，宁可多培养些"平凡的好人"，胜过制造"聪明的坏人"。

因此，我们必须认真地思考教育的使命与目的是什么。本文尝试提出一个关顾心灵教育的刍议，盼望能够抛砖引玉，擦出深入探究教育使命的火花。

一、教育的目的是什么？

近代英国有不少教育学者认真地探究教育是什么这一课题。韦罗妮卡·威廉姆斯（Veronica Williams）说过一些发人深省的话，值得我们认真思量。她说：

> ➢ 虽然我对科技的知识、发展和应用有所研究，但却没有考虑到它们在道德上的含义及目的，我还算是受过教育吗？
> ➢ 虽然我具备操控键盘的技巧和能力，但却从未曾思考过自己存在的独特性和价值，我还算是受过教育吗？
> ➢ 虽然我对地理了如指掌，但却没有承担我在创造世界中所应负的责任，我还算是受过教育吗？
> ➢ 虽然我对一切药物的功用及效果尽皆通晓，但对人类生命的根本价值却毫无体验，我还算是受过教育吗？①

教育的目的是什么？要怎么样才可算是一个真正受过教育的人呢？教育当然不仅是"知识、概念、构想或技能"的学习，教育应有更高层次的目的。

约翰·怀特（John White）曾指出，教育的目的就是培训人适应社会的生活，成为一个"好公民"，为社会做出贡献。② 彼得斯（Richard S. Peters）却主张教育应以人为本位，他提出判别一个"受过教育的人"须包括四方面的标准，即"知识的标准"、"认知的标准"、"转化的标准"

① Veronica Williams. Towards an Education in Beliefs and Values ［M］// Selmes, Cyril S. G. and William M. Robb（eds.）. Values and the Curriculum: Theory and Practice. Aberdeen: Center for Alleviating Social Problems through Values Education, 1993: 32.

② White, John. The Aim of Education Re-stated ［M］. London: George Allen & Unwin, 1982.

和"委身的标准"。① "知识"和"认知"属于智性的层面，"转化"和"委身"属于道德和感性的层面。换言之，"受过教育的人"是涉及整个人的发展，包括理性、德性和感性的成长。彼得斯曾补充说，一个受过教育的人并非等于已经到达了终点，因为教育是一个过程，而不是一个终点。一个受过道德教育的人，也并不是说他/她已达到了一个超越的境界，他/她只不过是走在人生的路上，多具备了一些素质（不仅是知识和技能，更是生活态度和视角），懂得如何自主地和更有意义地生活而已。教育最重要的还是过程，而非到达一个目的地。②

另一位教育家怀海特（Alfred N. Whitehead）曾说，"教育的终极关怀就是生命的教育"，意即教育最终的目的就是关怀生命的成长。因此，教育最核心的内容就是生命的教育。③ 杜威（John Dewey）以实用主义哲学观为指导，阐释了教育的本质："教育即成长，即生活，即经验的持续不断的改造"；也提出了"儿童中心主义"、"学校即社会"、"做中学"的教育原则；构建了"活动中心、经验中心、学生中心"的现代教育理论模式。④

二、中国教育的转变

在中国，道德教育是寻求教育目的再思考的最佳途径，道德教育的根本问题是"怎样去做成一个人"，而教育的目的就是要培养有学问和有道德的人。近三十年来，南京师范大学成为中国道德教育发展的重镇，也引领着改革开放以来中国德育研究及教育哲学思想和实践的发展。⑤

冯建军教授曾指出："现代社会高度的社会分工和市场经济的功利主

---

① Peters, R. S. Ethics and Education [M]. London: George Allen & Unwin, 1966: 45; R. S. Peters (ed.). The Concept of Education [M]. London: Routledge & Kegan Paul, 1967: 9.

② Peters, R. S. Education as Initiation [M]. London: Evans for University of London Institute of Education, 1964: 47.

③ A. N. Whitehead. The Aims of Education [M]. New York: New American Library of World Literature, 1949: 18, 25.

④ Ng, Peter Tze Ming. Education That is Religious Education [M] // Roger Cheng et al (eds.). Values Education for Citizens in the New Century. Hong Kong: The Chinese University Press, 2004.

⑤ 王啸，等. 静水流深见气象——鲁洁先生的教育思想与教育情怀 [M]. 北京: 教育科学出版社，2010.

义逻辑，使人不再关注他（学生或是老师）自身，而关注社会的需要。因此，教育不再是成'人'的教育，而是成'材'、成'器'的教育。"①现代学校教育受到全球化的影响，也愈来愈变得"科技主导"、"市场经济主导"化了。明显地，成"材"、成"器"的教育与成"人"的教育差异是很大的，成"材"、成"器"的教育是以社会为本位，成"材"的教育也不是为受教者本身的需要着想，而是取决于外在（社会）的需要。当学校教育愈来愈侧重于成"材"、成"器"的教育而忽略了成"人"教育的重要性时，受教育者便容易成为一种商品、一种工具，是可以被塑造、被训练、被加工的对象；教育的目的就不是培养有学问同时又有道德的人了，学校教育也不再是道德教育了。教育学者的一项重要任务就是要有效地甄别及批判这种容易使教育走向"异化"的社会功能，捍卫以人为本位的神圣的教育目的。

鲁洁教授有两个较为突出的教育思想，其一是"人本"。她常言，教育就是关乎人的学问，是"人之学"。她认为"人就其本质而言是一种关系性的存在"②。而在众多的关系中，最重要的是人与人的关系，即是社会性、群体性的关系。鲁洁教授基本上认为人就是一切社会关系的总和，但她摆脱了集体主义的框架，跨前一步，走向人本主义。③ 她指出"成为人是人的终极追求"，而教育的目的就是要"使人成为人"④。事实上，在她三十多年的教育学研究中，她也是不断地发掘对人的理解，并且是围绕着人的教育来建构"以人为本"的教育学。她说："教育面对的是人，教育的世界是人的世界。"⑤ "道德教育从根本上说是成人（使人成为人）的教育，就其具体目标来说是成就人德性的教育"⑥。她认为，教育必须回归到"以人为本"的主要内涵，具体表现于"回归生活"、"以生活为

① 冯建军. 生命与教育 [M]. 北京：教育科学出版社，2004：4.

② 鲁洁. 关系中的人——当代道德教育的一种人学探寻 [J]. 教育研究，2002 (1).

③ 同②. 也诚如扈中平教授所说："教育是一项培育人的事业……教育的目的应具有强烈的人文性……必须高度关注人的发展、人的完善和人的幸福。"扈中平. "人是教育的出发点"及"教育目的应定位于培养人" [EB/OL]. http：//blog. cersp. com/index/1062238. jspx？articleId=651451，http：//blog. cersp. com/index/1062238. jspx？articleId=651469.

④ 鲁洁. 做成一个人——道德教育的根本指向 [J]. 教育研究，2007 (11).

⑤ 鲁洁. 实然和应然两重性：教育学中的一种人性假设 [J]. 华东师范大学学报（教育科学版），1998 (4).

⑥ 鲁洁. 现代德育基本理论探讨 [M]. 南京：江苏教育出版社，2003：76.

本"、"为了生活"、"学习生活"等。她还亲自率领研究团队走进课堂观摩、听课、与小学教师和学生交流，为他们编写《品德与生活》《品德与社会》新教材。①

鲁洁教授的另一创新理念是"超越"。她认为人不单是"一种关系性的存在"，也是"一种超越性的存在"，"自我超越（就）是人之为人的基本特征"。② 鲁洁教授认为，人的本质就是人的实践性，而这种实践性规定了人的"实然"和"应然"的双重性。但在确认它作为教育学的人性假设的同时，她更指出，"人的实践性在于它永远在超越着现实，包括对人自身的超越"③。"人之为人，即是在于不断地超越其自身的现存状态；超越性就是从实然指向应然。"④ 高德胜教授为我们提供了一个很好的案例。他指出，道德教育不单可以超越个体的自私性，也可以超越群体的自私性。原来群众的自私性表现于国家的自我膨胀、霸权主义的出现，但今天的全球伦理教育却可以提醒我们必须要超越群体的自私性，培养世界公民意识。⑤ 换言之，教育的目的不仅是要使受教育者成为"现实的人"，更是要使受教育者成为能够不断改造和超越社会现实和自身现实的人。简单来说，教育的目的之一就是要帮助受教育者超越个体的自私性（不要单追求自我的满足，也要顾及公众的利益），要提升受教育者的生命素质，完善人的内在价值。"超越教育"是鲁洁教授的独创理念，她认为人"始终具有一种基于现实又超越现实的指向性，现实存在的一切永远不能满足人，人永远要去改变它"⑥。

"课程与教学研究新观点丛书"主编钟启泉教授在该丛书序言中指出，日益膨胀的"技术理性"对课程与教学领域的宰制是极具破坏性的，其核心问题在于"目中无人"，即它漠视教育对象（儿童）的存在，呈现出典

---

① 鲁洁. 回归生活——"品德与生活"、"品德与社会"课程与教材探寻［J］. 课程·教材·教法，2003（19）.

② 鲁洁. 道德教育的期待：人之自我超越［J］. 高等教育研究，2008（9）.

③ 鲁洁. 做成一个人——道德教育的根本指向［J］. 教育研究，2007（11）.

④ 鲁洁. 实然和应然两重性：教育学中的一种人性假设［J］. 华东师范大学学报（教育科学版），1998（4）.

⑤ 高德胜. 超越群体的自私——全球化时代道德教育的新课题［J］. 教育研究与实验，2008（1）.

⑥ 鲁洁. 超越与创新［M］. 北京：人民教育出版社，2001：335.

型的"见物不见人"的颠倒现象。① 这正是因为以"技术理性"为主导的课程与教学忽视了"以人为本"的价值。扈中平教授也曾指出，人的全面发展的基本内涵应包括四方面，即"完整的发展"、"和谐的发展"、"多方面的发展"和"自由的发展"。"完整的发展"就是包括德、智、体、美，也是包括真、善、美等的发展。② 朱小蔓教授亦十分重视生活性和整全性的道德教育，她跳出了强调智性的教育探究，深入探究情感教育对中国道德教育的意义和影响。情感教育就是超越了智性的教育。③ 她亦引述鲁洁教授所提的道德教育，"它既包含了外在的道德规范，也关注着内在的道德精神和心灵，它既涵盖了道德的知识，又统摄了道德行为、道德信仰等"④。

国内近年还流行另一个名词，即"生命化教育"。所谓"生命化教育"，就是强调"教育必须以生命为出发点，教育的过程中依据生命的特征，遵循生命的发展的要求，不断地为生命的成长创造条件，引导生命全面而和谐、自由而充分、创造而富有个性地发展"⑤。这更进一步阐释了扈中平教授所讲的全面发展必须包括"和谐的"、"多方面的"和"自由的"发展的潜在意义。因为，生命化教育就是以人为本的教育，它也是顾及人的整全生命和个性发展的教育。它是以生命为基点、关注生命、创造生命适宜成长的条件，使教育"走向生本"，成为真正体现激扬生命的教育。⑥ 当一位倡导"生命化教育"的学者被问及什么是"生命化教育"的时候，他直言"生命化教育"就是"生命在场"的教育。⑦ 即在上课时，教师与学生均是将"生命的真情、真切感带入课堂，我（教师）讲生命化教育也是要把生命的真切感、真情，包括对听众的理解甚至喜爱带到现

---

① 安桂清. 整体课程论［M］. 上海：华东师范大学出版社，2007：1.

② 扈中平. 人的全面发展内涵新析［EB/OL］. http：//blog. cersp. com/index/1062238. jspx？articleId＝651665.

③ 朱小蔓. 情感教育论纲［M］. 南京：南京出版社，1993：43-44.

④ 朱小蔓. 跟随鲁洁先生学习道德教育哲学［M］∥王啸等. 静水流深见气象——鲁洁先生的教育思想与教育情怀. 北京：教育科学出版社，2010：20. 亦可参阅鲁洁. 道德教育的当代论域［M］. 北京：人民出版社，2005：285.

⑤ 冯建军，等. 生命化教育［M］. 北京：教育科学出版社，2007：12.

⑥ 郭思乐. 教育激扬生命：再论教育走向生本［M］. 北京：人民教育出版社，2006：1-6.

⑦ 张文质. 教育是慢的艺术——张文质教育讲演录［M］. 上海：华东师范大学出版社，2007：151-152.

场来，这是一种很生命化的交流"①。

《走进学生的心灵——班主任工作案例新编》一书强调，作为班主任，除了要负责教学和课堂管理以外，还必须肩负另一个重要的任务，就是要关注学生的思想教育、道德教育和心理健康教育等。② 在该书前言中，编者指出，班主任是很伟大的，因为他们就是"人类灵魂的工程师"，可以塑造学生的心灵和整个人的成长。"他们（可以）使自卑的心灵自信起来，他们使懦弱的体魄强壮起来，他们使狭隘的心胸开阔起来，他们使迷茫的眼睛明亮起来；他们让愚昧走向智慧，他们让弱小走向强大。"③ 这种呼吁教师关注学生的心灵，主张心灵教育就是"走进学生的心灵"的教育，确实体现了一种极具创意的思维。

当我们发现学校教育出现问题的时候，教师或学生已失去了对教育的希望的时候，或许这就是最适切的时候，我们必须提醒自己：转向关顾学生心灵教育的时候到了。

三、关顾心灵教育的刍议

（一）"心灵"是什么

常有人会问，"心灵"是什么？许多人以为"心灵"是西方宗教的名词，是从基督教传播过来的；事实上，"心灵"一词并不是一个纯西方的概念，中国人亦有所谓"人为万物之灵"的说法。正如唐君毅教授在他的书中也谈论人的"心灵九境"。④ 中国人谈"心性"，不仅是"物质的心"（生物学家所研究的"心脏"）而已，它更是一个"有思维的心"（a thinking heart）；它也不仅是一个"纯思维的心"（mental mind），而是"有血有肉的心"（a mind with a body）。中国人谈"心性"，是"性从心生"，即"人的本性"是从"心"生长出来的，"心"与人的本性（human

① 张文质. 教育是慢的艺术——张文质教育讲演录［M］. 上海：华东师范大学出版社，2007：152.

② 周娴华，周达章. 走进学生的心灵——班主任工作案例新编［M］. 南京：江苏教育出版社，2006.

③ 周娴华，周达章. 走进学生的心灵——班主任工作案例新编［M］. 南京：江苏教育出版社，2006：2.

④ 唐君毅. 生命存在与心灵境界［M］. 石家庄：河北教育出版社，1996.

nature）是密切关联的。事实上，中国人所谈的"心"就是"心灵"，它包括人的身体、感情及灵性各部分，但也是属于人性的一部分。"心灵"包括理性、感性及德性的成分，"人为万物之灵"也就是要表达人性整全的最高境界而已。

也常有人说，灵性是属于精神的而非物质的。近代教育学因为受到西方强调科学主义的精神影响，许多人以为灵性是见不到、摸不到的，所以并不存在。但事实上，"非物质"并不等同于不存在，"非物质"也并不等于它不重要。我们知道，灵性是非物质的，是形而上的。虽然也有科学家尝试从人的脑神经细胞、DNA 中找出人类心灵的基因或元素来，他们却忘记了，我们是否真的能够从形而下的世界找到形而上的东西？是否真的可以在物质的世界中找到非物质的东西？再者，我们知道科学家的研究是有一定的范畴的，他们只能够告诉我们在物质的世界中不可能找到非物质的东西，从形而下的世界找不到形而上的东西。纵然是这样，我们仍然不能够因此而否定人类心灵的存在。事实上，中国人将"心灵"（英文的正确翻译应是"heart-spirit"）这两个字连在一起是很有意思的，因为这两个字正好包含着物质性的"心"和形而上的"灵"，两者是紧密地连在一起的。换言之，心灵兼有物质与非物质两部分，也兼有形而下和形而上两种特性。

英国人文学会是在 20 世纪才成立的，最初成立的目的是为了表示他们是无神论的知识分子，旨在学术界中否定超自然上帝的存在。不过，后来发现原来他们所关注人类心灵的问题和许多看法与那些有宗教信仰人士的关怀是不谋而合的。

事实上，人文主义者也认为灵性是人最深层人性（humanity）的表现。根据人文学会的看法，人的灵性可以表现为人对道德（moral sensibility）、创造性（creativity）、爱与友情（love and friendship）、对大自然及人类美善的回应（response to natural and human beauty）、对科学与艺术的追求（scientific and artistic endeavor）、对自然界的欣赏及惊讶（appreciation and wonder at the natural world），还有其他如面对极度的痛苦与迫害（surmounting suffering and persecution）、发挥无私的爱（selfless love）、对生命意义的追寻（quest for meaning）、对人生价值观的肯定（values by which to live）等。这些都是与心灵有关的，也是人性的最高表达。

心理学家马斯洛（Abraham H. Maslow）用了一个金字塔图形，说明人的需要是从物质需要开始，逐渐提升至精神上的需要。他认为，人有多方面的需要，包括物质方面和非物质方面的需要；也有不同层次的需要，如安全感、归属感、被爱、被尊重、自我实现和自我超越等。① 马斯洛也谈及"高峰体验"（peak experiences）是人的最高境界中的经验，有很多人认为这些经验就是灵性的经验。② 不过，马斯洛对"灵性生命"却有这样的解释，他认为：

> 灵性生命是我们生命的一部分，而且是最核心的部分。灵性是人的本质之一，它规定了人性，没有它，人就不能称之为人。③

对马斯洛来说，"灵性生命"是人（身体）生命的一部分，它不仅不是"非人性"的，更是构成人的本性的一个核心部分。换言之，没有"灵性生命"的人就是没有活出整个人性的生命来。前文引用了扈中平教授的概念"人的全面发展"，我们也可以这样说：教育应该关注人的全面的发展，没有关顾心灵的教育就不是全面发展的教育，也不能算是完整的教育。中国人说，"人为万物之灵"，不过中国人更多地讲"修身养性"，讲"安身立命"，讲"聚精会神"，讲如何能够帮助自己"心平气和"、"心满意足"，过着"问心无愧"、"心安理得"的生活，其实这些都是每个人的灵性生命所要追求的心灵境界，而心灵境界当然属于人类的经验境界。因此，我们不能否认心灵教育是全面教育的一部分。

（二）心灵教育是关乎关系的教育

那么，"心灵教育"又是什么？虽然到目前为止，我们仍是不容易为"心灵教育"定位，但我们也特别关注怎样为一线的教育工作者寻找一些可行的方案。一个简单的讲法是：心灵教育是一种关乎关系的教育。加拿大安大略教育研究学院米勒（Jack Miller）教授用了三个词描述人的灵性

---

① Maslow, Abraham. Toward a Psychology of Being［M］. Second Edition. New York：John Wiley & Sons, Inc., 1968.

② Maslow, Abraham. Religions, Values and Peak Experiences［M］. New York：Atlantic Books, 1994.

③ 转引自 Hemming, James. Individual Morality［M］. London：Panther, 1970：164.

(spirituality)：平衡（balance）、融合（inclusive）和联结（connection）。①简单来说，灵性就是"关系性"（relationships）。米勒阐释了人有四种不同的关系，分别是与自己的关系（relating to self）、与别人的关系（relating to others）、与自然的关系（relating to nature）和与全球/终极的关系（relating to global, ultimate）。② 例如人与自己的关系：他/她如何看待自己的生命，是否有自信、自尊，能否珍惜、尊重和接纳自己的生命。这种平衡、融合和联结的关系就是他/她的灵性表现。人的生命价值和意义，不是来自物质的身体，而是来自他/她如何看待自己，如何确定自己的灵性。又例如，他/她是如何与别人、社群、世界和大自然建立关系，是否爱护、关爱大自然和其他生命；甚至推广到认识到自己的生命只是伟大的宇宙、整体人类生命的一部分，个体的生命是全球性/宇宙性的生命之间一种相互缔结、互相依赖的关系，哲学家称之为"更高的我"，宗教家称之为"佛性"或是"创造者——上帝"。无论如何，从关系入手或许可以为我们打开一条发现心灵活动的途径，人类的心灵是超乎物质的，它就呈现在人与周围事物的不同关系之中。③

澳大利亚教育学者约翰·费舍尔（John Fisher）曾访问了98位教师，收集他们对心灵健康发展的认识和对儿童心灵教育的看法。费舍尔综合他们的意见，归纳出心灵教育必须涉及的四个范畴。④

第一，个人范畴（Personal Domain）：追寻个人生命意义、目标、价值、尊严及和平。通过自我意识（Self-awareness）的创造、自信心的建立与身份认同的追寻，促进心灵的成长。

---

① Miller, John (Jack) P., Karsten, S. Denton, D., Orr, D., & Kates, I. C. Holistic Learning and Spirituality in Education [M]. New York: State University of New York Press, 2005.

② Miller, J. P. The Holistic Curriculum [M]. Canada: The Ontario Institute for Studies Education Press, 1988.

③ 在《全人学习与心灵教育》一书中，米勒和其他教育学者均指出，人们多只着重于五育（德、智、体、群、美）的发展，而忽略了心灵向度（spiritual dimension）的发展。对他们来说，儿童的心灵是独特的且有质量的。幼儿或儿童在成长中不单是对环境充满好奇心，更存有敬畏的心（sense of wonder and awe）；儿童的心灵活动更会令他们喜爱探索自己与其他人的关系，甚至联系永恒的事物。参见 Miller, John. P., Karsten, S. Denton, D., Orr, D., & Kates, I. C. Holistic Learning and Spirituality in Education [M]. New York: State University of New York Press, 2005.

④ Fisher, J. Helps to Fostering Students' Spiritual Health [J]. International Journal of Children's Spirituality, Vol. 4, No. 1, (2003), pp. 29-49.

第二，群性范畴（Communal Domain）：围绕道德伦理、文化及宗教，以关爱、信任、希望和尊重等表达深度的人际关系。

第三，环境范畴（Environmental Domain）：将关怀从人际关系的范畴扩展至对自然环境的爱护，也表达了人对大自然的创造存有一份好奇和敬畏之心（awe and wonder）。

第四，超验/全球范畴（Global Domain）：是指超越局限的经验，通过祈祷、冥想或特殊的宗教经验，与神或造物者及宇宙建立一种天人相通的关系。

费舍尔将不同的研究数据归纳为以上四大范畴，而这些范畴所解释的意思与米勒所讲的四种关系互相对应。费舍尔强调这四个范畴不是独立存在的，而是互相关联的。心灵教育也不是独立于德、智、体、群、美五育之外，而是融入五育之中，因为这四大范畴均是学校五育所涉及的。费舍尔说，所谓儿童心灵教育，就是要积极提升儿童在五育中所涉及的每一个范畴的发展，促进儿童心灵的健康与和谐。费舍尔引用美国健康教育学者的研究结果，解释儿童心灵健康也是可以从学校教育中培养出来的。事实上，没有心灵的健康，儿童就不能说是全面健康的。因此，费舍尔提出，心灵健康与心理健康是相辅相成的。如果能够将心灵教育融入健康教育中，成为健康教育的一部分，必定可以令学童更全面地健康成长。[①]

以上两位学者同样指出，在成长的过程中，人有心灵方面的需要，如关心生命价值、意义的追寻等。儿童心灵的发展不仅属于个人的范畴，也属于群体性和关系的范畴，因此，心灵教育应该与德育、伦理教育和健康教育有关，也是教育工作者不可忽视的。

四、总结

纵然教育曾长期被政治、经济和社会文化影响、牵引，甚至教育功能也被异化了，然而许多中西教育学者仍然不断地坚持教育必须"以人为

---

① Banks, R., Poehler, D. & Russell, R. Spirit and human-spiritual interaction as a factor in health and health education [J]. Health Education, Vol. 15, No. 5, 1984, pp. 16–19; John W. Fisher. Spiritual Health: Its Nature and Place in the School Curriculum [M]. Melbourne: Melbourne University Custom Book Centre, 1998.

本"、"以学生生活和成长为基础"的教育原则。为什么要提出关顾学生心灵的教育呢？至少有以下几个原因是值得大家认真思考的。

第一，关顾学生心灵的教育其实也是以人为本的教育。它是要提醒教育工作者必须觉察并经常意识到受教育者不单是个"活东西"，他/她更是一个"有活泼心灵的人"。像以人为本的教育学一样，心灵教育并不是否定教育的其他功能，它只是提醒教育工作者不应忘记教育的对象是一群拥有活泼心灵的人。尤其是在全球化的影响下，人愈来愈被物化、被商品化，教师和学生的心灵均受到压制，需要被解放。心灵教育最重要的任务之一就是要将教师和学生的心灵释放出来，回复人性化、生命化的教育。①

第二，关顾学生心灵的教育其实也是整全教育的一部分。在学校教育中，心灵教育虽然不是一门独立的学科，它融入或隐藏在其他的学科中，但它的存在却又是十分重要的。心灵教育提醒教育工作者必须关顾人的全面发展，是整个人的发展，包括智性、感性、德性及心灵的发展。学校教育可以分"教"和"育"两部分："教"关乎知识，学生需要学习不同的知识和技能，掌握辨别知识的方法等；"育"关乎成长，学生亦需要学习做人的道理，获取一些有助于成长的学识、关系、态度及思维等。如果忽略了心灵教育，学校教育就不够完整，也不是全面发展的教育了。正如费舍尔所说，心灵教育可以融入健康教育之中，成为健康教育的一部分，若是没有健康的心灵，儿童又怎能说是获得了全面的健康成长呢？②

第三，更重要的是，心灵教育不单可以提醒我们教育必须以人为本，它也可以帮助我们关注受教育者的心灵境况。心灵境况与人的"关系性"和"超越性"有关。所谓"关系性"，就是人如何与别人、社群、世界和大自然建立关系，是否爱护、关爱大自然和其他生命。所谓"超越性"，就是不断地反思，培养自我批判、自我提升的能力，因为不断反思可以帮助我们发挥潜能、超越自我，达至更完善的境界。教育工作者的重要任务之一就是要唤醒受教育者向善的心灵，帮助他们追求更美好的生活，寻求积极性的自我超越。心灵教育的目的也正是帮助学生认识自己，肯定生命的价值，进而发挥自我的潜能，建立更正面、更积极的人生观。

---

① 冯建军，等. 生命化教育 [M]. 北京：教育科学出版社，2007.

② John W. Fisher. Spiritual Health：Its Nature and Place in the School Curriculum [M]. Melbourne：Melbourne University Custom Book Centre, 1998.

21 世纪将会是中国主导世界的世纪，但究竟我们的下一代应该具备什么样的素质，才能够主导未来的世界呢？我们要为未来的世界培育什么样的人才？要回答这些问题，我们必须认真地思考我们教育的目的是什么，更要思考如何落实关顾心灵的教育。钱理群教授在回顾 50 年来的教学经验时，指出了教育的真谛就是在青少年的心灵上，播下"美"的种子，给予"爱"的抚育，营造"精神的星空"。① 衷心盼望教育工作者今后更多地关注学生的心灵，更有效地去开拓及推动关顾学生心灵的教育。

---

① 钱理群. 中学教育的真谛 [M] ∥ 刘铁芳. 现代教育的生命关怀. 上海：华东师范大学出版社，2007：7.

回归心灵：传统人生精神的
思考路向及其对当代教育的观照

南京师范大学道德教育研究所　吕丽艳　王金华

摘　要：无论中西方，传统思想总是充满对人生精神的关注。传统人生精神的思考路向注重与宇宙精神的融通、对人性的体认以及教育向人生精神的回归等基本特征。而现代教育，由于受到科学主义等现代思想的影响，往往呈现出"无人"与"唯人"、价值失落以及自省缺失等多重异化。在传统人生精神思考路向的观照下，现代教育需要向回归人生精神、关注自省精神以及全人教育的方向变革。

关键词：人生精神；传统；科学主义

20世纪以来的新儒家们，总是站在阳明心学的角度，将自己的教化理想表述为一种成德之教的功夫之论。这是因为，教育是关乎人的生成的事业；教育之眼所关注的始终都是"生成什么样的人"，以及"怎样生成人"等根本性的人学问题。因此，教育的精神中始终贯穿着对人生精神的理解。尽管不同的先哲和不同文化传统对人生精神的理解殊异，然而，梳理他们对人生精神观照的视阈和路径，对于思考当代教育的异化和更新，有着特别重要的意义。因为思想史观照中所提炼出来的共性的传统，总是透着本质思考的光亮；而当下的教育要突破纷繁芜杂的时代问题并走向返本开新之路，必须放置在这种共性传统中进行检视。

一、人生精神的思考路向

回归人类文明和文化的传统，领略先哲对人的本质和人生精神的思考，有助于在现代社会中生存的我们，跳出时代和社会的遮蔽，找寻人的精神本质和人的生成。从另一种意义上，寻找人生精神的视阈及其思考的路向，对于思考教育问题，有着极其重要的意义。

1. 人生精神与宇宙精神的融通

几乎所有的先哲对人生精神的思考都有着与宇宙精神融通的一面。新儒家在发挥阳明心学的基础上，将人的精神本质和精神向度向宇宙的精神内质延伸，主张人生精神的本质有着向宇宙精神感通的驱动力。这种见解的基础，是基于对人生精神与宇宙精神的同一性的理解，这在中国传统文化的诸家那里得到强烈的支持。

作为儒家创始人的孔子认为，"仁"是儒家确认的宇宙人生的本体。成仁，即是成人。而道家则更深地体现了这种宇宙精神与人生精神的关联。《老子》开篇便是这样写的："道可道，非常道；名可名，非常名。"老子在这里提到的"道"是不可言说的，是言语所不能指称的。只是为了指代"道"，姑且为"道"起了这个名字罢了。"道"不是与具体的认识对象联系在一起的东西，而要靠人用心去体认和感悟的宇宙精神。同时，"道"也是道家人生精神的核心范畴，是道家所追求的最高人生精神，而这种人生精神的确立，确乎是从老子的开篇，对宇宙精神的体悟开始的，也可以说此种人生精神乃是来源于宇宙精神。外来而后纳入中国文化主流的佛教也是如此。佛教认为人生四大皆空，"空"即是佛教对人生精神的体认，佛教的一切苦谛和修行，都是针对人生的排空之法。然而，对空的人生精神的确立，佛教乃是将之归于宇宙世界的空的本质。正如《金刚经》里所说的，"空即是色，色即是空"，这里的"色"指的是"有色界"，亦即现存的宇宙世界。从某种意义上说，儒、道、释三家在人生精神的确立上，采取了共同的宇宙方法论，这也是唐以后三教得以合流的哲学基础。因此，无论是后来的王阳明还是朱熹，都在儒家哲学的本体之内，融会了佛、道的义理，这背后实在有着很深的哲学根源。

唐君毅先生更从儒家哲学角度，将这种成人之教归结为"天德流行境"，认为"所谓天德流行境，乃于人德之成就中，同时见天德之流行"[①]。唐先生是新儒家的集大成者，他学贯中西，一生哲学著述数百万

---

① 唐君毅. 生命存在与心灵境界 [M]. 北京：中国社会科学出版社，2006：487.

言，所最为关切的主题是人生、世界与中国①，代表着面向 20 世纪的中国传统的精神意象。他对于天德流行境的解释，实际上指出了人德的成就与天德在人性中的流行是一致的。因此，人德的最终成就即是天德的流行，这也就从另外一层意义上道明了人德与天德的一致性。唐先生的这一说法在某种意义上说出了中国哲学传统中的人生精神的要义。在道家思想中，庄子认为，"性修反德，德至同于初。同乃虚，虚乃大。合喙鸣，喙鸣合，与天地为合"（《庄子·天地篇》），"万物与我，皆混同而为一体也"②，这也是另一位道家思想家郭象在注解《庄子》时所言的"与物冥"。蒙培元先生对此的解读是，"所谓'玄宾之境'，就是'玄同彼我'、'与物冥合'的精神境界或心灵境界，其根本特点就是取消物我内外的区别和界限，取消主观同客观的界限，实现二者的合一。所谓'玄同'，就是完全的直接的同一，没有什么中间环节或中介，不是经过某种对象认识，然后取得统一，而是存在意义上的合一或同一。这一点是符合中国哲学基本精神的"③。因此，在道家哲学的思想体系中，"德修"的关键也是"与天地合"的境界。根据蒙培元先生的解读，这种思想的哲学渊源，乃是将"人德"与"天地之德"在存在意义上视为合一或同一的缘故。

西方文明的两大源流也从另外一个角度呈现了这种宇宙方法论的特征。古希腊的柏拉图发展了苏格拉底"美德即知识"的思想，建立了"善的理念"的道德体系。在他的名篇《理想国》的洞穴比喻④中，柏拉图很好地使用了三重真理的构境，呈现了理念的世界与生成的世界之间的关系，从而构建了他的"理念论"哲学。柏拉图认为，这个宇宙只是由理念世界而来的生成的世界，它的本质存于理念的世界。因此，理念即这个世界的本质，而理念所呈现的精神即善的本体。所以，"善的理念"不仅是宇宙最高的和最终的目的，也是人类一切行为的目的和永恒的价值基础。人的正义、勇敢、节制、智慧等德性都从"善"这个最高的理念而来，并都努力趋向于它。希伯来文明则在其经典《圣经》的开头，就在神

---

① 唐君毅．人生之体验续编［M］.桂林：广西师范大学出版社，2005：6.

② 冯友兰．人生哲学［M］．桂林：广西师范大学出版社，2005：23.

③ 蒙培元．论郭象的"玄冥之境"——一种心灵境界［M］//国故新知：中国传统文化的再诠释．北京：北京大学出版社，1993：8.

④ 柏拉图．理想国（第七卷）［M］．北京：商务印书馆，1986.

的创造中统一了宇宙和人生精神的一致性：在神创造宇宙万物的六日中，前五日的末尾都说"神看这些是好的"（《圣经·创世记·第一章》），而在第六日创造了人之后，以"神看这一切都甚好"（《圣经·创世记·第一章》）来总结六日的创造，这在终极意义上确立了宇宙精神和人生精神在正当性上的一致性。

传统思想之所以注重人生精神与宇宙精神之间的融通，是因为这是哲学本体论思维的必然结果。人与宇宙之间的联系，不仅仅体现为"物—我"的联系，还体现在其终极来源上的一致性。也就是说，从本体的来源上，宇宙与人有着同样的起源，这构成了宇宙与人的精神同一性的基础，同时也成了人的精神性存在来源的重要解释。这一精神的同一性同时还有着极其重要的认识论的佐证：正是因为人与宇宙有着精神上的同一性，所以人才能够真正地认识宇宙，同时也才能够精神性地看待宇宙；从另外的角度，人的精神性的存在总是伴随着一定的物感意向，这也是这种同一性的一个佐证。从更高的角度说，人的精神性存在总是超越于自身肉身的存在，因此它必然有一个超越于肉身的来源。在西方哲学史上，自从巴门尼德创立了实体论的思维以来，人们就一直在思考"这个世界的最终实体是什么"这一问题；近代的怀疑论哲学又提出，"物质和心灵是否来源于两个不同的实体"的问题。事实上，传统人生哲学并没有走在怀疑论的路向上，而是通过"我"和"物"之间的同源性，来论证"我—天"和"物—天"关系的一致性，从而具体地呈现"我—天"的关系。这种路向呈现在实体论哲学上就是认为心灵和世界并不是两个分列的实体，而是共同来源于超越这两者之上的更高意义的实体的。亚里士多德称之为"第一实体"，黑格尔则称之为"绝对精神"。这种认识论造就了传统人生精神的超越性的认识，同时也引致传统人生精神向信仰层面超越。

2. 成教之道中的人性体认

人性是思考人的本质的重要原点。一切成人之教，都不能回避对人性的体认。因为人性的原生状态是教育的重要起点，是教育事件所面对的基本质料。因此，传统思想思考其教育精神时，总是不能回避人性体认这一基本命题。在各家思想中，对这一问题的认识最为典型的是基督教和儒家思想。

基督教思想对人性的体认是"原罪"思想。《圣经·创世记》说，人类的祖先亚当和夏娃受蛇的诱惑偷吃了"分别善恶树上的果子"，将罪带到了这个世界，从而使得人性中天然就带着罪性，这在其神学体系中称为"原罪"。"原罪说"的要旨是，上帝按照自己的形象创造了人，人被创造时本性当中就带着上帝的荣耀：真理的仁义和圣洁（《圣经·以弗所书·第四章》），在上帝那里生命是美善的，与上帝联系在一起，从而被赋予了一种神圣的本质。但是，人却因违反上帝的命令而导致与上帝的关系破裂，与上帝的生命联系断绝了，以至于人性生而就趋向于破坏被创造时的美善形象。在基督教义理中，人的罪不但体现在与上帝关系的断裂上，也体现在与自然万物关系的断裂上，因为"地也不效力"成为人犯罪之后的一种写照。因此，原罪论的人性体认实际上描述了人性与宇宙精神，以及超越于人生及宇宙精神的绝对超越者上帝之间的两重断裂关系。而对于教育而言，就是要重新恢复这种断裂了的关系，实现人生精神向其原初之善回归。

儒家思想对人性体认分裂为性善和性恶两派。持性恶论的代表人物是荀子。他认为："今人之性，生而有好利焉，顺是，故争夺生而辞让亡焉。生而有疾恶焉，顺是，故残贼生而忠信亡焉。生而有耳目之欲，有好声色焉，顺是，故淫乱生而礼义文理亡焉。然则从人之性，顺人之情，必出于争夺，合于犯分乱理而归于暴。"（《荀子·性恶》）持性善论的是孟子。他说："恻隐之心，人皆有之；羞恶之心，人皆有之；恭敬之心，人皆有之；是非之心，人皆有之。恻隐之心，仁也；羞恶之心，义也；恭敬之心，礼也；是非之心，智也。仁义礼智非由外铄我也，我固有之也。"（《孟子·告子上》）性恶派是少数派，荀子一针见血地指出了人性当中生而有之的那些人欲，从而为德性的教化提出了必要性；而作为多数派的性善派则认为，人性当中生而有之那些美好的品质，而且正因为有这样美好的人性基础，所以人才有向善、向现实之外不断超越的可能与动力。所以，新儒家就有人批评基督教的"原罪说"，认为基督教的原罪论否定了人性当中善的基础，从而阻隔了人生超越的可能性。这种批评就是出于维护儒家传统中性善论对于人之超越性的义理而来的。

对于教育而言，人性体认问题是一个极其重要的问题，因为它决定了道德养成的基础和方向，如果没有人性体认的前提，教育就失去了其存在必要性和可能性的证明。同时，对于人性的确认，也是真正关注教育对象心灵的第一步。因为，确立人性体认，是真正贴近人之心灵的开端。

3. 成人之教向人生精神的回归

传统思想认为教育在根本上是一种成人之教，教育的本质使命就是使人回归到其本质精神当中。因此，在传统人生精神的视野中，成人之教与人生精神的回归在本质上是同一的活动：教育就是使人生的状态回归到人生精神的本质之中。这成为传统思想对于教育的本真理解，同时这种回归也是人的心灵的回归，因为传统思想所器重的就是存在于人内部的与宇宙精神相一致的人的宇宙心灵。这种方法论在许多传统体系中均有所表现，仅以儒家和基督教思想为例。

在儒家的思想体系中，孔子认为，教育在本质上就是要养育一个人的"仁"心，也就是"大生之德"，这与其宇宙精神的指向是一致的。《礼记》说：天行健，君子以自强不息；地势坤，君子以厚德载物。这也表达了君子之德和宇宙的运行与精神的一致性，同时也表示了彼此之间相生的关系。明代大儒王阳明则提出"复其初"的德性修为之道，这是成人之教中，人生精神向宇宙精神回归的一种表述。而新儒家更是在宋明理学的基础上，提出感通宇宙的人生精神的回归之途。

在基督教的思想体系中，"救赎"是其核心精神。所谓"救赎"，就如同约翰福音开篇所言的："道成了肉身住在我们中间，丰丰满满地有恩典有真理。"就是说，那超越者本身来到了罪恶的人中间，亲自来修复他与人的关系，从而使人得以与神和好。通过这种救赎意向，使人对属天的生命有盼望，从而实现精神、心灵和生命向起初被创造时的美好状态回归。基督教的"救赎"精神所强调的就是人的流浪心灵与心灵本体之间的重新联结。

正如上文所分析的，传统的人生精神有着与宇宙精神或心灵本体的融通，所以在成人之教中，理所当然的意向就是人生精神向其原初源头回归。无论东方还是西方，其文化特征都向我们表明了这一点。

二、当代教育的异化与人生精神的缺失

当代教育是建立在启蒙之后，在科学主义背景下兴起的现代教育。现

代教育的重要特征之一是人生精神的缺失。

1. 人的中心主义建构中教育的"无人"与"唯人"的双重异化

当代教育是建基在现代性话语之上的。因此，要理解现代教育的本质，必须回到启蒙以来的现代性话语体系中进行辨识。启蒙运动是世界思想史上最为重要的历史事件，其意义在于使人的主体性上升到了前所未有的高度，此后，现代社会才正式拉开了帷幕。在传统社会中，人及其精神总是放置在本质主义的话语体系中进行辨识的，也就是说，对人及其精神的理解总是放置在上帝、本体、自然等信仰语境中进行理解，但是在现代性话语体系中，人的中心主义被放置到了思想史的中心地位。自从现代性思潮兴起以后，"唯人"的人本主义成为现代思想的中心议题，并且成为现代思潮所极力捍卫的核心价值。

但是，人的中心主义的兴起并不能说明这样的命题：以往的思想史忽略了对人及其精神的理解。事实上，思想史从来没有放弃过对人及其精神的追寻，反而一直以此作为哲学思想的核心议题。自我认识问题从来都和真理问题双向同一地指向哲学思考的核心地带。如前所述，无论是宏观气象还是微观功夫，传统思想总是关注着对人及其精神的本质理解与个体确立。但是确确实实地，现代思潮体现了一种与传统思想对这一命题思考的根本异质：传统思想总是追求人生精神与宇宙精神在更高层次上的统一性与一致性；而现代性思潮恰恰放弃了这种超越层次的追求，而是将人直接放置在超越的层面上，试图以此来构建人本主义或人的中心主义对世界的理解。现代性思潮中的人的中心主义，实际上是在本质思维和价值思维系统中人的地位的上升。这种上升只是在思维系统中地位的上升，并不意味着在本体意义上人对自身价值理解的上升。所谓人本主义，就是将人放置在哲学思考的最高位置，对这个世界的一切思考都以人为中心，对宇宙、自然等的认识都是以人以及人的需要来定位，哪怕是对客观的科学规律的认识，也是以人的需要为目的，并且也是以人的需要来表达。这种哲学世界观是从一种平实的视角描述人与世界关系的建构，由此而产生的哲学方法论则表现为一种较为激进的视角：人的中心主义在人类的生存方式上表现为一种"占有性的存在"。多迈尔在表述近代占有式的个人主义时所作的描述用在这里刚好合适，"在它与自然的关系中，解放的历史充满了一种统治的冲动"，近代科学"增大了人与宇宙之间的鸿沟"，"加剧了有权与无权之间的分化"①。在这种分化之中，人往往处于自我中心和漠视他人的两极之中。同时，这种两极化的分化，也导致了人"总是倾向于把他生活的小圈子看成是世界的中心，并且把他的特殊的个人生活作为宇宙的标准"②，从而封闭了通向自我以外的超越之途。

因此，这种"唯人"的教育事实上走向了人的精神和价值的丧失，是一种人学虚无主义，最终走向了"无人"的境地——将人和宇宙的关联从价值上的同一性异化为关系上的占有性。从表面上看，似乎对世界以及他人的占有都是为了自我这唯一的中心，但是，由于"自我"已经失去了其人生精神的本质，成为一种空洞无物的去价值化的存在，因此，"唯我"走到最后的结局往往就是"无我"。这种人的中心主义建构下的"无人"和"唯人"的双重异化，本质上走向了人学的虚无主义。这种虚无主义导致对人的定义以及人的追求越来越外在化、物质化，也越来越去心灵化、去价值化，因此在本质上它是心灵虚空的一种表现，也是价值虚无主义的表现。

2. 科学主义建构中教育价值的虚无化

启蒙之后，科学主义将人定位为物性的存在和关系性的存在。科学主义是现代性语境中对学科认识的主流话语。科学主义是一种价值取向，但它本质上是一种去价值的价值取向。由科学主义所带来的工具理性在本质上是一种与价值理性相对立的理性类型。自从近代的经典知识论产生之后，人们对知识的理解往往限于严格的科学范畴，教育也走上了"科学化"之路。教育逐渐由其历来所固有的价值追求异化为一种现代性的科学追求。在今天的学术视阈中，教育学的心理学化、社会学化和技术化已经成为一种不可抵挡的潮流，这在今天许多大学的教育学研究机构命名为"教育科学学院"就可见一斑。科学主义是启蒙之后所出现的现代思潮滥觞的结果，其结果就是工具理性甚嚣尘上，价值理性虚无阙如。根据科学主义思维所建立起来的教育是一种结构化的、物化的教育，同时也是一种工具化的教育。科学主义所看重的是通过科学的手段而实现人对事物的控制和占有，因此，科学化的教育本身也沦为人控制这个世界或他

① 多迈尔. 主体性的黄昏 [M]. 万俊人，等，译. 上海：上海人民出版社，1992：12.
② 卡西尔. 人论 [M]. 甘阳，译. 上海：上海译文出版社，1985：20.

人的手段，其中所蕴含的都是利益或权力的诉求，而缺乏价值的诉求。它所意指的是这个被控制的世界，而非宇宙的精神。所以，在科学主义的浸染下，人们的目光所关注的不是人生精神的超越与回归，而是利益的需要。

雅斯贝尔斯指出，人生"如果将目光仅仅投注在实际事务上，就会迷失方向，哪怕是最微小的行动也应和终极目标联系起来。只有不让遥远的地平线从视界中消失，我们的脚才能迈出有意义的一步"①。因此，教育的一个重要的目标应当是引导学生借着生活中的哪怕最微小的行动，来追寻人生精神的回归，从而实现终极价值的追求，这在本质上是意义的追寻，也是心灵的需要。有学者指出，在科技专业化、实用功利化大潮流的冲击下，今日学校教育内涵的规划恐有严重偏失之虞。当学校教育被窄化成唯知识的教导时，可能在"偏颇的教育"下，造就所谓"失落的人"。此一现象，实不利于教育功能的发挥，与学术求真、人性求善、人生求美的教育理想背道而驰，且渐行渐远②。的确，科学化本身是造成教育向意义世界闭锁的重要原因，同时也是其自身去价值化、价值虚无的原因。

教育的这种虚无化，首先导致的就是教育中心灵的失落。科学化使得现代教育常常只关注分数等各种可测量的指标，一切不可以划归为可测量的科学话语的因素都不在科学化的教育考虑的范畴之内，这必然导致现代教育对于价值、心灵等不可测量的要素的忽略。这种教育追求所带来的严重后果就是教育仅仅制造出一些可测量的、"空心化"的学生，却没有培养出真正具有健康心灵的人。如果教育的目标偏离了心灵目标以及人之为人的目标，在某种程度上也就偏离了其"成人之业"的本质，从而也失去了自身所本有的意义，这也从另外一个角度导致了教育自身价值的虚无化。

3. 教育的自省精神的失落

在科学主义的大旗下，人类的思想口号是征服和控制，意欲通过掌握科学的武器来实现人对世界的掌控，并且使世界的运行为了人类自身的利

---

① 雅斯贝尔斯. 什么是教育 [M]. 邹进，译. 北京：生活·读书·新知三联书店，1991：177.
② 潘正德，魏主荣. 全人教育的意涵与研究变项分析 [J]. 人文与社会学报，2006（9）.

益来服务。人们已经失去了认识自身的兴趣，而只钟情于对外物的豪夺。科学主义大纛下的教育也是如此，它不再关注如何养育具有高尚心灵的人，而是成为控制人的工具，这一点正如弗莱雷在他的《被压迫者的教育学》中所分析的那样①。教育沦为压迫者控制的工具，正是科学主义征服式、控制式思维方式的体现。当征服或控制成为最高价值之后，所剩下的就不是伦理问题，而是手段问题了。所以，对于征服者或控制者而言，没有对于自身心灵的伦理省察，而只有对于手段有效性的关注和评估。当教育成为一种征服或控制的手段之后，它也失去了对自身的伦理省察，而只关注"教育"的手段了。这难道不是当代教育在科学化、技术化的过程中正在发生着的可怕倾向吗？雅斯贝尔斯在谈到教育的本质时提出，"教育须有信仰，没有信仰的教育就不成其为教育，而只是教学的技术而已"②。因此，教育不能失去其自身的"心灵"，反而要抗拒科学主义的思维侵扰，从而建立一种有生命的、有心灵的教育学，这就需要教育学站在自己的心灵信仰中，不断对自身进行省察并回归。

教育自身自省精神失落带来的一个直接结果就是其所培养出来的学生也缺乏自省精神。科学主义教育的目的是要通过对学生的科学化的分析（例如心理学、社会学等方式），达到控制他们的结果，并且使他们成为一种被控制、被压迫的人，这种目的所诉求的是学生的顺从，拒斥自省，因为自省容易打破这种顺从。古希腊哲学家苏格拉底说，"认识你自己"，自我认识和自省是人通向自己心灵世界的必然之路，失去了这种追求，必然导致人对心灵世界的漠视。

三、当代教育向人生精神的回归

1. 教育价值中人生精神的回归

教育学是一门关注人的价值以及塑造有价值的人的学问。教育如果失去了对人生精神的关注，就失去了自己的心灵世界，也失去了自我人格的内部统一与和谐。因为，传统的人生精神首先是关乎人的心灵世界的，是

---

① 参见保罗·弗莱雷. 被压迫者教育学 [M]. 顾建新，等，译. 上海：华东师范大学出版社，2001.

② 雅斯贝尔斯. 什么是教育 [M]. 邹进，译. 北京：生活·读书·新知三联书店，1991：44.

内在的。它提倡以心灵来观照世界以及人自身，主张人看待自己、他人和世界时，不是使用外在的感官，而是使用内在的感官。传统人生精神以一种伦理性的精神来看待自然和自我，这在有的思想体系中诚然有自然神论的意味，但是在绝大多数思想的共性当中，这体现了人自身的灵性和德性的彰显。其次，传统人生精神是统一的、和谐的。传统人生精神将人与自我、他人及宇宙、世界的关系都统整在一起，这既有上文所分析的哲学实体论的原因，同时也是基于生命是统一的信念。而对于现代精神而言，由于科学主义、结构主义等的影响，往往将整全的生命分解开来看待，使得人与自我、他人以及宇宙、世界之间的关系彼此分离，并不是在同一的生命体内部看，这也造成了现代人生命、生活的碎片化。

对于教育而言，培养有整全心灵、和谐生命的人是第一位的要务。在现代性的分崩离析和后现代的解构喧嚣之中，教育要思考其根本使命，回归到育人的原点，传统人生精神的这些思考向度和路径，为当下教育提供了有益的启示。

2. 教育实践中自省精神的关切

教育脱离现代思想向外控制的牢笼，关注内在心灵的动态，是教育向人生精神回归的一条重要路径。这主要体现在两个方面。首先是对传统人生精神的积极追求。传统人生精神的超越性特征是基于终极价值的一致性，即天与世界及人的关系。终极价值的追求，是人心灵世界最为重要也是最为根本的追求，教育需要引导学生回归到传统人生精神的这种追求向度，这也是为教育向人生精神的回归提供目标和动力。其次，也需要对人性有基本的体认和密切的省察，教育要培养自省精神。人内在的终极追求是一个心灵求索的过程，这个过程不是自然而然的，而是需要付出努力，这种内在的努力就是对自我心灵中反对这一追求的力量进行省察与克服。所以，现代教育要回归心灵，培养受教育者的自省精神就显得极为重要。

现代教育需要向人生精神及心灵世界回归，那也就意味着它原先处在一个偏离的位置，因此，在教育发展过程中，教育自身对其实践与目的之间的省察也尤为重要。这种省察不但伴随着教育的革新与发展，在某种程度上甚至可以说就是这种自省精神时刻引导着教育的变化和发展，使教育始终关怀人生、人事。这种自省既是关乎教育自身的，也是关乎教育现象与实践的，有论者将教育的这种自省称作"无立场的教育学思维"①。

3. 全人向度的教育关怀

全人教育是一种整全、全备、完全的教育，强调教育的目的在人，重点在人，意义在人而非在知识。全人教育的目的在培养整全的人，此整全的人，不仅有全备的通识（知识、见识和器识）和谋生的技能，更重要的是有高尚的情操、健全的人格、完美的道德、社会责任和宇宙的眼光。②全人教育是近年来全球教育界的一个热点问题。全人教育的基本主张就是"整全"。它能够成为一个理论热点并非出于偶然，而应是现代教育过于割裂所带来的必然反思。纵观全人教育的各种观念，绝大多数都是在传统思想中寻找资源，华人界对全人教育的研究多集中在基督教、天主教、儒学和佛学的思想中。在一切以经济为中心的现代社会中，呼唤高尚的情操、健全的人格、完美的道德、社会责任和宇宙的眼光统一的教育正是现代人心灵世界的需求。

台湾知名的全人教育学者林治平教授指出，人生的意义与价值乃是在以人为中心而发展成的四种基本关系中，这四种关系各有其重要性，不可偏废。而"我"便是在这四种关系中形成的：我与物质世界、生物世界；我与人文世界、精神世界；我与社会关系、文化历史；我与哲学宗教、终极灵魂。如果套用马克思主义的观点"人是关系性的存在"的话，那么人就存在于自身与天、人、物、我的这四重关系之中。一个有灵魂的人必然要处在这四重关系之中。如果这四重关系仅仅简化为社会性的关系的话，那么人的心灵世界就被抽空了，因为这种思想不啻是在说人外在的社会性关系统整了包括心灵在内的所有生命关系，使得内在的更加外在化，这最终所带来的必然是人心灵的荒芜。唯有天、人、物、我这四个层面才能够构成整全的生命世界。

虽然整全的心灵包含了这四重关系，但是这四重关系不是彼此分裂的，而是和谐一致的，因为这四重关系处于同一个生命体中，统合在同一个心灵之中。黄俊杰教授根据儒家的观点指出，"全人教育"包括三个互有关联并交互渗透的层面：（1）身心一如：人的心灵与身体不是割裂而是

---

① 金生鈜. 无立场的教育学思维 [J]. 华东师范大学学报（教育科学版），2006（3）.

② 林治平. 以全人教育为本的通识教育及其落实——以中原大学为例 [C]. QQQQ 的人生——全人理念与现代化. 台北：宇宙光，1998.

贯通的，不是两分的，而是合一的关系；（2）成己成物不二：人与自然世界及文化世界贯通而为一体，既不是只顾自己福祉的自了汉，也不是只顾世界而遗忘个人的利他主义者，而是从自我之创造通向世界之平治；（3）天人合一：人的存在既不是孤零零的个体，也不是造物者所操弄的无主体性的个人，而是具有"博厚高明"的超越向度的生命。① 无论这个观点是否能够为人所认同，但是这三组特征的向度，确实道出了全人教育的目标，同时这也是对儒家传统人生精神的极好总结。

---

① 黄俊杰. 从古代儒家观点论全人教育的涵义 ［C］∥林治平. 全人教育国际学术研讨会论文集. 台北：宇宙光，1996：103-121.

全人教育的规划：
一所香港小学的经验分享

香港教育学院　袁合顺

摘　要： 学校应鼓励学生品学兼备，除基本的正规学术课程外，可集合各科各组力量和智慧，通过日常课程及生活事件，以科际整合等方式，推行"全人教育"（Holistic Education，或译作"整全课程"），借多元化的生命、心灵及品德价值教育，帮助学生全人成长。本文从全人教育的视角，探讨香港一所小学规划全人教育的初步经验，其中包括学校的行政策略和安排、"整全"的联结方向、教育视野及灵性培育等层面。

关键词： 全人教育；灵性；心灵；课程；政策

一、全人教育的内涵

1. 全人教育课程（Holistic curriculum）就是存有灵性的教育课程

世界卫生组织认为，健康包括身体、心理和社会的安宁。其实心理和社会的安宁也包括心灵的安宁。1992 年，有人提出一个"人生全程（holistic）的健康、安适和预防"的模型，让人们从灵性（spirituality）、自律（self-regulation）、工作（work）、爱（love）及友谊（friendship）中体验安宁（wellness）[①]。因此，孩子也应学习保持健康的身心灵状态。

2. 现代小学全人教育课程是有历史渊源的

陶行知认为，教育须教导孩子感受耶稣基督的心灵，学效耶稣，从而

---

① Witmer, J. M., and Sweeney, T. A Holistic Model for Wellness and Prevention over the Lifespan [J]. Journal of Counseling & Development. Vol. 71, 1992.

学会去爱、去服务他人及舍己。他又认为，"活的教育"是"要活的人去教活的人"，"拿活的东西去教活的学生"，并且注重"精神上活的教育"①。陶行知又将"生活教育"（即"生命教育"）定义为"给生活以教育，用生活来教育，为生活向前向上的需要而教育"②。吴武雄强调，生命中应以"生活"为重，而非成绩，更认为学校应推广生命教育，并回归教育本质，让学生自我发展、学习生活、认识"人民教育"、学习生死意义及终身学习。③ 也有学者认为，人受其家庭及周围的大小系统影响④，所以，学校在推行"全人教育"时，应多与学生家庭及社会机构合作，让学校、家庭及社会各方面都参与"全人教育"。

3. 全人教育与传统教育的不同之处，在于要把教育视为灵性的努力，而不是只求理性或强迫学生接受社会规范

米勒认为，若课程失去灵性，便会变得死气沉沉。他提醒我们，教师须与学生产生互动，带入教室的不应是铁板一块的课程。⑤ 因此，要让教育产生效果，需要一定的课程规划。

二、全人教育的目的

1. 培育"整体的儿童"

全人教育课程的推行，目的是培育"整体的儿童"。克伯屈把儿童看作一个有机体，任何时候儿童的生活都必须受到重视。他指出，"整体的儿童"有两个含义：生活的整体性及儿童的整体性⑥。米勒则认为，"智

---

① Tao, W. T.（陶行知）. Moral and Religious Instruction in China [J]. Liu Mei Tsing Nien 3, No. 1（November 1916）：23-32 and 3, No. 2（January 1917）：66-73.

② 陶行知. 从生活谈教育 [M]∥金成林，张执敬. 陶行知全集·第一卷. 成都：四川教育出版社，2005：356-358.

③ 吴武雄. 推广生命教育，回归教育本质 [J]. 高中教育，1999（7）.

④ Bronfenbrenner, U. Environments in Developmental Perspective：Theoretical and Operational Models [M]∥ S. L. Fredman & T. D. Wachs（Eds.）. Measuring Environment across the Lifespan：Emerging Methods and Concepts. Washington, D. C.：American Psychological Association, 1999：3-28.

⑤ Miller, R. What are School for?：Holistic Education in American Culture [M]. 3rd ed, Brandon：Holistic Education Press, 1997.

⑥ 克伯屈. 活动课程要素 [M]∥陈友松. 当代西方教育哲学. 北京：教育科学出版社，1982：73.

力、情绪、体质、交际、审美和灵性"是全人的要素①，因此，学校也应以此为基础安排课程，让学生全人发展。

2. 建立儿童的价值观、信仰和态度的根源

韦布提出了"灵性能量园地"（spiritual energy field）的概念，他认为此园地是活力和生命力的来源，也建立了人的价值观、信仰和态度的根源，主导了人们做选择和行为表现的风格。此外，他又提出心灵健康不可或缺的六个领域，包括：心灵的意识、家人及朋友的亲密关系、身体健康、文化的洗礼（音乐、美术、文学及历史）、休闲娱乐和更新及有目的的生活②。因此，在孩子小时应多锻炼他们的灵性，令灵魂得到滋养，以适应困难重重的人生。

3. 学会谦卑——对宇宙至高者的崇敬

全人教育课程的宇宙观就是对至高者的崇敬，因而要学生学会谦卑。祁克果（Kierkegaard）指出，"灵"是"自我与自身建立关系"③，就是人须自我接纳、自我认识，具有自觉能力，而人最终要借着与上帝建立关系，才能变成真正的我。米勒（J. Miller）认为，灵性就是"由我们与奇妙和神秘之物的关联而引起的一种对生活的敬畏和崇敬之感"④。此外，吴梓明曾引埃德温·考克斯（Edwin Cox）的观点指出：人有六种意识，作为对生命及其周围环境的觉察力，包括"与生俱来的一种对生命存有神秘感的意识"、"生命是在不断改变的意识"、"与自然规律发生一种关系和依靠的意识"、"从我们经验而得，对创造秩序的肯定的意识"、"体会到宇宙万物中还有其他人存在的意识"及"分辨对错的意识"⑤。若我们不从宗教角度来描述，我们仍可以"宇宙至尊"来称呼它，这就是人的灵性要流向的目的地。教导孩子崇敬宇宙奇妙，学习谦卑，关爱大自然，就

---

① Miller, R. Caring for New Life: Essays on Holistic Education [M]. Brandon: Foundation for Educational Renewal, 2000.

② Webb, D. The Soul of Counseling: A New Model for Understanding Human Experience [M]. Impact Publishing Inc., 2005.

③ Kierkegaard, S. Fear and Trembling and the Sickness unto Death [M]. Princeton, N. J.: Princeton University Press, 1954: 146.

④ Miller, J. P. The Holistic Curriculum [M]. Revised and Expanded Edition. Toronto: OISE Press, 2001.

⑤ Cox, E. Problems and Possibilities for Religious Education [M] // 吴梓明. 从宗教教育到生命教育. 香港：基督教文艺出版社，2004：37-48.

是帮助孩子认同自己的身份——他是奇妙宇宙的一分子。

4. 建立联结一起的世界观

至于全人教育的世界观，就是联结一起的精神（connections）。米勒（R. Miller）认为："对实践全人教育来说，没有一种单一的方法，也没有一种课程，最能表达全人教育的世界观。"① 因此，"多元"和"尊重"是表达全人教育的世界观的基本语言。我们应日益重视我们的心灵议题和多元文化，对不同的宗教、种族、道德观、传统等元素加以尊重。

5. 建立具有灵性的心理观

灵性在课程中应富有意义，这对儿童的心理发展有影响。据埃里克森的"人生八阶理论"及马斯洛的"需要层次理论"② 分析小学生（6—12岁）的心灵健康和需要，发现他们正处于能力感的形成期，在这一时期，小学生会与他人比较自己的能力和价值的分野，这表示他们有身份自我正面认同的需要，这与马斯洛的自我实现需要的理论相似（因此，埃里克森启发教师应确保学生不怕在学习过程中遇到失败）。正如埃尔金斯（Elkins）所说："灵性是滋养一个人的灵魂，发展其精神生活的过程和结果。"他又认为，灵性是一个人间现象，是普遍性的，世上每个人都可培育及发展自己的灵性。③ 灵性是与某种神秘现象相关联的，灵性会被这些神秘现象激活。此外，灵性是有"同理心"的，并通过对别人的关爱而显现出来。一颗具有灵性的心并非在谈论宗教，而是我们内在的生命。因为"所有人存在的核心是与精神、灵性层次有关的"，而"这灵性的核心为心灵"④。

6. 学会让身、心、灵紧密地联结在一起——关顾人的身、心、灵

心灵与身体的联结。本纳（Benner）认为："人是由众多不同部分组成的，我们不是拥有一个灵或一个身体，我们乃是有躯体的灵。"因此，我们要从全人的角度来理解心灵与身体的关系，因为"人的每一方面原来

---

① Miller, R. Make Connections to the World: Some Thoughts on Holistic Curriculum [J]. Encounter: Education for Meaning and Social Justice, Vol. 14, No. 4, Winter 2001: 31.

② Plotnik, R. Introduction to Psychology [M]. 7th ed. Thompson Learning, Inc. USA, 2005.

③ Elkins, D. Beyond Religion: a Personal Program for Building a Spiritual Life outsides the Walls of Traditional Region [M]. Quest Books the Theosophical House, 1998.

④ Webb, D. The Soul of Counseling: A New Model for Understanding Human Experience [M]. Impact Publishing Inc., 2005.

都在心灵领域内，没有任何一个部分独立存在于这范围以外"。事实上，灵性的表现形式若不是以身体存在的经验作为依归，又不是联结于日常心理状况的正常机制和过程，那将是一件很危险的事①。

心灵与心理的联结。克塞勒（Kessler）指出，心灵会受意外、不幸事件、受虐及毒瘾等经验影响。人们也渴求与家庭、职场等社会关系有所联结，期望得到他人的认可、接纳、关注和鼓励等亲密的关系，这些行为能滋养心灵②。

心灵与信仰的联结。摩尔（Moore）发现，人的灵性和心理层面是互相紧密地联系的。他在描述"心灵"就是把物质和属灵世界结合起来的同时，信仰在心灵关顾中有着重要的位置，他认为适当的灵性生活对于心理健康是必需的③。

7. 学会与"天、人、物、我"联结一起

林治平在生命教育中提出"天、人、物、我"的全人理念，这与费舍尔跟日后他与同伴的理论有不谋而合之处。费舍尔认为，若要建构全人教育，便须教导孩子与世界及课程之间作出联结。他也将个人（学生自己）与上帝（天）、群体（人）、环境（物）及自己（我）紧密地互相联结在一起的，因此教师可引导学生崇敬上帝，并学习与奇妙世界及众生作出关联，从而帮助学生善对生活，促进学生平衡地发展。④

---

① Benner, D. Care of the Souls: Revisioning Christian Nature and Counsel ［M］. Grand Rapids: Baker Books, 1998.

② Kessler, R. The Soul of Education ［M］. Alexandria, VA: Association for Supervision and Curriculum Development, 2000.

③ Moore, T. Care of the Soul: A Guide for Cultivating Depth and Sacredness in Everyday Life ［M］. New York: Harper Collins, 1992.

④ 林治平. 找人——全人理念与生命教育 ［C］∥中原大学宗教学术研讨论文集（一）. 台北：宇宙光出版社，2001.

Fisher, J. W. Spiritual Health: Its Nature, and Place in the School Curriculum ［D］. Unpublished PhD Thesis, The University of Melbourne, Australia, 1998.

Fisher, J. W. Helps to Fostering Students' Spiritual Health ［J］. International Journal of Children's Spirituality, Vol. 4, No. 1, 1999.

Fisher, J. W., The Revd. Canon Francis, L. J., & Johnson, P. Assessing Spiritual Health via Four Domains of Spiritual Wellbeing: The SH4DI ［J］. Pastoral Psychology, Vol. 49, No. 2, 2000.

三、全人教育课程的特点

1. 课程必须具有灵性

全人教育课程应具有灵性，也应充满创造活力，是五彩缤纷的，如宇宙一样。各项课程之间应是互相联系的，而不是彼此孤立的。米勒（J. Miller）指出，要建构全人教育，需要在课程之间作出六方面的联结①，这启发教师在推行全人教育时应思考以下方面。

第一，线性思维与直觉认知的联结。即传统思考方式，通过隐喻和呈现内心的感受，与直觉一起整合。

第二，身心的联结。通过运动和舞蹈，让学生感受身体与灵性的关联。

第三，知识领域之间的联结。在学科之间可以用各种方法进行联结，而科际整合或主题课程设计，有助不同学科领域间的联结。

第四，个人与社会的联结。重视学生与社区间的关系，学生在此可发展不同的技能，如人际交往、社区服务及社会行动的技能。

第五，人类与地球的联结。现代工业社会，人们似乎听不见虫鸣犬吠，也听不见流水淙淙。要引导学生关怀自然，学习跟"与宇宙仍有着有机联系"的人交往，让学生成为生命之网（web of life）的一员。

第六，自我与本性的联结。学生要认识自己的本性。人存在两个自我："小我"响应"我是谁"的社会化知觉；"大我"强调人与人无争，通过沉思、阅读文学作品及宇宙故事等，将自己的本性与自然界所有生命产生深刻的联系。

2. 课程必须统整

什么是灵性课程的统整方法？那就是顺着孩子的发展而行。全人教育的课程统整是以学生为中心的，不是依教科书而预设的。任何事情都是在一定的文化背景下产生的。克拉克认为，文化背景其实是社会、经济、政治和生态因素相互影响所构成的复杂网络。在此，教师可引导儿童与人分

---

① Miller, J. P. The Holistic Curriculum［M］. Revised and Expanded Edition. Toronto：OISE Press, 2001.

享自己的经验和知识；让儿童认可历史的、发展的和未来的观点，并向这些观点学习；让儿童认可思想、符号和隐喻在塑造他们的思想和行为方面的重要性；让儿童跟自然世界发生关系，让儿童思考自然界、生物圈和全球生态的经验①。

3. 教师须具有灵性的教学观

若要有效地推行全人教育，便应注重全人教育的师资培育。② 帕尔默给教师提供了具有灵性的教学观。帕尔默提出"教学勇气"这一概念，他鼓励教师在教学中找回失落的心灵，勇敢地将真心献给学生。"找回失落的心灵"就是要教师认识自己究竟是谁，从而在教学中展现自己的个性。③

4. 必须促进学生整体发展的平衡关系

怎样促进学生整体发展的平衡关系？米勒（John Miller）提出八种教学与课程的关系④，发人深省。

（1）个人与小组的关系：须通过合作来学习。

（2）内容与过程的关系：教师须关注学习的过程。

（3）知识与想象的关系：知识经过想象及诠释才能建构起来。

（4）理性与直觉的关系：强调理性与直觉的结合。

（5）定性评价与定量评价的关系：定性评价（真实评价）可补传统定量评价的不足。

（6）技巧与观念的关系：要教授的技巧须促进儿童整体发展。

（7）评价与学习的关系：过多测验及报告会令学生失去对学习的关注，教师须通过环境的自然反馈来学习。

（8）技术与方案的关系：教师以一个研究环境，扩大学生的研究视野。

---

① Clark, E. T., Jr. Designing and Implementing Integrated Curriculum: A Student-centred Approach [M]. Brandon: Holistic Education Press, 1997.

② 张淑美. 职前师资培育阶段——"生命教育"课程之实施与省思 [J]. 教育学刊, 2005 (24).

③ 帕尔默. 教学勇气——漫步教师心灵 [M]. 吴国珍, 余巍, 等, 译. 上海: 华东师范大学出版社, 2005.

④ Miller, J. P. The Holistic Curriculum [M]. Revised and Expanded Edition. Toronto: OISE Press, 2001.

5. 必须让课程与儿童之间发生"传递、交流和转变"的关系

米勒认为，全人教育课程与儿童之间有三种关系：传递（transmission）、交流（transaction）和转变（transformation）①。

所谓传递，是指教师要向学生传递事实、技能和价值观，虽有点单向，但学生也能学到社会所需的基本技能和价值观。

所谓交流，是指教师要把教育看成学生与课程的对话，学生在学习过程中，不停地建构知识，也与课程产生互动和对话，这就是交流。因此，教育要培养学生分析思考的能力，发展解决问题的策略。

所谓转变，是指教师要注重学生个人及社会的变革。在任何学习阶段中，学生都是主动的。这包含了三个要素：第一，学生须掌握促进个人和社会转变的技能；第二，学生须学习与环境共融，而非控制它；第三，学生要学习观察在各现象之间存有灵性的联结。这样，课程由封闭走向开放，由预设走向生成。

四、香港一所小学规划全人教育的经验分享

本文分享的个案是香港一所小学，该校仍处于推行全人教育的起步阶段。该校具有基督教的宗教背景，校内设有一所教堂，一起关顾学生及家长的灵性培育。全校学生约 1100 人，多是来自基层和中产阶层；教师超过 60 人。学校采用"全校参与"方式，配合"跨科组"的合作，推行全人教育。

1. 全人教育就是生命教育

学校认同全人教育就是生命教育，帮助学生扩大生命及灵性的视野。学校不单要学生"读好书"，还要"做好人"，让学生多角度地思索下列关系，以增长灵性。

---

① Miller, J. P., Cassie, J. R. B. & Drake, S. M. The Holistic Learning: A Teacher's Guide to Integrated Studies [M]. Toronto: OISE Press, 1990.

不同角度	学习内容
人与自己	认识自己，发展潜能
人与他人（社群）	尊重他人，与人合作
人与自然	爱护大自然
人与至高者（上帝）	敬畏上帝

2. 制订学校全人教育的教育内容

学校希望孩子有健康的身心灵状态。学校通过全人教育课程，让学生与"天、人、物、我"四方面联结起来，以培育学生的身心灵，帮助他们成为拥有身心灵健康的孩子（be a holistic kid）。

下表阐述学校所推行的全人教育的教育内容及整全的联结方向等的关系。整全的联结方向即学生与"天、人、物、我"的联结。健康范畴包括学生的身心健康、适应社会、与大自然友好相处及灵性健康。教育内容包括保健、体育教育及十大教育内容[①]。

	整全的联结方向	学习内容	健康范畴	教育内容
I	人与自己【我】	认识自己，发展潜能	在促进学生关心个人健康方面：学校让学生参与不同的健康保健计划、身体锻炼活动和有益身心的课外活动，以促进身体健康。	保健及体育教育

---

① 笔者所指十大教育内容如下：

内容一：心灵及品德成长教育——注重心灵及品德成长。

内容二：坚毅教育——坚毅不屈，面对逆境也不畏惧。

内容三：国民身份教育——知道中国人的国民身份，明白中国的发展。

内容四：团队教育——明白我们是一家人。

内容五：服务教育——效法耶稣基督"非以役人，乃役于人"的服务精神，关怀弱小。

内容六：理财教育——学习"小心用钱，便宜莫贪"的理财智慧。

内容七：禁毒教育——抵抗毒品的诱惑。

内容八：智 NET 教育——善用互联网及科技交流。

内容九：审美及欣赏教育——学习审美，分辨美好行为及文化艺术作品，并懂得欣赏他人的好作品及好行为。

内容十：阅读教育——阅读有益的书刊，让阅读改变人生。

道德
道德教育评论2013

续表

	整全的 联结方向	学习内容	健康范畴	教育内容
II	人与他人 （社会） 【人】	尊重他人， 与人合作	在促进学生与社会联结方面： 学校认为个人的成长发展都在社会中进行，在儿童最初的数年中，他们须学习道德的行为，而且要有教养，因此，学校以多角度的视野来培育学生的心灵健康发展。	十大教育内容
III	人与自然 【物】	爱护大自然	在促进学生与自然环境联结方面： 学校注重培养学生对自然环境保持关怀的态度，因此注重环保教育。	环保教育
IV	人与上帝 【天】	敬畏上帝	在促进学生与上帝联结方面： 学校为基督教学校，致力于推行灵性教育及关注人的灵性发展；教堂、学生辅导组、宗教科、音乐科、视艺科及中文科等也携手推行本校的灵性教育。	宗教教育，通过人文教育来影响心灵

3. 学校的行政策略和安排

学校的管理层支持推行全人教育。学校通过不同的政策和活动，灵活地推行全人教育。学校不同成员配合，力求形成合力。

学校各成员组合	配合内容
办学团体	支持推行全人教育
学校管理委员会（校董会）	支持学校推行全人教育
学校行政会议成员 （包括校长、副校长、主任）	制订方针及策略
全体教师及职员	不单"教书"，还重"育人"
家长教师会	支持配合学校的方针，施行全人教育
家长	支持学生参加本校活动，并亲自参加有关活动
学生	参加本校活动
所属教堂（牧区及传导区）	牧养学校

学校通过各项行政措施宣扬全人教育。如：提供活动场地；撰写及收发活动通告；协调人力资源；在行政会议、校务会议①、家长教师会、日常报告及家长通告中宣扬有关活动；发出家长通告及举行讲座，邀请家长进一步合作，加强家庭与学校的合作，帮助孩子学习认识自我、认识社会、认识自然、认识上帝的全人教育，有系统地增进儿童对生命的认识，以促进学生的全人健康。

4. 学校的课程策略和安排

学校通过日常课程、生活事件、科际整合或主题本位的课程设计，推行全人教育。例如：

科　　目	教材/内容
中文科	写作与生命有关的故事或文章
宗教科	学习《完美的人生》和圣经金句
成长科	学习《成长列车》等小学生命成长课程
音乐科	学习励志歌曲、圣诗、音乐家生平
常识科	认识健康、科学、自然和社会
周　　会	利用《崇拜手册》内容，设计不同德育主题

学校还集合全体教职员工的力量，配合"跨科组"的合作②，筹办及推行校本全人教育。步骤如下：

（1）由学校全体行政会议成员通过施行全人教育的关注事项（方针及策略）。

（2）由全体教师商议全年的学校关注事项（主题），然后由各科组至少建议一项活动来配合主题（有关活动将渗透于日常学习生活之中）。

（3）由学生辅导组及课程组等组别作统筹人（也可委派其他组别）。

---

① 学校行政会议成员包括校长、副校长及各组行政主任，他们是日常校务的管理层。校务会议为全体教师参加的会议。多数情况下，校务事宜会先由学校行政会议讨论后，再经校务会议讨论、通过及执行。

② "跨科组"合作指各行政组（如课程组、学生辅导组、训育组及信息科技组等）与各学科（如中文科、英文科、数学科、常识科、音乐科、宗教科等）之间，既互相配合，又各司其职地推动有关全人教育的活动。

（4）制订校本课程日程及课程大纲（由各科组提供活动内容）。

（5）施行校本课程（各科组活动）。

（6）制订校本课程报告及作检讨（各项活动的实施及评价主要由各科组自行处理）。

5. 加强学校布置，凸显基督教学校的气氛和特色

学校通过布置、日常灵性学习活动，凸显灵性的气氛、精神和特色。

（1）在学校正门：设置宗教活动墙报，并放有宗教摆设等，让家长及学生感受基督教会的气氛。

（2）在学校走廊、教室、墙上及礼堂内：张贴与基督教价值观、办学理念和特质有关的资料。

（3）在教室内的墙上：张贴有关宗教主题的学生作品。

（4）使用有基督教特色的教材及书刊：如上述之《完美的人生》《成长列车》及《崇拜手册》等①。

（5）节期与生活教育：学校通过不同节期、不同时期的崇拜及礼仪来推行全人教育，并在不同的节期学习不同的生活内容。例如：

> 开学礼暨感恩崇拜（宣扬勤学）

> 日常主日崇拜（从日常生活中学习感恩）

> 圣诞节感恩崇拜（基督降临，普世欢腾）

> 复活节感恩崇拜（认识舍己及常存盼望的精神）

> 毕业感恩崇拜（包括传光礼，把学校精神传扬开去）

> 周会（教师分享生活经验，借公祷、唱诗、读经等教导学生）

> "教育主日"家校圣餐崇拜（在学年初期让教师、学生、家长一起参加，共思教育意义）

6. 加强不同教育机构与家庭的联系

学校可把幼儿园教育、小学教育、中学教育、校牧及各机构的服务联系起来。

---

① 《完美的人生》为小学宗教教育教材；《成长列车》为小学生命成长课程教材；《崇拜手册》可供小学师生参加学校周会、公祷会及崇拜之用，内容丰富，有按不同的节期及价值观编写的祷文、经文、诗歌等。以上三者都由学校所属教会的机构编写。

（1）幼小联系：学校安排高年级学生走入幼儿园，照顾幼儿园学生。还可以在暑假末期举办幼小衔接课程，让幼儿园学生适应小学生活。

（2）中小联系：可建议学校安排六年级学生探访中学，为升学作准备。

（3）校牧与学校的联系：安排校牧牧养学校，推行关怀服务，其中包括探访、举办宗教教育活动及亲子活动等。

（4）学校可与教会合办亲子培育活动：如亲子团契活动、"身心灵赞美操"家长活动、"小学英文辅导班及团契活动"及暑期计划等，促进参加者的灵性发展。

（5）学校可参与教会或机构主办的活动，以宣扬关怀生命的教育：如参与儿童院的"爱心亲子售旗"活动（筹款活动）、联校"生命、心灵及价值教育"计划（联校教师和亲子辅导及教育活动）。

（6）学校通过教会刊物宣扬全人教育：面向教师、家长及学生，通过不同的专文及活动来宣扬全人教育。

（7）学校与家庭的合作：对小学生来说，推广全人成长的教育需要家庭的配合，如此才可得到延续和发展，因此加强家庭与学校合作是必需的。

五、结语

究竟如何培育孩子的心灵呢？笔者认为，每个人出生时已具备心灵核心（soul，下称心灵），如各人出生时便有肉体一样，而灵性（spirituality）是用来滋养（nurture）心灵的。心灵要想健康，便须强化灵性，心灵和灵性如影随形，孩子的灵性是需要不同因素来滋养后才会成长。锻炼孩子的灵性，会令孩子的心灵更健康，正如锻炼孩子的体能会令孩子的身体更健康一样。

全人教育课程就是存有灵性的教育课程，在小学推动全人教育，提供既统整又开放多元的教育活动，帮助孩子认识个人与"天、人、物、我"的关系，让他们的身心灵得以成长。孩子必须在身心灵方面具有良好的素质，为日后成为社会栋梁打好稳固的基础。

上文所述推行全人教育的学校虽有宗教背景，但正如韦布所说的，探

讨心灵的意义并非在谈论宗教，而是我们内在的生命。① 因此，对一些没有宗教背景的学校来说，只要是推行触及内在生命的全人教育，仍可以从本个案中得到一些启发。

---

① Webb, D. The Soul of Counseling: A New Model for Understanding Human Experience [M]. Impact Publishing Inc., 2005.

经济教育与道德教育

——兼论学校德育如何适应市场经济

北京师范大学公民与道德教育研究中心　檀传宝

摘　要： 学校德育如何适应社会经济生活一直是教育理论和实践必须直面的时代课题。要正确处理经济生活与道德教育的关系，就应该高度重视"经济教育"，努力强化"富的教育"，自觉承担道德教育的超越使命。学校固然不应该脱离实际生活（包括经济生活）太远，但是"德育回归生活"的命题本身也要求学校教育能够实事求是、理直气壮地弘扬正气、培育良知。

关键词： 经济教育；富的教育；超越性

改革开放以来，特别是国家确立发展社会主义市场经济以来，学校教育尤其是学校德育如何适应社会经济生活，就一直是教育理论和实践必须面对的时代课题。

2003 年 11 月，《德育报》记者曾经在一次专访中就某市教育委员会在中小学生守则中删去"勤劳"、"节俭"两德目征求本人的意见。笔者没有任何犹豫就坚定回答：肯定是错误的。这是因为虽然随着知识经济、市场经济时代的到来，"勤劳"、"节俭"等德目的伦理内涵肯定会有与时俱进的调整，但是"勤劳"、"节俭"等仍然是古今中外学校德育都应该培育的基本美德。虽然劳动概念中脑力劳动的比重在不断增加，但"勤劳"仍然是任何社会健康发展的根本；虽然必要的消费对于现代经济意义重大，"新三年、旧三年、缝缝补补又三年"的旧的节俭观已显过时，但是"节俭"美德本身对于当代消费主义的市场经济社会的重要意义也前所未有地凸显出来了。

由类似问题诱发的一个根本思考就是：到底如何看待经济生活与道德教育的关系？道德教育必须坚守的底线在哪里？或者，学校德育应当如何适应社会主义市场经济的现实？

笔者认为，要正确处理经济生活与道德教育的关系，我们至少应该确立以下三大重要的教育命题。

一、高度重视"经济教育"

教育、德育与生活的联系，当然包括教育与经济生活的关系。在一个"负利率"时代，个体如果没有基本的理财能力，就只能听任自己的劳动所得为通货膨胀等机制白白侵蚀。这不仅是个人生活的悲哀，也是一种社会公正的丧失。因此，如果我们的孩子对社会经济发展、个人经济生活一无所知，"财商"低下，他们的幸福生活能力怎么可能是健全的？因此，好的教育、好的德育在当代社会都必须高度重视"经济教育"这一时代课题，并予以正面、切实的回应。

这里所谓"经济教育"，包括两个方面的内涵。

一个方面是价值性较弱的领域——经济学知识的教育。银行、股票、债券等经济学知识传播，基本与其他文化课程没有实质区别，因此并不具有直接德育的性质。但是即便如此，这类经济教育仍然十分重要。毕竟经济不仅是社会发展的基础，也是个人幸福生活的重要基石之一。没有基本经济学的学习，就等于放弃对于社会经济生活秩序建构的现实发言权和经济生活的行动能力。这对于健康的德育来说也绝非好事。因此，从小学开始讨论零花钱、压岁钱的使用，一直到高中较为系统地学习经济学的基本知识，都是十分必要的教育安排。

另外一个方面是与价值直接相关的经济教育。这方面又可分为两个维度。一是经济学的宏观伦理维度，比如发展经济学所关注的"有增长无发展"的课题。在就业、市场、生产、分配等每一个环节，都存在大量的社会正义和个人权利的捍卫的任务。如果教育者缺乏应有的与经济学有关的价值、见识和行动，学生的发展必然残缺。二是个人经济生活的伦理维度。一个人既要有足够的智慧生活在市场经济中（比如在市场里与小贩讨价还价以求价格公道），又必须在赈灾募款时毫不犹豫、挺身而出。这两个方面的教育都是严格意义上的道德教育。

简而言之，理财能力的培育，应当与正确的经济正义意识、正确的价值观、正确的财富观等一并成为经济教育的有机组成部分。而正确的价值观、财富观等又是当代德育应该予以特别关注的重要命题。以下有关"富的教育"的命题正是这一维度的进一步展开。

二、努力强化"富的教育"

明确提出"富的教育"命题的是日本教育家小原国芳。

小原国芳曾经明确指出："人类文化有六个方面，即学问、道德、艺术、宗教、身体、生活等。学问的理想是真，道德的理想是善，艺术的理想是美，宗教的理想是圣，身体的理想是健，生活的理想是富。教育的理想就是创造真、善、美、圣、健、富这六种价值。"[①] 小原国芳大力倡导"富的教育"不仅是基于其"全人教育"的理想，而且基于其对教育现实的敏锐观察和批判。他特别强调："日本教育上的可怕缺点，就是为富而富，为赚钱而办教育，以及陷入物欲奴隶的惨状，被世界侮为经济动物。"因此，"富的教育"所要强调的是"不是为富而富，而是为了支持尊贵的四个绝对价值（真、善、美、圣）并使之发挥和弘扬之富"[②]。

小原国芳的"富的教育"涉及面非常广，但是最为核心的是有关富的意义、产业的"宗教化"、爱国心、劳资协调、职业生活意义等方面的教育。这些内容中最为根本的，我认为是"富的意义"的教育，因为企业精神、爱国主义、劳资协调、敬业精神培育等都不过是"富的意义"的具体实现。

在当代中国，从社会主义价值观出发，我认为"富的教育"的实质，应该是劳动价值观念的再确立。社会主义价值观的核心内容应该是"劳动创造价值"、"劳动光荣"、"不劳动者不得食"等。以上价值观在新中国

---

① 小原国芳. 小原国芳教育论著选［M］. 下卷. 北京：人民教育出版社，1993：2.
② 小原国芳. 小原国芳教育论著选［M］. 下卷. 北京：人民教育出版社，1993：34.

成立后曾经是学校德育的核心内容。十分可惜的是，随着市场经济时代的到来，资本、交换的意义空前凸显，而劳动价值逐渐褪色，学校德育已经渐渐在这一领域弃守了阵地，一些我们过去所不齿的错误的价值观念已经悄然复辟。在今天中国的日常生活中，贫穷甚至成为一种当然的罪恶，嫌贫爱富、为富不仁成为很多人理所当然的现实生活逻辑。这一局面除了社会原因，一个重要因素当然就是教育的病态。比如今日学校生活除了有意无意传播着"没钱就是没本事"的片面价值观念之外，劳动的价值尤其是体力劳动的价值已经完全被教育所忽略。偶尔为之的"劳动教育"已经蜕变为"手工"的学习、身体的锻炼、枯燥学习生活的调剂等，劳动教育中最核心的东西——劳动价值观教育早已不见了踪影。这一学校和社会教育共同作用的结果就是：地沟油、"毒奶粉"等不择手段、为富不仁的现象大量滋生，不以为耻、反以为荣的富二代炫富现象比比皆是，普通劳动者的子女学习的最大动力竟然就是不再像父母那样作为劳动者辛苦劳作一辈子。可以毫不夸张地说，无论是富有者还是贫穷者，许多人的现实生活都已经因此失去了意义与方向。

由上可知，小原国芳有关"富的教育"的思想不仅对于经济起飞时代的日本教育与社会极具价值，对于当代中国社会而言也具有振聋发聩的意义。以劳动价值观念的再确立为核心目标的德育使命的回归乃是德育回归生活的重要内容之一。

三、自觉承担道德教育的超越使命

与"富的教育"欠缺相对，关于经济学知识的教育在中小学教育实践中的比重正逐渐加大，这当然是由于实际生活的需要，也是健康教育对于生活的积极回应。但是，在处理道德教育和经济教育关系时一个最重要的原则，应该是充分关注道德规则和经济规则的本质区别。

人类在处理各种利益关系的时候使用不同的准则。道德准则和经济法则是最基本的规范尺度，但是二者也是极易被混淆的。比如，很多人主张学校德育要适应社会主义市场经济的需要，这本来是对的。但是这一说法往往会慢慢地被误解为只要教育儿童在生活中一味服从经济规则就可以了，而正常的道德要求常常被指责为搞"假、大、空"、唱高调。正是因为这种思想影响，一些地方才在前几年简单地将"勤劳"、"节俭"等基本德目从中小学生守则中剔除了。小原国芳关于"富的教育"的思想——既要教会学生努力创造财富，又要教育学生正确对待财富，有正确的财富观等教育主张，其实是倡导回归一种正常的教育（或正常的德育）。"富的教育"实质上是要让学生能够更好地驾驭财富，让财富帮助他们而不是毁了他们。因此，如何在逐步走向富裕的生活中把握好自己，是经济教育和道德教育应该共同关注的课题。但是倘若将二者等同或混淆，就极容易陷入"道德教育即经济教育"的思维陷阱，这样就在无形中消解了德育。

经济规则和道德规则的本质区别到底在哪里？形象地回答，经济规则遵循的是"拔河"原则（利己，将利益拉向自己），而道德规则就像是南方的游戏"抵棍子"（利他，彼此将利益推向对方）。经济规则讲究使自己的利益最大化，人们在寻求各自利益最大化的博弈过程中调整自己和他人、个人和社会的关系。利益博弈达到利益的平衡，但它的出发点是利己的。而道德规则在调节人际关系中却始终是超越利益或者"利他"的。用限制自己甚至利他的超越利益的方式解决利益冲突、完成利益的分配和平衡乃是道德规则的特点。打个比方：在父子两人都口渴，但他们只有一杯水的情况下，如果按照经济法则，就是父子俩像动物一样抢夺那杯水，最后两个人抢不动了，结果可能是一人喝一半——这就是经济生活的法则。在完全经济的博弈中，没有父子之间应该有的伦理，所以我们才会说他们"父不父、子不子"。而正常的父子伦理当然是"父慈子孝"——父亲将水推给儿子，儿子推给父亲，推到最后也可能仍然是一人一半。结果虽完全一样，但是调整利益关系的方向却是与经济法则完全相反的。

在现实的教育生活中，对于所有个体和社会而言，我们需要的是经济规则和道德规则的统一。缺失经济规则的个体虽然具备了某些道德品质，却可能丧失了实际道德行为的实践能力基础。因为做一个有道德的人并不是单单具备道德品质就足矣，过去批判没有济世之才的腐儒最后常常只能"临危一死报君王"就是这个道理。而仅仅服从经济规则的生活，则一定会导致生命质量的降低，产生心理学家马斯洛所说的"超越性病态"——即一个人生活富裕到一定程度以后，如果没有相应高一级的道德追求和其他真善美的追求的话，就会失去生存的意义感，就会感觉生活寂寞、枯燥、无意义。这也是导致许多生活物质条件很好的富有阶层人士自杀的原因之一。

德育唱高调固然是不足取的，我们也曾经吃过实实在在的苦头。可是现在学校德育面临的问题是我们的德育一直在"唱低调"——学校德育常常对社会的负面道德现象保持缄默，同时误视仁爱、诚实、勤劳、节俭等基本、传统德性的培育为唱"高调"。这当然是非理性、非专业、不负责任的教育观念。须知，道德教育固然要"从天上回到人间"，但是回到"人间"绝对不是回到"狗间"①！

总之，超越性是道德教育不可缺失的本质。若我们把道德教育等同于纯粹的经济学规则的教育，道德教育就有被完全消解的危险。从社会分工的角度看，人们视学校为社会的良心，教育的使命就是要使人格健全、提升而非片面、沉沦。没有超越性，就没有道德生活，也没有完整的人的生活；没有超越性，道德教育更会失去存在的理由。学校固然不应该脱离实际生活（包括经济生活）太远，但是"德育回归生活"命题本身也要求学校教育能够实事求是、理直气壮地在社会生活中弘扬正气、培育良知。

一句话，学校德育适应经济生活最重要的方式之一正是自觉承担道德教育的超越使命。

以上三点是笔者对于学校德育如何适应市场经济的基本回应。除了上述观点的实质阐述之外，最后笔者想以一个方法论的反思作为结束语。

当我们说教育要"适应"生活、道德教育要"适应"社会主义市场经济的时候，我们一定要清醒地认识到，"适应"的含义有静态、动态两个方面。静态的"适应"是指，我们要依据现实生活的状况去制定道德教育的目标、内容、方法等。否则，道德教育必然因脱离生活实际而陷于"假大空"、实效低下的泥淖。而动态的"适应"则是要前瞻性地看待生活，以避免刻舟求剑式的虚假适应。这就是说，德育之适应市场经济生活本身，就意味着教育必须采取道德的方式、超越的方式。静态的适应要求学校教育告别羞于言利的陈腐思维，直面经济生活的实际需要，提供充分、全面的经济（学）教育；而动态的适应则要求学校教育同时注意开展"富的教育"，自觉承担德育的超越使命等。静态、动态两个维度互相诠释，缺一不可。因此，本文所论述的三大命题，其实不过是试图表述对学校德育如何适应市场经济问题的完整回答而已。

---

① 这里的"狗间"一词只是为求行文生动而作的比喻，而非脏话。——笔者注

青少年生成关心他人动机
面临的负向影响因素及对策研究

南京师范大学道德教育研究所　侯晶晶

摘　要：关心他人是青少年重要的公民品质，然而我国青少年关心他人的动机生成面临负向因素的影响，体现在身份、时间、空间、关系等诸多方面。青少年的关心者身份受到学校里单子式竞争者和家庭中单向度被关心者身份的贬抑；知识学习时间过度膨胀与等级隔离的空间区隔不利于培养青少年广谱的关心敏感性；角色污名化等因素挤压潜在被关心者的表达渠道，亦显著减少青少年产生关心动机的可能性和实践机会。本文基于国内外道德生活案例分析，提出具有针对性和可行性的应对之策，以期为青少年关心他人的动机生成消除障碍。

关键词：青少年；关心他人；动机生成；影响因素；对策

一、问题的提出

联合国教科文组织在《学会关心：21 世纪的教育》中指出，学会关心是 21 世纪全球教育的共同使命。我国《公民道德建设实施纲要》明确提出，公民道德的重要内容是"关心人"，《国家中长期教育改革和发展规划纲要（2010—2020 年)》将"团结互助"作为青少年的首要良好品质。国家教育政策之所以一再强调学会关心他人，不仅因为它是我国中小学德育的重要目标，更因为它是基本的公民素养。基于此前提，社会才能以较低的成本和谐运行，国家的道德实力才能得到提升。

20 世纪 80 年代初，关怀伦理学开始兴起，并逐渐对学校道德教育产生影响。目前，"关心"的本体研究和应用研究均已取得一定成果。目前的成果多着眼于他人关心青少年的研究，尤其是成人关心青少年的研究，而青少年关心他人的研究较少见。虽然接受关心和给予关心都对关心关系有所贡献，但它们之间的差异仍是第一位的。从青少年给予关心的角度进行研究，有助于进一步促进青少年学会关心他人。关于青少年关心他人的条件，需要对支持因素和阻碍因素都进行前提性研究。笔者曾对青少年关心他人的动机生成、能量投注、效果反馈三个环节面临的阻碍因素做过概括性的研究①。本文主要基于青少年学校生活和家庭生活的有关典型现象，专门分析青少年关心他人的首要环节——动机生成环节面临的负向影响因素，并基于案例分析提出应对建议，以期促进青少年在生活中学会更好地关心他人。

二、青少年关心他人动机生成的负向影响因素

（一）关心者身份的负向影响因素

在我国青少年的多维身份中，其关心者身份受到学校里单子式竞争者和家庭中单向度被关心者身份的贬抑。关心动机的生成有赖行为主体认为此事与己有关，自己有责任予以关注。身份（identity）具有多面性、复杂性。哲学和伦理学在许多语境中也将其称为"认同"或"同一性"。"社会学意义上的身份认同多倾向于对其社会生活'边界'的划定，表征着对身份或角色的合法性的确证。"② 身份的建构、身份的认同具有建构性和被建构性的双重特征。"镜中自我"、"重要他人"、"强势评价"等机制加重了青少年身份的被建构基调。虽然我国《公民道德建设实施纲要》《国家中长期教育改革和发展规划纲要（2010—2020 年）》等宏观教育政策文本强调青少年作为"学习中的关心者"、"团结互助者"这种身份，但是在学校生活和家庭生活中，强势话语却往往不由分说地强加给青少年单向度的被关怀者和单子式的竞争者身份。

1. 冗余竞争者身份对关心者身份的挤压

青少年在学校生活中的竞争具有必要和冗余之分。在很长的历史时期

---

① 侯晶晶. 被阻滞的关心：青少年道德学习面临的挑战 [J]. 教育研究与实验，2011（3）.
② 项蕴华. 身份建构研究综述 [J]. 社会科学研究，2009（5）.

内，中考、高考等选拔将是无法避免的。然而，现在学校教育中人为的冗余竞争过多过滥。幼儿园儿童吃饭、睡觉、穿衣、坐姿、上厕所、做手工都经常比"第一"、争"最好"，小学生入少先队分先后批次，中学生各科月考发卷时宣读排名。凡此种种，人为区分出各种"失败者"、"落后生"，几乎没有儿童能幸免伤害，使许多青少年生活在对失败的恐惧中。如果缺乏安全感这样的基础道德情感，就难以生成对他人的责任感。

美国著名精神分析学家卡伦·霍妮将冗余性界定为"病态竞争"的首要特征：正常竞争与病态竞争的差异首先在于"病态竞争不断地将自己与其他的人进行对比衡量，即使是在根本无须如此的情况下也是如此，这实际上是不关心所做之事的内容与自身发展和需要的关系，而是只关心行为所带来的外在效果，即给人留下的印象、声望等，是否总是在别人前面，这样就必然将行为与自我精神发展相分离"。其次，"病态竞争导致过高的期望，因而易于陷于失望的心理困惑之中"。最后，"病态的竞争常含有敌意……这种竞争观有时会造成伤害竞争对手的意识和心理，使自己常常处于敌视、伤害的不良心境中"①。病态竞争者身份与关心者身份具有内在的、根本的紧张。

我国青少年外在竞争的最高目标一般不过是考上北大或清华。而北大教师统计发现，北大学生因60%以上的主课考试不及格，且重修重考不合格科目仍达15学分以上而沦为试读生的个案相对较多，试读成功率较低，而试读不合格者即被开除或至多结业。仅1998年度，北大试读生达26人，试读成功率只有38.5%。② 这些学生的智力水平足以应对北大的学业，但过度依赖外在评价，学习动机外在化，耐挫力弱，使他们在新的起点上极不适应。过度竞争之下，青少年难以养成"己欲立而立人，己欲达而达人"的胸襟，却学会了对参考书和解题思路等的信息封锁、告状打压同学等冷漠行为。

2. 单向度被关心者身份对关心者身份的排斥

在家庭生活中，我国青少年多为独生子女，缺乏兄弟姐妹作为同辈学

① 转引自李小平. 创造性的教育意涵与大学生创造性的反思 [D]. 南京：南京师范大学，2004.
② 董德刚. "我"的试读 [M]//陈向明. 在行动中学做质的研究. 北京：教育科学出版社，2009：252.

会关心的对象。更为不利的是，在原初关心关系——亲子关系中，父母经常把自己关心孩子的愿望置于孩子被关心的需要之前，错置了关心的原点，长期将孩子锁定于被关心者的身份，从孩子基本的生活自理到学习等，事无巨细，父母都常加冗余干涉。子代被关心的需要应该优先于亲代关心子代的愿望，作为亲子关心的原点。给予子代自我照料、自我关心的机会，是自然关心的基本合理性所在。

青少年具有自主的需要。有些父母视孩子为知识学习的机器，武断地剥夺青少年关心自我和学会自主的权利。"我能自己做的事，父母偏要管"已成为亲子冲突的五大原因之一。① 这严重地阻碍孩子们形成自我关心的能力和关心他人的敏感性，变得"一管就死，一放就乱"、"眼里没活"、"目中无人"。正如埃里克森的人格发展阶段说所指出的，青少年学会自立对于其积极的人格建构是不可或缺的。梅尔奥夫在经典著作《论关怀》中也强调了成人关心青少年应符合其需要，包括青少年学会独立的需要。关心自我对于关心他人往往具有当下的间接作用和长远的基础作用。

（二）时间与空间上面临的负向影响因素

1. 时间上面临的负向影响因素

时间是人存在的基本方式之一，也是人的行为发生的基本条件之一。青少年在学校本应将时间合理分配于整全的学习，但是，实用知识至上的学习观给包括关心在内的道德学习目标贴上低价值标签。笔者访谈某市个别小学生时发现，连专门德育课时间都常被"主课"挤占挪用，"老师在考试前用一次课领着我们在（《品德与生活》）书上画画重点，听老师讲讲，让我们回去自己背背"，以便考试时准确地复制答案。这样去德育的学校生活背离了生活德育的真义，也使德育课程标准中学会关心等目标被剥夺了应有的学习时间，不利于使关心与生活产生联系，培养青少年的关心敏感性。

我国青少年用于知识学习的时间畸多。德国《经济学人》周刊的统计

---

① 全国妇联儿童工作部. 全国家庭教育调查报告 [M]. 北京：社会科学文献出版社，2011：46.

数字显示，"一年级学童平均每个星期花在家庭作业上的时间，在美国是1.8 小时，日本是 3.7 小时，中国台湾地区是 8 小时"。德国一年级小学生每周作业时间共 2.5 小时，而且他们只有上午在校学习。① 笔者在伦敦时对小学生家长的访谈表明，准备考私立初中另有提高班作业的小升初学生，每天作业量不过 1 小时，仍然快乐地参加为社区挖池塘等公益活动，还每周一次去同学家跟其母学习厨艺，提高生活自理能力。全国妇联儿童工作部对全国大陆城乡 5030 名中小学生的问卷调查表明，97.6% 的学生每天放学回家后，要用一定的时间完成学校布置的家庭作业，其中少于半小时的占 11.6%，约 1 小时的占 36.9%，2 小时或以上的占 49.1%。此外，有 66.1% 的学生每天要用一定的时间完成家长布置的课外作业，其中少于半小时的占 26.9%，约 1 小时的占 27.6%，2 小时或以上的占11.6%。30.4% 的学生上学业补习班，其中少于半小时的占 4.6%，约 1 小时的占 7.9%，2 小时或以上的占 17.9%。21.7% 的学生上兴趣特长班，其中少于半小时的占 5.2%，约 1 小时的占 7.2%，2 小时或以上的占9.3%。"家长让我没完没了地学习"（11.3%）也是亲子冲突的五大原因之一。②

实用型知识的过度学习已然收获了"反实用"的效果，对青少年的身心造成摧残，造成我国青少年近视率畸高、肺活量等身体指标呈下降趋势。国家体育总局 2006 年公布的第二次国民体质监测报告表明，我国小学生近视率为 31.67%，初中生为 58.07%，高中生为 76.02%，大学生为82.68%。过于重视知识学习的学校教育、家庭教育加剧了青少年的学业压力，剥夺了其闲暇。笔者调研发现，学业压力、自主支配时间和青少年关心他人的行为具有极其显著的相关：学业压力越小，自主支配时间越多，则青少年关心他人的行为越频繁。青少年在自顾不暇时，自然会减少对他人的关注。知识学习时间过多，使青少年感到身心俱疲、自顾不暇，减少他向性的关注和关心的可能。

2. 空间上的负向影响因素

关心属于一种社会支持行为。社会支持理论和心理场理论表明，离个

---

① 龙应台. 孩子，你慢慢来 [M]. 长沙：湖南文艺出版社，2001：121.
② 全国妇联儿童工作部. 全国家庭教育调查报告 [M]. 北京：社会科学文献出版社，2011：11，46.

体最近的个人和组织形成其核心社会交往网络，空间距离与交往频率、给予支持的可能性呈正相关；物理空间与心理空间常有同构关系。我国青少年产生关心他人的动机在空间上受到挑战。

知识学习时间畸多，决定了空间上青少年在校和在家单子化的被圈养状态。更有些学校以"杜绝安全隐患"为名，对青少年实行更加彻底的圈养，剥夺其课间自由活动的权利，要求学生除了上厕所都应留在班级内做作业或休息。此外，组织的无机化、圈层区隔、"优劣隔离"也强化了青少年与他人的疏离。学校和班级中的人际板结状态也不利于创造青少年关心他人的实践机会。为了便于管理，我国中小学生一般服从于整个学期的固定座位制，只是为了保护视力，每月一次整组整组地在空间上循环变换组别，然而组内结构并无重组。板结的小组和固定座位制使得学生只熟悉身边的几名同学，占整个班级的很小部分。

学业上的帮助是青少年之间相互关心的主要方式之一。在校自主支配时间非常有限，学生之间不可能有很多超越地缘的自主交往，他们对同学的关心更容易发生于地缘上的内圈。差生一般在后排就座，这种同质相近相亲的空间区隔加大了"好学生"对于学困生的不可及性，强化了"圈子"的封闭性。很多同学在同一班级一起学习几年后，毕业时仍然只是相识的陌生人。

青少年的"优劣隔离"技术不仅见诸座位安排，还见诸明确的类别标签和直接禁止学业异质青少年之间自主交往的做法。这种隔离的效力可能深入意识结构，形成思想殖民。某小学一年级开学不久，教师无视儿童的可塑性和发展的丰富可能性，竟然把部分一年级小学生界定为"差生"，孩子们内化了权威所贴的身份标签，远远看到某同学，就不屑地告诉家人"那是我们班的差生"。甚至一些幼儿园的教师也禁止优劣交往，采取优弱隔离政策，并和家长形成合谋，将"好孩子"置于全景监视之下，禁止他们与"坏孩子"做朋友，遑论鼓励这些孩子相互关心。等级隔离的空间格局传递给儿童不平等的人际关系，强化了"爱的差序格局"，培养了青少年对于自己成绩落后的恐惧感，可能导致"好学生"对关心资源的封锁。

（三）关系上的负向影响因素

关心主要是一种关系性的道德品质。一般而言，被关心者表达被关心的需要是其他人产生关心动机的前提。但是，"被关心者＝弱者、低能者"的身份界定，减少了青少年关心他人的实践机会，减少了其产生关心动机的可能性。

人们通常把关心的对象限定为"老、弱、病、残"，有些小学生一谈做好事，就叙述扶老太太过街、在公交车上给残病者让座，很多学校组织德育活动时首先想到孤儿院、养老院等机构。有些"学会关心"的实验研究也强调"关心弱者"，而非关心任何人都可能有的被关心需要。青少年中，"所谓弱者，狭义上说是指花费时间和精力比其他学生多得多，但对知识、技能的掌握未能达到要求的部分学生，或对生活的认识及自理能力都较欠缺的学生。所谓关心弱者，广义地说就是从只关心自己的圈子里跳出来去关心一切比自己弱的人，即在学习、生活、能力等方面比自己差的人都属所关心的对象。……如果每个人都主动关心弱者，那么减少一个弱者，学校就减少一分困扰，家庭就减少一分忧愁，社会就多一分稳定"。研究者还具体划分了四类弱者：生理上的弱者、学习上的弱者、生活上的弱者、心理上的弱者。[①] 这种论述显示出"被关心者＝弱者、比自己差的人"，"弱者＝制造困扰、忧愁和不稳定的偏异者"的观念，折射出对被关心者污名化的理解和对弱者的歧视。笔者访谈的某省 137 位青少年中，近90%受访者陈述的"关心父母的情景"发生在父母身体不适时，即父母从权威变为弱者时。只有极少数青少年从积极的方面、全面的角度来理解关心他人。国际教育界以及关怀伦理主张的以人为本的做法是：合理地区分事与人，积极平等地回应被关心的需要，而不将有需要者污名化，不给他们贴标签。国际特殊教育界主张把"残疾学生"称为"有特殊需要的学生"，即认为残疾学生本身是正常的，只是有些独特的需要应由环境给予积极应对，促进其潜能的实现。

在整齐划一、以规范为本、对偏异持有低宽容度的学校氛围中，学生轻易不敢表达有偏异嫌疑的被关心需要，有事尽量自己扛，以免一旦"示弱"被划入"弱者"的可耻行列，哪怕这种硬扛可能带来立竿见影的糟糕后果。在笔者访谈的六年级学生中，有人因为不敢在上课时表明如厕的

---

① 张晔均．浅谈学会关心弱者［M］∥贾莉莉．"学会关心"研究．上海：上海教育出版社，2001：42-43.

急迫生理需要而弄脏衣服。出于同样的顾虑，学生对学习内容有不懂之处一般不愿请教同学或老师，以免"被人看着觉得就你事儿多"或"麻烦别人"。

我国具有强调个人义务的"自强"文化和圣化苦难的倾向。比照《劳动法》明文规定的公民每个工作日工作 8 小时的标准计算，我国几乎所有中小学生都处于长年过劳状态。《残疾人保障法》规定的残疾学生无障碍出行权利同样处于被结构性侵权状态。但是，在"刻苦"、"自强"等德目下，这些反而成了彰显美德的条件。此外，集体主义的价值取向也要求个人少给他人或集体添麻烦。种种原因导致潜在的被关心者耻于或不敢表达被关心需要。一般而言，被关心的需要正是关心的起点，缺少明示的起点，就难有关心的必要与动机。

还有些学校具有贬抑关心者、阻止好学生"沦为"关心者的隐性课程元素。例如，上课时突有同学身体不适，其同桌的"好学生"正欲起身送他去医务室，但是被老师制止，老师点名让一个学习差的同学陪同前往。①这种做法暗示着关心他人应是"下等学生"从事的工作，而"好学生"是应该做大事的，关心同学被老师视为大材小用、浪费人才。这种暗示对"好学生"生成关心同学的动机起到负面作用。

三、青少年生活视角下的应对之策

青少年的生活如涓涓流淌的河流，既是共时的，也是历时的，向前可以追溯到幼儿期，向后则延伸到成年期。考查青少年生活的视角可以是广阔的，包括国内和国外以及学校生活、社会生活、家庭生活等诸多维度。笔者透过真实的生活广角镜，结合鲜活真实的案例分析，对破除青少年学会关心他人路径上的障碍提出应对之策。

（一）身份方面的应对之策

1. 摒弃青少年的冗余竞争者身份

减少不必要的竞争，有利于鼓励学生重视合作、交往和培养正向人际

---

① 徐文文. 隐性德育课程的负向功能探析［D］. 南京：南京师范大学，2011.

情感。笔者 2007 年曾观察了伦敦的多所幼儿园和中小学，从未见过园方、校方在儿童中间挑动竞争。笔者观察的英国普通幼儿园都主张自然主义教育与融合教育的理念，在活动区里放着各种主题玩具，鼓励幼儿在户外进行自由舒畅的游戏。笔者从未见到英国幼儿园教师要求幼儿坐在固定座位上，从未见到教师点名令孩子回答知识性的问题，从未看见幼儿之间发生大的争执或因此啼哭。多种肤色的孩子亲密友好地游戏，幼儿自发轮换角色，满足彼此尝试不同游戏的兴趣。幼儿园的教育理念有效地通过在园生活实现着对幼儿的关怀，充分满足杜威确认的儿童四大兴趣之一——人际交往①。在摒弃紧张感和过度控制的幼儿园生活中，幼儿不知不觉地学习积极移情，学会关心他人。在英国中小学，笔者观察其知识教学、PSHE（Personal，Social and Health Education）课程、体育课等，从未见教师以鼓励学生竞争的方式进行教学。以最容易表现竞争意识的体育为例，英国学校的全民健身体育意识浓厚，不太在意竞争型或达标式的体育。有一所伦敦小学加厚了操场的院墙并凿了一些小洞供学生"攀岩"，这是容易体现竞争意识的项目。不时有小朋友"攀岩"一显身手，但我观察时未见学生表现出"比一比"、"争第一"的行为。

摒弃我国青少年的冗余竞争者身份，需要探究人们对"竞争"有代表性的理解。《现代汉语词典》将"竞争"界定为"为了自身的利益而争胜的行为"。这折射出一种狭隘的竞争观。争胜，实际上可以不指向"利益"，而指向"发展"——自身与群体的发展。这样的争胜不太可能滋生虚荣、嫉妒、攀比以及作弊等不诚信行为。发展式的竞争便于区分外在竞争和内在竞争。中国古代哲人有言，"志之难也，不在胜人，在自胜"。应该看到，在当代社会，某些竞争确实难以规避，然而外在竞争的结果仍以内在竞争、内在超越为条件。自我并非完全同质的，有理想自我与非理想自我、主我与客我之别。锁定外在对手，既非必需，也不科学，因为人皆有差异性，其优势智能、最近发展区、发展曲线各有特点。以自己为内在的对手，超越自我，才是最适切的。人性的弱点具有普遍性——惰性、低自控力等。所以，战胜自己，超越自我，才是根本的发展与成功之道。

重塑自我概念和我他关系，由相互戒备、等级化的竞争者转变为友

---

① Noddings, N. Philosophy of Education [M]. Boulder: Westview Press, 2007: 30.

善、平等的关心关系，需要一定的环境基础：学校等教育机构应去除泛滥的排名、评奖，由知识技能的"集市"转变为青少年学会平等交往的场域；教师对学生给予等距的关心，弱化争宠的倾向。宏观的变化会是漫长的过程。青少年自身应自觉地认识到过度内在竞争的危害，摆脱对外在竞争结果的过度关注，才能使暂时落后的学生有条不紊地尊重自己发展的节奏，使暂时领先的学生保持平常心，为重新洗牌后的外在身份变化预先培养耐挫力。只有为了发展而与自己争胜，才能不断超越自我，同时了解关心他人是自身全面发展的题中应有之义，提升关心他人的意识、诚意与能力。

2. 对青少年作为关心者的身份赋权增能

实际上，青少年完全可以不只是被动的、单向度的被关心者。具有被关心体验的幼儿即能显示出积极移情的能力，表现出对玩具娃娃的爱护。这种现象符合班杜拉指出的观察学习原理，在生活中是不难见到的。只是儿童的关心者身份有待家庭教育、学校教育、社会教育和自我教育的赋权增能。

笔者访谈的青少年中，有少数已能积极、主动地关心父母，超出了经典关怀伦理学者论及的青少年关心师长的方式。[①] "爸爸心情不好，我提出一起去公园。爸爸的心情好转了。"有的孩子帮助父母做 PPT 或在网上查找资料，有的青少年帮助父母走出关系困境。"有一次爸爸妈妈吵架了，我给他们各写了一张纸条，指出各自的缺点并让他们相互道歉。爸爸妈妈看着纸条笑了，立刻相互道歉、和好了。"[②] 此类案例基本来自父母文化水平较高的家庭，平等的家庭关系、具有反思力的家庭教育帮助孩子超越了窄化的关心理念，增强了其关心者的身份与能力。

此外，让年幼的孩子学会基本自理，不仅符合埃里克森关于青少年心理发展的规律，也有助于他们关心自我和他人，培养责任感。国家名师焦永和教授和笔者交谈时说，为了让孩子自幼学会对自己负责，逐渐学会对他人负责，他从未帮儿子背过一次书包，旅行时总给儿子一个拉杆箱由孩子自己收拾。"如果一个小小书包都要推给别人，将来如何面对生活的种

① 侯晶晶，朱小蔓. 诺丁斯以关怀为核心的道德教育理论及其启示 [J]. 教育研究，2004 (3).

② 侯晶晶. 被阻滞的关心：青少年道德学习面临的挑战 [J]. 教育研究与实验，2011 (3).

种担子和责任呢？父母真爱孩子，就不能大包大揽，应该看得长远。"这个孩子后来养成了很好的责任感、宽容心和关心能力。

笔者2007年在捷克访学期间曾遇到一个父亲以身教带动孩子关心陌生人的案例。笔者访学布拉格的查尔斯大学时，每天清晨乘地铁和公交通勤。布拉格当时约有一半公交车尚未经无障碍改造。每次搭乘这种有障碍公交车，我爱人就先搬我的轮椅下车，再把我抱下车。那天，突然有一对捷克父子抢先帮我搬下了轮椅，那孩子大约十岁，有点吃力地抬着轮椅。他们一定曾和我们同车，观察到我们在这个站台下车。那位父亲完全可以单人操作轮椅，但是他让年幼的儿子参与进来，在孩子行色匆匆的上学路上关心来自异国的陌生人。这就是一种生活教育。

也是在捷克的公交车上，笔者还见到这样的一幕。公交车门正对的位子是便捷专座。一次，车上较空，有个初中生上车后便坐在便捷专座上。过了两站，上来了一位60多岁的女士，径直走到专座边，面色严肃地轻拍一下那孩子的肩头。我正感到奇怪。只见那孩子抬头一看，二话没说，面色惭愧地缩着脖子换到了后面的位子上。年长者在便捷专座上落座了。这是"爱管闲事"、"较真挑刺"或"好为人师"吗？这位女士不仅在坚持实现自己的权利，更是在扮演外在良心的角色，履行着成年公民对青少年的社会教育之责，教他不要懈怠了关心他人的敏感性和公民基本素养。

（二）破除时间和空间上的负面影响因素

1. 在时间上保证青少年关心他人的可能

学校德育生活化需要课程改革的整体支撑。我国知识型课程难度之大，达到了"反生活"的程度。各学段的数、理、化、外语课难度重心逐级下移，内容逐渐"下放"，而相当多的所学内容让学习者后来感到"在生活中、工作中用不上，学的都忘了，很浪费"。在其挤压之下，一些与现代生活密切相关的学科，如经济学，在我国中学缺乏系统课程，而它在一些教育发达国家是中学必修课或重要选修课。我国中学的数、理、化等课程亟待把难度控制在合理范围之内，以期与皮亚杰揭示的青少年抽象思维发展水平相匹配，与青少年的职业或专业选择相匹配，使得道德教育、道德学习、德育课程获得应有的地位。

知识学习的减负需要树立整全的学习观。学习是指"凭借经验产生的、按照教育目标要求的比较持久的能力或倾向的变化"①。这一学习观可以涵盖认知、技能、过程、方法、价值观等诸方面的学习。需要反思的是学校教育实践对于各构成要素优先性的认知与实践。只有知识、技能、品德等诸种学习达到平衡，才能保证用于道德学习的时间和用于关心他人的时间，才真正有利于学生的全面发展，有利于拥有多元优势智能的青少年都真正受到去等差的尊重，体验到自身的价值，为关心他人提供良好的关系基础。

课程改革不可能在短期内彻底减负。笔者访谈时发现，有些具有反思意识的家长代替孩子完成冗余的、非发展性的作业，从自己做起，帮孩子减轻负担。在应试压力面前，教师也可以创造性地帮助学生减轻不合理的课业负担。对此，诺丁斯令人信服地指出："只要这种考试还威胁着我们的孩子，我们就必须帮助他们。（以应对一些中小学生的经典文学必修课为例）一种合理的做法是：我们就必考的每本小说及其他文学作品准备一些活页笔记，让学生记住人名、事件等以应付考试。当然，这样学会的东西会很快遗忘，但是，整整一学期苦读《红字》学到的东西也同样记不住，而且后一种做法还不利于激发与保持学生对文学的终生兴趣、阅读的愿望、学以致用的能力。……（或者）每个班级可以成立小型的读书俱乐部。……这些小组可以向全班汇报研究成果，这样每个同学都可以至少熟悉该书的情节与人物。这样的文学阅读可能应该得到赞赏，它也会有助于丰富个人生活，而不仅仅是通过一次考试。"② 这些做法有助于在时间上解放孩子。

学校可以不单纯是知识的"集市"，而成为青少年学会交往、学会关心的难得的公共场域，学校应该允许学生有较充裕的时间利用这一资源。我国一些学校的"放学逐生令"是值得反思的。一些学校为了缩短学生"滞留学校"的时间，减少学校对学生人身安全等承担的责任，或者遵照主管部门关于放学后不许补课的要求，要求所有学生在放学后尽快离校回家；如果低龄儿童无人及时来接，可申请上"困难班"，在教师管理下安静地完成作业，直到父母下班来接孩子回家。只有周末，学校才安排兴趣

① 邵瑞珍. 教育心理学［M］. 上海：上海教育出版社，1999：29.

② 内尔·诺丁斯. 始于家庭：关怀与社会政策［M］. 侯晶晶，译. 北京：教育科学出版社，2006：298.

班，每人限报一两个班，"以免影响正业"。父母也往往要求孩子："放学直接回家，到家抓紧时间做作业。"这些做法减少了学生在校的自主交往时间，不利于其生成关心同学的动机。学校可以对学生开放更长的时间，并鼓励他们自主交往。笔者在英国学校观察到，下午三点钟放学后，很多小学生选择留在学校里，参加各种课外活动俱乐部，或三三两两地留在教室里聊聊天；学校旁边的路边小店阳伞下有几位小同学边喝饮料边谈天，真是一幅温馨和谐的图景。亚里士多德即很重视对于友谊的研究，强调友情对于幸福的不可或缺性。依托充裕的在校时间培养同学友谊，本身即是一种对彼此情感需要、同伴群体认同需要的满足，也有助于强化关心的动机。

2. 在空间上保证青少年关心他人的可能

从近距离的空间上看，应该打破（差生一般后排就座的）班级固定座位制，让学生根据交往的需要，比较自主地"找到自己的位置"，在同学中去除陌生化。同时，放弃等级隔离与过度控制的企图，鼓励各种学业水平的学生建立比较平等、相互关心的人际关系。

从远距离的空间上看，应该安排一些活动培养青少年远程关心的意识。笔者在伦敦某小学观察过一次校会，一位演讲者为全校学生做讲座，题目是"What we do counts"，即"我们的所为很重要"。演讲者说："非洲似乎离我们很远，但是它真的那么远吗？"他用 PPT 播放图画，让学生目睹非洲一些贫困动荡国家儿童瘦削的面庞、无助的眼神。然后，演讲者让学生回忆自己上一周花了多少零用钱，都派上了什么用场，有没有一些是多余的花销甚至是无益于健康的花销。说着，他展示了垃圾食品的图片。有些孩子不好意思地笑了，有些孩子低声交头接耳，有些孩子直接小声回答"yes"。演讲者话锋一转，问："孩子们，你们知道非洲那些贫困国家的同龄人一天的生活费是多少钱吗？不足一英镑！你们有办法改变其中一些孩子营养不良的现状吗？"他停下了，让孩子们思考，很多孩子大声地说"yes！"。校会结束时，并没有进行募捐活动。校会意在增强孩子们的国际理解能力，自幼嵌入或强化一种关心陌生人的道德理念。

观察校会时，我联想起一件事。首先想到了英国维珍航空公司客机上发给每位旅客的慈善捐款袋，欧洲旅客大都不等机组人员说明就安之若素地捐款。捐款由机组人员收集起来，统一捐出。航空公司的安排和旅客们的行为，应该和他们自幼接受的教育有关。

看着"What we do counts"校会上的英国小学生，我想到自己小时候试图关心陌生人的一件尴尬往事。那时，我是个身体健康的低年级小学生。临近春节的一天，我和伙伴们正在家门口快乐地嬉戏，一个外地口音吆喝过来"磨剪子来，磨菜刀——"磨刀匠从我邻居那里揽到了活，埋头干了起来。我看我们戴着手套，他却得蘸着冷水在寒风中磨刀，看着他黑糊糊又有些肿的手，想到他快过年了还得在外地干零活，我顿时产生了同情感。我想我能为他做点什么呢，我又没有钱，于是想起我家有一块偶尔一用的磨刀石，应该对他有用，就回家翻找，未征求家长同意就把它拿了出来。我走到磨刀匠身边，却怎么也没能说出在心里重复了好几遍的话："这个送给你，请你收下吧。"我感到尴尬，一方面不习惯和陌生人说话，另一方面莫名地替他感到尴尬。我悄悄地把我家的磨刀石放在他的凳子旁边，赶紧离开了。过了一阵子，等我再去原地察看时，磨刀匠已走了，我放在那里的磨刀石也不见了。我心里却有一点放不下，只希望那块石头是被磨刀匠看见然后带走的。多年之后，不知现在是否仍有青少年有类似的经历。

交往空间的窄小、对陌生人的距离感或过度警惕，会影响关心动机的生成或表达。学校或家庭的启蒙拓宽青少年关心他人的心理空间，对陌生人适度地去陌生化，再给予实践的机会，在唤起/抑制朦胧的关心动机之间做出正确的选择，才能拓宽关心他人的物理空间，使之逐渐成为习惯，减少动机生成和表达的阻力。

（三）破除关系上的负面影响因素

层级化的人际关系增加了青少年对他人的隔膜感，有时也放大了关心他人的风险，抑制了青少年关心他人的动机，因此需要提倡平等的人际关系。这在以下案例中体现得非常明显。江苏省江阴市峭岐镇实验小学曾进行班组串换制实验，有位教师在教学日记里记录了这件事。

> 班际互访期间，我班开展了"说说心里话"的主题活动。活动中，同学们畅所欲言，气氛十分热烈。活动将近尾声时，串班过来的同学甲突然站了起来，对我说了一句："老师，如果您能

像关心我们一样关心同学乙的话，会发现其实她有很多优点！"我听了心里咯噔一下，惊愕中不自觉地看看缩在角落里的同学乙。她成绩特别差，每次考试都不及格，甚至连个位数都有，我几乎忽视了她的存在。这时，教室里炸开了锅，纷纷议论起来，原来在同学们心中同学乙有很多的优点，她劳动积极、爱画画、喜欢帮助人……一旁的我不禁陷入了深思：连学生都能够做到不以成绩来衡量一个人，而我呢？被成绩蒙蔽了双眼的我差点扼杀了一个幼小的心灵！如果不是同学甲一语惊醒梦中人，也许同学乙的小学生活将是在灰暗中度过，毫无自信、毫无收获、毫无快乐。……也正是班际互访打破了原来班级的墨守成规，使我转变了原来的评价观，使得我的教育工作少了些遗憾。[1]

这个案例特别值得注意的是，串班过来的同学甲是在"说说心里话"活动这个窗口期即将结束时，才鼓起勇气"突然站起来"提出问题，表达出关心同学的动机。这层窗户纸由"客人同学"捅破，突破权威威慑之后，本班许多同学才敢于表达压抑已久的关心同学的动机。这说明扁平化的关系有益于生成和表现关心他人的动机。

学校微观制度可以对生成平等人际关系起到助推作用。小组串换教育实验发现，每月一次的组内异质自由重组能打破小组僵化状态，使每个学生接触到更多的同学，学会与更多同学交往，了解班级的全貌。这对于不幸进入消极初始小组的学生意义更加重大，能防止他们偶遇冷漠的同学便一叶障目，对整个班级无从产生归属感。[2] 流动的班级组织能强化公共领域的特征，使得青少年不只限于封闭小圈子内的私人友谊，而且把班级作为公共场域加以对待，学会关心比较陌生的、次熟悉的同学的福祉，关心"落后学生"的命运，关心班级的以至学校的公共生活氛围。这样，青少年不只作为私人，也是作为小公民关心单数和复数的他人，对青少年公民能力的养成很有意义。

学校环境、办学理念对于学生人际关系的建构也有着重大的影响。笔

---

① 该案例摘自江苏省江阴市峭岐实验小学内部交流资料《"班组串换制"纪实》。

② 侯晶晶. 班组串换制实验提升道德教—学实效性的十项机制分析 [J]. 教育研究与实验，2005（3）.

者在英国伦敦经观察访谈发现，幼儿园实践融合教育理念，根据专家的测量判断，无条件地接受附近有特殊需要的幼儿入园，有的幼儿园不定期地邀请附近幼儿园的残、健小朋友来访，扩展孩子们的交往经验，让孩子们从小"自然而然"地学会异质共生，学会成为平等的关心者和被关心者。

笔者在捷克访学时观察过一所小学，学校环境从细节上体现出对平等公民权利的尊重。该学校教学楼的电梯几乎只够容下一部轮椅，而且突出在教学楼的外侧。我问校长这是否与经费有关。校长说："捷克的经济并不发达。（后来我查资料核实，捷克一线城市与我国一线城市的经济发展水平相仿）融合教育的理念主要是受别国影响才树立起来的。我们这栋楼原先没有电梯。我国对残疾儿童的无障碍权利、受教育权利修正立法以后，我们很快改造了。一方面经费有限，另一方面改造目的很明确，电梯是为行动不便者服务的，其他人没必要也不允许乘坐，再说电梯如果太突出于楼房主体，会不美观，所以我们用了这个方案。很多其他学校也是这样做的。"校长接着说："你按二楼，你先生陪你坐电梯上去，我马上从楼梯上去和你会合。"边说边关上了电梯门。这种建筑伦理何尝不是人的伦理的折射、教育伦理精神的外显？何尝不是关于学会关心的无言之教？

笔者访问捷克另一所学校时，校长借助布拉格大学博士生的翻译和我们交流该校鼓励青少年自幼学会相互关心的理念与实践。她从办公室抽屉里拿出三张纸，说："这是我们一位学生的来信，我给每个年级的学生都念过，希望他们珍视同学之间的友谊。"原来，这是前不久转学离校的一位残疾学生的来信。信上写道："亲爱的同学们，我感谢你们对我的友爱，我想念我们在一起的快乐时光。……我相信我也对你们有帮助和鼓励。你们遇到困难，想到我的勇敢，你们就会更有力量。如果你们今后遇到身体不便的同学，希望你们也能像对我一样对待他们。"笔者观察的感受是学校生活所倡导的平等、关心理念被学生吸纳了、实践着。

综上所述，身份、时间、空间、关系的有些现状不利于我国青少年产生和维系关心他人的动机。青少年学会关心，不只需要学习者自身的努力或是学校进行一些活动教学，而且需要社会、学校、家庭等多重主体协助青少年消融相关负向影响因素，拓展相互尊重、平等、信任的人际关系，鼓励青少年的异质交往，使青少年能够顺畅、主动地产生关心他人的动机，进而增加关心他人的实践，提升能力与智慧。青少年个体之间、群体之间的频繁交往和深度理解，能使很多的被关心需要变为不待明示的，使很多关心行为成为制度化的、视为己任的。唯其如此，青少年关心他人的动机才能很大程度地摆脱负向因素的影响，使生活德育的路径更加顺畅。

道德生活的"四重"建构

——论生活德育的生活根基的拓展

南京师范大学道德教育研究所　叶飞

摘　要： 生活德育理论倡导建构一种更为整全的道德生活来培育受教育者的道德品格，这种整全的道德生活通常被理解为兼具"现实性"与"超越性"的二重生活。但是，从更为宽广的伦理视野来看，道德生活不仅具有现实性和超越性，同时还具有文化性和公共性，因为道德人格同时还是一种文化的、公共的人格。因此，生活德育需重视道德生活的"四重"建构：从道德生活的现实性角度而言，生活德育应建构一种现实的、反思性的日常生活，批判日常生活中的道德丑陋，阐扬日常生活中的道德良善；从道德生活的超越性角度而言，生活德育应建构一种超越性的德性生活，陶冶和培育健全的德性品质；从道德生活的公共性角度而言，生活德育应建构一种正义、理性的公民生活，培育学生的公民品质；从道德生活的文化性角度而言，生活德育应建构一种高品质的、优雅的文化生活，提升受教育者的文化品位和道德涵养。通过日常生活、德性生活、公民生活和文化生活的"四重"建构，生活德育可以培育出更为整全的道德生活空间，促进道德教育目标与使命的实现。

关键词： 生活德育；日常生活；德性生活；公民生活；文化生活

生活德育理论作为当代德育思想领域的重要理论，它倡导通过建构更为整全的道德生活来实现道德教育向生活世界的回归，从而实现受教育者的道德品格的完善。但是，从近年来德育理论研究的进展来看，人们对于生活德育究竟应该如何建构一种整全的道德生活依然存在着诸多的学术争论。一般的观点总是认为，生活德育要建构的道德生活即是兼具"现实日常性"和"理想超越性"的二维生活，即生活德育的生活根基就在于日常的现实生活和超越的德性生活之中。显然，从更为宽广的伦理视野来看，这种观点是不成立的。因为，"日常性"与"超越性"并不能概括道德生活的全部属性，道德生活还具有"文化性"与"公共性"，尤其是在当代社会语境下，文化多样性与伦理公共性已经愈来愈凸显出了文化生活与公共生活的重要意义。也正因为如此，笔者认为生活德育的整全生活的建构应该是一种"四重"生活建构，生活德育的生活根基也应该拓展为四种基本生活形态，即日常生活、德性生活、公民生活和文化生活。通过这"四重"生活的道德教育建构，生活德育可以更全面地培育受教育者的道德品格，同时也可以更好地彰显和拓宽生活德育理论的生命力和影响力。

一、日常生活与生活德育的现实性建构

生活德育理论的一个基本理念就是道德教育要以现实生活、日常生活为基础，回归于受教育者的日常生活世界，通过日常生活中的道德和道德教育来引导受教育者的道德发展，因为"回归生活世界的道德教育要走进方方面面的生活、生活的方方面面"①。对于受教育者的生活世界而言，日常生活显然是生活世界的重要组成部分，道德教育回归生活世界不能不回归于日常生活世界。日常生活作为受教育者的日常存在形态，时时刻刻都可能产生道德的或者不道德的影响因素，最终将促进或者阻碍受教育者的道德发展。从这个意义上来说，生活德育必须关注日常生活中的道德存在形态，通过批判日常生活中的道德丑陋，彰显日常生活中的道德良善，以此来建构一种更为合理的、更具有道德教育意义的日常生活世界，最终促进道德教育向生活世界的现实回归。

（一）批判日常生活中的道德丑陋

生活德育所倡导的"向日常生活世界的回归"并不意味着全盘接受日常生活世界，相反，这种回归应该是一种理性的、反思的、批判的回归。因为，日常生活并不是一个纯粹的真善美的道德世界，它充斥着各种各样

---

① 鲁洁. 生活·道德·道德教育［J］. 教育研究，2006（10）.

的道德上的恶、陋和庸俗等因素。生活德育必须对日常生活中的这些不道德或反道德的因素予以坚决的批判反省，避免道德教育向生活世界的回归成为一种肤浅的、表面的、异化的回归。

生活德育要批判日常生活中的"恶"。日常生活中难免出现"恶"的身影，"恶"作为"善"的对立面，它与"善"同生同在；"善"具有恒常性，同时"恶"也具有某种意义上的恒常性。荀子认为，善恶均源起于人的本性，人的生存本性决定了人对于物欲的追求，而在物质匮乏的社会中为了保持自我的生存必然要与他人展开争夺，争夺和矛盾造成了"恶"的产生和泛滥。因此，道德礼制的作用就在于规范、控制和教化日常生活中的"恶"，减少"恶"的行为。西方哲学家霍布斯也看到了"恶"植根于人的日常生活，只不过他悲观地认为"恶"主宰着人性，"恶"是绝对的，人对人只会像狼对狼一样。[①] 从道德教育的角度而言，生活德育理论不能过度地夸大日常生活中的"善"，同时也不能过度地夸大日常生活中的"恶"，而是要辩证地看待日常生活中的善恶是非。道德教育向日常生活世界的回归，是要回归于这个真真实实的善恶世界，肯定善恶的共存性，在善恶共存的基础上辨清善恶，最终更好地教人向善。

生活德育还要批判日常生活中的"陋"。这里所指的"陋"，主要是指日常生活中各种各样的道德陋习。这些道德陋习在很大程度上受到传统糟粕和日常惯习的影响。这些道德上的糟粕和陋习就像一张巨网笼罩着人们的日常生活，"它们自发地调节和支配着日常生活的运行，构成了日常生活的自在图式"[②]。日常生活的自在图式隐含着种种的不道德或反道德的传统陋习、恶风恶俗，比如婚丧嫁娶中的铺张浪费、日常生活中的人情送礼、公共场合的礼仪欠缺、人际交往中的关系主义等。这些陋习、糟粕一直在日常生活中或隐性或显性地影响着人们的思维方式和生活方式。生活德育向日常生活世界回归，显然不能向这些日常陋习回归，而是应该彻底批判这些日常陋习，引导受教育者认识和理解这些日常生活中的"陋"的可厌、可恶。这事实上也是道德教育回归日常生活的必经途径。

生活德育还要批判日常生活中的"庸俗"与"沉沦"。日常生活中的

---

① 赵敦华. 西方哲学简史 [M]. 北京：北京大学出版社，2001：208.
② 衣俊卿. 现代化与日常生活批判 [M]. 北京：人民出版社，2005：41.

"庸俗"与海德格尔在《存在与时间》中所指出的"沉沦"具有内在的联系性："沉沦"意味着跌落到非本真的日常生活中，成为日常生活中庸俗的、丧失批判性的一员。① 日常生活中的沉沦和庸俗使人们对"恶"与"陋"失去了批判能力和反思动力，并且使人们自愿地与这些日常生活中的"恶"与"陋"同流合污，自甘堕落于道德腐坏的生活。生活德育的重要目标，显然不是让受教育者臣服于日常生活的庸俗功利和丑恶陋习，而是要让受教育者能够从庸俗的日常生活世界中摆脱出来，实现对日常生活的批判与超越。道德教育向日常生活世界的回归，不是向庸俗的、肤浅的、谄媚的日常生活妥协和投降，而恰恰是对日常生活的庸俗、谄媚的批判与宣战。生活德育所要回归的日常生活世界，是更加纯洁、朴实、良善的日常生活世界。生活德育必须引导青少年摆脱日常生活庸俗化的枷锁，促使他们理性地反思、批判日常生活，从而真正实现向日常生活世界的回归。

（二）阐扬日常生活中的道德良善

生活德育不仅要批判日常生活中的道德丑陋，同时还要肯定日常生活中的道德良善，在批判的基础上肯定日常生活的道德教育意义。生活德育可以通过日常生活中的道德善意、道德优雅以及道德崇高感，来实现道德教育的日常化、生活化和现实化，最终实现道德教育向日常良善生活的回归。

首先，生活德育要阐扬日常生活中的道德善意。在日常生活中，人与他人共同分享着这个世界，与他人产生着各种各样的社会交往关系，在其中我们既可以看到恶的、庸俗的、丑陋的事物，同时也可以看到善的、高贵的、美丽的事物。生活德育对于日常生活世界的回归，显然要回归于日常生活中的良善、高贵和美丽，同时批判日常生活中的丑恶与庸俗。人与人之间的道德善意是道德教育的生活基础，道德善意构成了人的道德品质发展的心理环境，人的道德成长离不开善意的眼神、诚意的关怀和真挚的惦念。在一个失去了道德善意的世界里，人只能成为冰冷的石头或者冷漠

---

① 海德格尔. 存在与时间 [M]. 陈嘉映，王庆节，译. 北京：生活·读书·新知三联书店，2006：207.

的"独狼"。生活德育应致力于阐扬日常生活中的道德善意,通过引导受教育者去体会父母、亲人、朋友以及陌生人对自身所施与的善意与关怀,来体验和感悟日常生活中人与人之间的良善情感,从而实现自身的心理成长和道德发展。

其次,生活德育还要发掘日常生活中的道德优雅。道德优雅是人们面临日常生活中产生的困难和挫折所表现出的一种优雅心态和价值取向。道德优雅不仅是道德的生活形态,同时也是一种审美的生活形态。优雅的人和优雅的道德生活并非以追求无限崇高的道德理性为目标,更不是以追求物质功利性为目标,而是以追求功利性与道德性、审美性与良善性、个性与共性的内在平衡为目标。道德优雅抛开了日常生活的丑陋、恶俗、庸俗的污染,它使人的个性品质、道德涵养和人生态度体现出了一种优美、道德、雅致的独特风度。显然,生活德育有必要向受教育者传递这样一种优雅的生活观念和道德涵养,使日常生活、道德生活成为一种优美的、可欣赏的生活,同时也使道德教育成为一种优美的、可欣赏的教育。①

最后,生活德育还要关注日常生活中的道德崇高。日常生活中虽然有种种的丑恶、庸俗和陋习,但是日常生活中也同样有着各种各样的道德崇高。日常生活中崇高的道德行为是人性向善的一种自然流露,正如康德所说,崇高"把心灵的力量提高到超出其日常的中庸"②,当我们在现实生活中看到那些崇高的善行的时候,就正如我们看到了巍峨壮丽的峰巅或者宽阔无垠的海洋,我们在内心涌现出无尽的惊叹与崇拜,我们的心灵由衷地感到震撼。那些发生在我们身边的默默奉献、舍己救人、无私捐助、慈善大爱以及与残酷的命运相抗争的人们及其事迹,远比任何一种道德理论或道德说教更能教化、陶冶我们的心灵。生活德育向日常生活世界的回归,显然并不是以削平道德崇高性为代价来倡导道德的生活性和现实性,而是要阐扬和发挥日常生活中的道德崇高性,通过日常生活中的道德叙事、道德体验的方式来传递这种道德崇高性,实现源于生活又高于生活的道德理想的传授和学习。

---

① 檀传宝. 德育美学观 [M]. 太原:山西教育出版社,2001:33-35.
② 康德. 判断力批判 [M]. 邓晓芒,译. 北京:人民出版社,2002:99-100.

二、德性生活与生活德育的超越性建构

德性生活在古希腊时期的城邦伦理理念以及传统中国的儒家德性伦理中都有显著的体现，柏拉图、亚里士多德以及中国的孔孟都曾致力于探究德性品质的内涵和价值，追求美德至善的养成和人性品格的完善。正如古希腊哲学家亚里士多德所强调的，德性（virtue）是理性地选择道德行为的道德禀赋和人格品质，同时也是一种过好生活的艺术，因为"幸福就是合乎德性的现实活动"①。由此也可见，德性生活是一种涵盖着理想的道德诉求、充满着道德内涵和道德理想的生活样态。德性生活源自于现实的日常生活，但它又超越日常生活的平凡和琐碎，它促使道德品质和道德教育进入一个更高的境界——超越性的道德境界。"超越性"是德性生活的基本属性，同时也是道德教育的理想品质。生活德育要培养具有道德理想和超越性的个性品质，就必须在日常生活的基础上建构起超越性的德性生活，通过德性生活来保持道德的理想性和超越性，促进道德教育与幸福生活的融合，从而提升受教育者的道德品质和精神境界。

（一）生活德育应培育超越性的德性品质

生活德育不仅要引导道德教育回归于现实的生活世界，同时也要引导人性的自我超越和道德境界的提升。生活德育要培育受教育者的优良生活品质，使受教育者能适应日常生活世界的繁杂和琐碎，同时更要培育受教育者的超越性的德性品质，引导受教育者养成善性和美德，包括公正、诚信、善良、仁慈、勇敢、宽容等伦理美德。值得注意的是，在培养受教育者的伦理美德的问题上，大体有两条道德教育的路径。一是古希腊哲学家苏格拉底和柏拉图所提出的"美德即知识"的道德教育理路，它倡导知识与美德的融合，主张美德即是一种知识，道德教育就是美德知识的教育。这条道德教育路径为西方近现代以来所形成的"美德袋"德育理论和"道德推理"德育理论提供了思想源泉。与此不同，先秦孔孟所形成的古典儒家德性伦理传统则更重视"德性—行动"的统一，认为美德知识与道

---

① 亚里士多德. 尼各马科伦理学 [M]. 苗力田，译. 北京：中国人民大学出版社，2003：14.

德行动必须融合为一，道德伦理规范与日常生活也要合二为一，所谓"道不离伦常日用"，即通过日常生活中的道德践履来实现圣人教化和儒家美德。由此二者言之，生活德育对于受教育者的德性品质的培育，不仅要重视引导受教育者在理性上认识公正、诚信、善良、仁慈、勇敢、宽容等德性品质的价值及内涵，更要重视将这些伦理美德与现实生活、道德行动紧密结合起来，在道德生活中展开伦理美德的教化活动，在道德生活和道德行动中吸收、内化和践履这些伦理美德，使得伦理美德充分地生活化和实践化。

（二）生活德育应保持对意义世界的追问

生活德育不仅要引导受教育者理解、内化和践履德性品质，同时还应激发受教育者在终极意义上去追问道德的根源，追问生命的意义，保持对意义世界的发自内心的求索与兴趣。意义世界的重要性，体现于人的独特的生存方式当中。正如鲁洁教授所言，"每个人的生存都会面对两个世界：一个是物质世界，另一个是意义世界"①。物质世界体现着人的肉体存在，而意义世界体现着人的道德存在、精神存在。虽然人有着各种生理的、物质的需要，不可能离开实然的物质世界而存在，但是人的本质属性却在于人除了生活于物质世界之外，还生活于一个意义世界和道德世界。人会追问生命的源头和终点，不断探索生活的意义和价值，探索道德的终极意义。可以说，人在本质上是一种道德的、精神的、意义的存在。正是因为如此，生活德育必须把德性品质的培育建基于意义世界之上，不断引导受教育者去追问生命的意义，形成他们的生命信仰和道德信仰，也即是说，要把道德品质的根基安放于精神与信仰的坚固磐石之上。生活德育要引导受教育者理解和认识到生活的意义比物质功利更加重要，应当去追求更加完善的生命意义，去实现自身的道德价值和精神追求，而不只是汲汲于物质功利和感性快乐的占有与满足。这是生活德育所应当承担起来的职责和使命。

---

① 鲁洁. 教育的返本归真——德育之根基所在 [J]. 华东师范大学学报（教育科学版），2001（4）.

三、公民生活与生活德育的公共性建构

如上所述，生活德育有必要回归于日常生活和德性生活，从而实现道德教育的现实性与超越性的建构。但是，我们也注意到，当代社会的生活样态已经发生了愈来愈显著的转型，人们不仅过着日常生活、德性生活，同时也愈来愈显著地介入了公共生活和公共伦理。国家与社会的分离、公民社会组织的勃兴以及公民权责意识的觉醒，正在不断改变着人们封闭的生活样态。公民社会组织如志愿服务团体、社区组织、专业协会、慈善团体、非政府组织等的不断发展，也为公民参与公共生活提供了愈来愈广泛的社会基础。面对社会生活的巨大变革，生活德育理论显然不能再囿于日常生活和德性生活，而是要进入更广阔的公共生活领域，发挥公共生活和公共伦理的道德教育意义，培养受教育者的理性、平等、自由、公共的道德品质。为此，我们需要做好以下几个方面的基本工作。

（一）生活德育应推动公共理性的培育

生活德育要促进学生的公共理性的发展，因为公共理性的运用能力和思考能力是公民的一项基本能力，学生公民不仅要学会运用公共理性去分析社会公共问题，思考如何才能建构合理的公共秩序，同时还要有能力运用公共理性对违背公共伦理的行为进行反思和批判，保护公共秩序的健康和稳定。在公民生活愈来愈成熟的当代社会里，培养和发展学生的公共理性能力和公共行动能力已经成为学校公民教育和道德教育的重要内容。生活德育作为培养学生的道德品质和公民品德的教育形式，需要在学校生活范围内建构一个适合于公共理性运用的公民生活空间，来促进学生的公共理性的成长。在这个公民生活空间中，学生不仅作为受教育者生活于其中，同时更是作为一个公民生活于其中，学生享有公民所具有的主体权利，同时也承担相应的公民责任。通过公共的、民主的学校公民生活，学生可以参与学校的公共事务、公共问题的讨论，发挥出公民的自觉性、参与性和主体性。这不仅可以锻炼学生的公共理性和公共思维，同时也可以引导学生去反思学校公共生活中的问题，形成公共理性的批判能力，最终促进学校公共生活的完善，形成学生公民与学校公共生活之

间的良性互动。

（二）生活德育应促进公共德性的养成

生活德育不仅要促进学生的公共理性的发展，同时还要在公共生活实践中培育学生的公共德性，引导学生成为一个具有公民美德和公共精神的人。生活德育对于公共德性的促进，可以通过两个方面的基本工作来实现。首先，生活德育应引导学生遵守学校公共生活的伦理规范，同时反思这些公共伦理规范的正当性与合理性。学生对于学校公共生活中的基本伦理规范如校纪、校规、班规、奖惩制度等的遵守和反思，可以促进他们对这些公共伦理规范形成更深刻的理解、认识和体验，从而促进他们对于公共伦理规范的吸收、内化或者批判，使他们意识到成为一个公民所具有的公共权利和责任，同时也使他们意识到作为一个公民有责任去反思和批判不正当的公共规范。其次，生活德育还应为学生建构一种德性、良善的公共生活空间，学生在这种公共生活空间中可以学习公正、仁慈、善良、勇敢、诚信等公民美德。在这个正义和良善的公共生活空间中，学生的道德心灵和伦理情怀将获得深层的感召和唤醒。通过对于公共伦理规范的体验、理解和反思，同时也通过对良善、正义、平等的公共生活空间的建构，生活德育可以为学生理解、内化、践履公民美德提供稳固的生活基础，最终促进学生的公民品质的完善，提升他们对于公民社会和公共伦理的稳固信念。

（三）生活德育应增强公共行动能力

生活德育还要增强学生的公共行动能力，发展学生的参与精神和行动品质，使学生成为一个合格的社会公民。在培养学生的公共行动能力和参与精神等方面，美国学校道德教育的一些做法非常值得我们借鉴。早在20世纪90年代，美国中小学校就已经广泛开展以"服务学习"（Service-Learning）为核心内容的公民道德教育活动，主张学生参与社区服务，锻炼行动能力，同时也为社区做出力所能及的贡献。① 此外，中国香港地区在2002年颁行的《基础教育课程指引》中也提出要加强学生的社会参与，

---

① 单玉．"服务学习"（SL）与负责任公民的培养［J］．外国教育研究，2004（11）．

锻炼学生服务他人、服务社会的公民行动能力。① 由此观之，鼓励学生参与学校或社区的公共事务，不仅是促进学校或社区的公共生活发展的一种方式，同时也是培养学生的公民品质和公民行动能力的重要途径。生活德育作为一种以生活为基础的德育形式，无疑有责任引导学生积极参与到学校或社区的公共生活实践当中，发展学生的公民参与能力和行动能力。在以公民生活为基础的学校公民道德教育之中，学生可以通过参与学校的公共管理活动、社团组织活动、公共论辩活动等来锻炼自身的公共行动能力，同时还可以通过参与社区的公共卫生、交通、环境等方面的公益活动来发展自身的公民主体性和行动性，促进自身的公民德性和道德品质的完善。

四、文化生活与生活德育的人文性建构

文化生活是影响道德品质发展的文化基础。从某种意义上说，个体的道德品格在很大程度上是文化生活所建构的，道德品格的具体要求与特定的文化背景、文化生活氛围直接相关。正如哲学人类学家 M. 兰德曼所言："没有文化，人什么都不是。"② 人是文化的创造者，同时也是文化的存在者，文化不仅引导着人们的日常生活，同时也影响着人们的深层次的道德观念和生命信仰。也正因为如此，生活德育不能忽略对学校文化生活的建构，而是要通过建构一种高品质的文化生活来陶冶和培育青少年的道德品质。

首先，生活德育要建构一种高品质的"雅"文化生活，有意识地提升青少年的文化品位和道德修养。在道德教育中，青少年的文化品位问题往往被忽略，但是这并不意味着文化品位对于青少年的道德发展是不重要的。相反，一个人所具有的文化品位，往往会在很大程度上决定他（她）的道德观念和价值取向。当前，青少年群体的文化品位的降低已经愈来愈明显，年轻一代在文化品位上的降低一方面源于现代社会的大众化、消费化、通俗化的文化生活趋势，这种趋势使得青少年沉浸于潮流、时尚、大

---

① 王世伟，黄葳. 参与式公民学习 [J]. 清华大学教育研究，2010（4）.
② M. 兰德曼. 哲学人类学 [M]. 阎嘉，译. 贵阳：贵州人民出版社，1988：247.

众意见、符号消费之中，并且乐此不疲地在流行、时尚与通俗文化中追求个性与自由。另一方面，这种状况与学校教育忽略了建构高品质的文化生活也有紧密的关联。学校教育在很大程度上沉湎于知识灌输和考试竞争之中，没有给予文化生活和文化品位以足够的重视，使得教育的"化大众"使命在通俗文化潮流下被"大众化"了，教育失去了很大一部分的道德教化和道德导向功能。显然，生活德育作为一种以回归生活世界为导向的道德教育模式，不仅要注意到"俗"文化对于青少年的文化品位和道德品质的巨大影响，同时更要注意到建构一种高品质的"雅"文化生活之于道德教育的重要性与必要性。为了更好地建构高品质的"雅"文化生活，生活德育应引导学生理性地认识和反思通俗文化、大众文化、快餐文化，在必要的情况下抵制和批判通俗文化的侵害，保持精神、人格和价值取向的独立性。生活德育还有必要引导学生去接触和亲近典雅的文化生活，阅读经典的文学作品、诗歌作品、哲学作品等，尽可能地提升青少年的文化品位和文化素养。总而言之，生活德育必须引导学生处理好"雅"文化生活与"俗"文化生活的关系，通过教育目标、教育内容和教育手段等方面的改进和完善，帮助学生理解和体验高品质的文化生活，使青少年在文化品位上逐渐摆脱大众化、通俗化和消费化的文化束缚，成为一个有着高品质的文化品位和道德素养的现代人。

其次，生活德育还要促进文化生活的"现代性"与"古典性"的融合。当代德育的一个突出问题就是在很长时期内一直没能处理好传统文化与当下文化的关系，对于传统文化、传统伦理美德缺乏足够的重视，导致道德教育的价值内容选择过度偏重于现代道德元素，而忽略了古典伦理传统中的优质道德元素，使得道德教育在某种意义上失去了安身立命的文化根基。[①] 从这个角度而言，生活德育显然不仅要注重对现代生活中的道德元素的传递，同时也要注重对古典伦理传统及其道德精神的传承和延续。生活德育对于古典伦理的传承，并不是简单地复制或照搬古典生活场景和古典伦理传统，而是要将古典传统中优质的道德元素从具体的时代局限性中"抽象"出来，发挥它在现时代的伦理作用和教育作用。这正是冯友兰

---

① 叶飞. 现代性视阈下的儒家德育［M］. 北京：北京师范大学出版社，2011：121-122.

先生一直倡导的"抽象继承法"①。比如，孝、信、忠、勇等传统伦理价值，它们虽然内含着古典时代所遗留下来的道德糟粕，但是如果将它们从古典时代的具体生活背景中"抽象"出来，加以改善和继承，那么它们依然能产生非常积极的道德教育作用。生活德育可以通过"抽象继承法"来改造这些优质的古典道德传统，通过生活化、实践化的方式来传承这些传统。另一方面，生活德育还应当为学生提供亲近传统文化生活的平台和机会，引导学生去阅读更多的古代文化典籍，使得学生对古典传统中的道德命题、道德生活以及道德信仰形成更深刻的理解，从而也间接地接受古典文化生活的熏陶。比如，通过阅读《大学》《中庸》《论语》《孟子》《老子》《庄子》《诗》《书》《礼》等中华传世典籍，学生不仅将受到传统经典文化的洗礼，同时也将受到传统伦理精神的道德熏陶。关于这一点，美国学者赫钦斯的思想给予我们很多启示。赫钦斯在美国高等教育中推进"经典名著阅读计划"时就曾指出，经典名著蕴含着深刻的文化精神和永恒的道德价值，因此必须成为学校教育的通识读物。② 如其所言，对于传统经典的阅读不仅是文化智慧之旅，同时也是道德品格的完善之旅。通过阅读经典，学生不仅可以接受古典文化的熏陶，同时也可以完善个性、心性和道德品性，求得生活的意义和精神的皈依。对于年青一代来说，求得精神的"安宅"并不比求得物质功利和财富显得次要，甚至可以说道德的满足、精神的慰藉在未来社会将比物质享受、功利获取更加重要。

总而言之，生活德育对日常生活的批判和建构可以促进道德教育向日常生活世界的理性地、批判性地回归；生活德育对德性生活的建构可以促进道德教育的理想性维度、超越性维度的扩展；生活德育对公民生活的建构可以促进学校公共生活空间的培育以及学生的公民品质的发展；生活德育对高品质的文化生活的塑造则可以更好地提升青少年的文化品位和道德涵养。道德教育向生活世界的回归以及生活德育理论的建构，要求理论研究者和实践工作者关注道德生活的"四重"建构，即生活德育应当通过日

① 冯友兰. 再论中国哲学遗产底继承问题 [J]. 哲学研究，1957（5）.
② 赫钦斯. 美国高等教育 [M]. 汪利兵，译. 杭州：浙江教育出版社，2001：46-51.

常生活、德性生活、公民生活和文化生活等四维生活的拓展，来促进受教育者的道德品格的整全发展。在道德生活的"四重"建构的基础上，生活德育将始终对社会转型和教育变迁保持包容、开放的心态，从而不断提升理论创新的动力与能力，最终促进德育理论和德育实践的变革与发展。

在权利个人和国民之间

——我国德育研究的百余年求索

杭州师范大学教育科学学院 严从根

摘 要: 百余年来,我国德育研究取向一直在培养权利个人和培养国民之间变奏。培养国民和培养权利个人都是非常重要的,任何时期的德育研究都不能顾此失彼。顾此失彼的结果只能使其中任何一种德育研究都不能深入下去,取得令人满意的效果。百余年的研究经验告诫我们,有必要转变现今德育研究的思路,有必要在培养国民和培养权利个人之间求得平衡,有必要重视公民道德教育研究。

关键词: 权利个人;国民;德育研究

古代中国没有近代意义上的"权利个人"和"国民"概念。在古代中国,人不是作为单独的权利"个人"(individual),而是作为伦理纲常之网中的一个角色出现的。个人可以扮演很多角色,诸如臣、子、夫、兄、弟等。但是在诸多身份中,个体始终只能作为义务的承担者,却不可作为权利的主体。① 近现代意义上的"国家"是指拥有主权的共同体,对外捍卫主权独立和领土完整,对内实现主权在民。这种国家概念非中国传统观念所有。古代中国人往往以为中国就是天下,他国都是蛮夷;国家就是朝廷或皇室,皇权至上。"国民"是忠于和服务于国家共同体的民众。古代忠于朝廷或皇室的民众自然不能称之为"国民",只能称之为"臣民"。因此,古代中国也没有"国民"这个概念。鸦片战争以后,特别是戊戌变法以后,内忧外患促使先进的知识分子开始学习西方,近代意义上

---

① 梁漱溟. 梁漱溟文集(卷三)[M]. 济南:山东人民出版社,1990:92.

的"权利个人"、"国家"及"国民"的概念开始被引入中国。① 不过，权利个人和国民是两种不易调和的概念或角色，以至于百余年的中国德育研究都没有妥善处理好它们之间的关系。

一、新文化运动前："培养国民"压倒"培养权利个人"

鸦片战争后，洋务运动逐渐兴起。洋务派认为，固守传统儒家提供的社会组织蓝图，中国就可能亡国，如要富国强邦，须学习西方。不过，洋务派只重视学习西方的技艺，没有充分意识到尊重和维护个人权利是西方学问的精髓之一。

甲午中日战争的失败宣告了洋务运动的破产，戊戌变法登上了历史舞台。推动戊戌变法的改革派认为，中国如要求存，不能仅仅学习西方的技艺，还要学习西方的制度；西方制度的根基是权利个人主义；中国如要立宪，必须尊重个人的自主权利，国法及其教育，特别是德育，都应该尊重和维护个人的权利。这些思想主要体现在改革派和洋务派的论战中。此时趋于保守的洋务派认为，强调个人权利说会导致"子不从父，弟不尊师，妇不从夫，贱不服贵，弱肉强食"，最终会导致社会解体。针对洋务派的这种论调，改革派思想家"大谈'自主之权，赋之于天，君相无所加，编氓亦无所损'；剥夺人的基本权利与杀死其人相去不远：'夺人自主之权者，比之杀戮其人，相去一间耳'"②。因此，他们主张有必要引入西方盛行的自由、平等、博爱等能够维护个人权利的概念，提出要通过尊重个人权利的方式，培养具有权利义务意识和独立自由个性、"不受三纲之压制"、"不受古人之束缚"的权利个人。③ 但是，在实际变法行动中，改革派的领袖人物却同洋务派一样，认为人人拥有自主权会导致社会混乱，在当时的情况下，首要考虑的还是如何使个人成为国民，忠于自己的国家和民族，最终使国家强大富强起来。恰如李泽厚在评论康有为时所说："个人应从家族制度中解放出来，这在康有为构思《大同书》时便已非常明

---

① 梁漱溟. 中国文化要义 [M]. 上海：上海人民出版社，2003：189.

② 金观涛，刘青峰. 观念史研究 [M]. 北京：法律出版社，2009：121-122.

③ 梁启超. 梁启超选集 [M]. 上海：上海人民出版社，1984：227.

确，但康却深恐先进的观念变而为实际的行动，所以秘而不宣。"① 百日维新中的梁启超也放弃了他几年前主张的民权思想，主张开明专制，"故我中国今日最缺乏而最急需者，在有机之统一与用力之秩序，而自由平等直其次而。何也？必先铸部民使成国民，然后国民之幸福乃可得言也"。② 他甚至认为，尊重和保护个人权利会导致个人轻佻，动摇国是。③ 因此，鲁迅说："个人一语，入中国未三四年，号称识时之士，多引以为大诟，苟被其谥，与民贼同。"④

同戊戌变法一样，在辛亥革命中，"政治斗争始终是先进知识群兴奋的焦点。其他一切，包括启蒙和文化，很少有暇顾及。例如邹容《革命军》中的民主启蒙思想并没有得到重视和普及，完全淹没在呼号革命的军事斗争中。孙中山在辛亥后赠以'大将军'的称号，倒正好是这样一个象征。宋恕《六斋卑议》中反宋明理学的突出的启蒙思想，更被挤到角落里面，几乎至今无人注意"⑤。正是由于启蒙一直没有受到应有的重视，政治斗争凸显，所以与启蒙密切相关的培养权利个人的德育始终没有受到重视，与政治斗争密切相关的国民德育则受到了吹捧。例如，为了救亡图存，孙中山放弃其年轻时信奉的天赋人权说，强调革命如要成功，国家如要富强，要的是"个人不能有自由，团体要有自由"⑥。

二、新文化运动前期："培养权利个人"压倒"培养国民"

辛亥革命只取得了短暂成功，革命成果很快就被保守势力所侵吞。强大的保守势力力图使局面恢复到"前清"时代去。"上一代革命者的热忱衰退了。除了一些仍然围绕在孙中山的身旁做些力不从心效果不大的政治、军事斗争外，很大一批消沉下来。……连鲁迅本人也沉默了几乎十

---

　　① 李泽厚. 启蒙与救亡的双重变奏［M］//许纪霖. 二十世纪中国思想史论. 上海：东方出版中心，2006：81.
　　② 格里德尔. 知识分子与现代中国［M］. 桂林：广西师范大学出版社，2010：166.
　　③ 金观涛，刘青峰. 观念史研究［M］. 北京：法律出版社，2009：152.
　　④ 鲁迅. 鲁迅全集（卷一）［M］. 北京：人民文学出版社，2005：51.
　　⑤ 李泽厚. 启蒙与救亡的双重变奏［M］//许纪霖. 二十世纪中国思想史论. 上海：东方出版中心，2006：72.
　　⑥ 孙中山. 民权与国族——孙中山文选［M］. 上海：上海远东出版社，1994：290-299.

年，以读佛经拓碑刻抄糊康来排遣时日。"① 正是在这样一个"万马齐暗、闷得透不过气来的黑暗王国里，陈独秀率先喊出了民主与科学"②。此口号得到了先进知识分子的追随，攻击顽固势力的新文化运动开始了。

陈独秀、胡适等人认为，"以前的洋务、变法、革命，最多也只是群众去实现反帝或反清朝的目的；结果'多数国民'并没有得到民主权利，也没有自觉的民主要求，自然让少数人主持宰割。民国号称'共和'、'立宪'，招牌虽异，实质仍同。人民仍然不过是盼望好皇帝和清官，仍不过是'希冀圣君贤相之施行仁政'而已。这怎么能谈得上政治进步国家富强呢？所以首要的问题便不是别的什么，而只能是唤起民众的觉悟，来自觉自动地争取民主"③；要自觉自动地争取民主，民众需要具有新的文化精神，必须与儒家的伦理道德决裂，"转而接受自由、平等、独立之说"④。

与自由、平等、独立观念的盛行相应，德育研究开始注重阐释培养权利个人的重要性。这主要表现在如下方面。首先，明确提出了个人主义。在新文化运动初期，"陈独秀所崇尚的个人本位主义，李大钊对西方个性主义和自由主义精神的讴歌，胡适推崇的杜威的'智能的个性'，鲁迅对'独异'的个性人格的赞颂，皆以个人主义为价值取向，以独立自主的人格为国民性改造的目标"⑤。其次，对儒家德育进行了彻底批判。德育研究不仅明确提出了个人本位主义，而且以此为标准，认为以群体为本位的儒家德育严重束缚个体个性的发展。在《敬告青年》中，陈独秀明确提出青年应该是"自主的而非奴隶的"。在《东西民族根本思想之差异》中，他进一步提出，家族本位的价值观会"损害个人独立自尊之人格"，"窒息个人意思之自由"，"剥夺个人法律上平等之权利"，"养成

---

① 李泽厚. 启蒙与救亡的双重变奏 [M] // 许纪霖. 二十世纪中国思想史论. 上海：东方出版中心，2006：73.

② 李泽厚. 启蒙与救亡的双重变奏 [M] // 许纪霖. 二十世纪中国思想史论. 上海：东方出版中心，2006：73.

③ 李泽厚. 启蒙与救亡的双重变奏 [M] // 许纪霖. 二十世纪中国思想史论. 上海：东方出版中心，2006：73-74.

④ 李泽厚. 启蒙与救亡的双重变奏 [M] // 许纪霖. 二十世纪中国思想史论. 上海：东方出版中心，2006：73-74.

⑤ 黄书光. 价值观念变迁中的中国德育改革 [M]. 南京：江苏教育出版社，2008：133.

依赖性，戕贼个人之生产力"①。鲁迅和吴虞则揭示出封建礼教对人个性的扼杀。

在这个时期，德育研究史无前例地认为，"个人并不是为国家而存在，相反国家只是保护个人利益不受侵犯的工具"②。不过，尽管诸多研究者都主张个人本位，强调培养权利个人，但并不像西方自由主义那样，只追求独立人格，他们强调培养权利个人和追求独立人格最终还是为救亡图存服务的。"扔弃传统（以儒学为代表的旧文化旧道德）、打碎偶像（孔子）、全盘西化、民主启蒙，都仍然是为了使中国富强起来，使中国社会进步起来，使中国不再受欺侮受压迫，使广大人民生活得更好一些……所有这些就并不是为了争个人的'天赋权利'。"③ 尽管如此，这个时期的德育研究仍然具有划时代意义，因为在德育研究价值的直接取向上，中国历史上首次出现了"培养权利个人"压倒"培养国民"的现象，个人自由权利受到空前的尊重。

三、新文化运动后期至"文革"："培养国民"重新压倒"培养权利个人"

一战后，在巴黎和会上，开口闭口言谈权利的西方列强，却公然践踏作为战胜国的中国人民的权利，无视中国人民的呼吁，把战前德国在我国山东的一切殖民权益强制性地移交给日本。西方列强的这种行径使先进的中国知识分子意识到，学习西方及其文明，追求权利，尊重权利，并不能图存，为了使民族强大，个人必须要成为国民，个人的首要品质应该是爱国、爱民族。五四反帝爱国运动激发的民族主义和爱国主义激情，为文化保守主义和社会主义占据中国思想理论的制高点提供了情感基础。④ 文化保守主义和社会主义都强调民族利益重于个人利益，国家本位优于个人本位。不过，他们都不反对现代性追求，区别只在于二者对现代性追求的路

---

① 黄书光. 价值观念变迁中的中国德育改革［M］. 南京：江苏教育出版社，2008：122-124.
② 陈少明，单世联，张永义. 近代中国思想史略论［M］. 广州：广东人民出版社，1998：273-274.
③ 李泽厚. 启蒙与救亡的双重变奏［M］//许纪霖. 二十世纪中国思想史论. 上海：东方出版中心，2006：75.
④ 黄书光. 价值观念变迁中的中国德育改革［M］. 南京：江苏教育出版社，2008：137.

德育理论研究

· 95 ·

径看法不一致。前者认为，西方国家的现代性追求会带来自由放任主义、道德虚无主义，为了避免重蹈覆辙，中国需要基于传统儒家文化的基础之上追求现代性——要挖掘有助于现代性追求的儒家文化，要发扬光大有助于解决自由放任主义和道德虚无主义的儒家文化。社会主义则认为，现代性追求如要成功，个体有必要具有阶级斗争意识和平民主义精神。在当时，文化保守主义和社会主义都具有很大的影响力。不过，随着俄国"十月革命"的胜利，社会主义的影响逐渐超过了文化保守主义的影响。中国最先进的知识分子开始认为，只有依靠社会主义才能有效地激发人们的民族主义情绪，培养人们的集体主义精神，因此，只有社会主义才能救中国。他们还认为，个人独立和权利自由并不是破除旧道德的利器，而是有待进一步批判的负面东西。例如，"在《新青年》早期，陈独秀毫无保留地提倡个人主义。直到1920年他仍在为'个人主义'辩护：'我以为戕贼中国人公共心的不是个人主义，中国人底个人权利和社会公益，都做了家庭底牺牲品。'但是一年后，他对'个人主义'的看法来了个一百八十度大转弯，他斥责说：'中国人民简直是一盘散沙，一堆蠢物，人人都怀着狭隘的个人主义，完全没有公共心，坏的更是贪赃卖国，盗公肥私'"。①曾经信奉个人主义的蔡和森、毛泽东、周恩来等人的看法也发生了变化，他们认为，反对一切权威、束缚，尊重个人权利的确很美好，但是这根本无法落实到现实社会中。他们迅速转向了马克思列宁主义。他们认为，只有用俄国的无产阶级专政的办法才能救中国。与此相应，这些知识分子开始认为，教育（包括德育）的重任不是培养权利个人，而是培养具有民族精神和阶级情感的国民。

新中国成立后，为了"救亡—革命—战争"的需要，中国共产党继承了建党一开始就坚持的理论主张：否定无政府主义和自由主义推崇的种种个人主义，反对追求个人权利和自由。培养权利个人受到了抨击，培养国民则受到了无限推崇。在这段时间里，特别是在"文革"期间，个人自由权利甚至被视为万恶之源，德育鼓吹无私奉献和集体主义精神，突出绝对服从，强调钢铁般的纪律，个人被视为是国家和组织的"螺丝钉"。

---

① 金观涛，刘青峰. 观念史研究 [M]. 北京：法律出版社，2009：172.

四、改革开放以来:"培养权利个人"重新压倒"培养国民"

"'四人帮'倒台之后,'人的发现'、'人的觉醒'、'人的哲学'的呐喊又声震一时。'五四'的启蒙要求、科学与民主、人权和真理,似乎仍然具有那么大的吸引力量而重新被人发现和呼吁,拿来主义甚至'全盘西化'又一次被提出来。"① 这种现象在教育研究(包括德育研究)上的表现也非常明显。有人通过文献梳理就明确得出,"30 年来教育改革的价值取向,如果要用一个词来概括的话,这就是:'人的解放'"②。如此,在教育研究(包括德育研究)中,"培养权利个人"的呼声压倒了"培养国民"的呼声。这主要表现在如下几个方面。

首先,对无人德育的批判。20 世纪 70 年代末期开始,国家纠正了以"阶级斗争为纲"的错误路线。先进的知识分子开始指出教育(特别是德育)有自身的独特性,不能完全受制于政治经济制度。余立早在 1979 年《教育研究》创刊号上就指出,"学校是传授知识、培养人才的场所",不是"阶级斗争的前哨阵地"③。20 世纪 80 年代,随着市场经济的展开,学者们对"教育是上层建筑说"给予了彻底的批判,"教育为以经济主导的社会主义建设服务的学说"开始频繁出现。不过,到 20 世纪 80 年代末期的时候,这种"教育为以经济主导的社会主义建设服务的学说"也逐渐为人所质疑。诸多学者开始反思教育,特别是德育的这种功利追求,指出我们只知道教育要为经济建设服务,"不知道经济建设更要为人服务,要为人本身的发展服务。……人的价值本是高于一切的,但却化为乌有,教育的对象——人,被遗忘干净了。……因此需要确立人的问题(人的发展、人的价值)在教育学中的主体地位,教育学必须把研究人的发展、研究提高与扩充人的价值,当作核心问题。教育学理应首先是'人学'";"纠正教育的价值取向之偏差,就是要让人的发展、个体的价值在理论和实践

---

① 李泽厚. 启蒙与救亡的双重变奏[M]//许纪霖. 二十世纪中国思想史论. 上海:东方出版中心,2006:96.

② 冯建军. 向着人的解放迈进——改革开放 30 年我国教育价值取向的回顾[J]. 高等教育研究,2009(1).

③ 余立. 根据实践是检验真理的唯一标准,探讨教育工作中的规律[J]. 教育研究,1979(1).

中获得应有的地位"①。90 年代以后，特别是进入 21 世纪以后，"人是德育的原点"，"德育应基于生活，通过生活，为了生活"，已经成为诸多德育理论研究者的共识。

其次，主体性德育和主体间性德育的提出。伴随着对无人德育的批判和对有人德育的呼唤，主体性德育逐渐进入人们的视野。同主体性教育研究一样，主体性德育研究前期也重在批判传统教育对学生主体的泯灭，主张树立学生主体的理念，"后期的研究重在探讨怎样培养学生的主体性，使主体性教育由认识论到本体论，由理论的探讨发展为教育改革与实验研究"②。不过，人们逐渐认识到，只强调主体性德育容易导致个人只强调个人的权利和利益，把他人都当作实现目的的工具；为了使彼此都把对方当作目的来看待，有必要强调主体间性德育。主体间性德育由是开始兴起。主体间性德育的提出并不是为了否定主体性及主体性德育的重要性，主体间性是以主体性为前提的，因此，主体性德育的落实是践行主体间性德育的前提。

再次，对具体人和具体德育方式的呼唤。主体性和主体间性只是现代人发展的形式特征，主体性德育和主体间性德育只能解决如何发展的问题，却无法解决主体性和主体间性的人应该成为什么样的人的问题，也无法解决如何使人成为主体性和主体间性人的问题。为了解决这些问题，研究者提出了生活德育、情感德育、生命德育等实践和理论主张。

五、反思和展望

新文化运动前期，培养权利个人成为最强有力的时代呼声，可是不久就被培养国民的研究取向替代了。现今的德育研究普遍强调要培养权利个人，这种追求会不会再次被培养国民的追求替代呢？如果德育研究只注重个人权利自由和解放，那么这种替代势必会发生。

单子式主体只重视个人权利，往往会忽视他人的需求和国家的独特诉

---

① 冯建军. 向着人的解放迈进——改革开放 30 年我国教育价值取向的回顾［J］. 高等教育研究，2009（1）.

② 冯建军. 向着人的解放迈进——改革开放 30 年我国教育价值取向的回顾［J］. 高等教育研究，2009（1）.

求。具有主体间性品质的人会把他人当作目的来对待，但是，他们也不会充分尊重国家的独特需求。因此，无论是具有单子式主体性精神的人，还是具有主体间性精神的人，看重的都是个人的发展，都潜意识地认为国家是为人服务的。他们都希望去国家化、去政府化，政府管的越少越好。实际上，国家虽然是由诸多个人组合而成的，但是国家并不是个人意志的简单集合，它具有明显的自主性，有自己独特的利益追求，不存在纯粹为个体或某个阶层服务的国家。曾盛行的国家理论已经破产。在这种国家理论中，人们认为国家是为个人服务的，或者认为是统治阶级的代表，国家决策不过是个人利益的集体表达，或者至少是统治阶级利益的表达。但现今诸多研究已经表明，"国家是一个有着自己独立利益的实体；国家的目标不能等同于社会中某个群体的目标，它还有自己独特的目标；国家可以作为一个自主的行动者（actor）存在"①。国家的自主性集中体现在国家不会完全依附于任何个人或阶层，甚至不会依附于统治阶层，在必要时候，为了维护整个国家的整体利益，国家完全可以做出有损个人乃至统治阶层利益的行动。② 这主要体现在国家发生危机的时候。例如，为了维系社会稳定，资本主义国家很可能会通过各种有损统治阶层（资本家）利益的方式，抑制物价上涨。

国家相对自主性的理论启示我们，国家并不只是为个人服务的，当个人意志与国家意志相冲突的时候，国家及政府总会力图维护自己的利益。正因为如此，如果个人只注重个人权利，忽视国家诉求，为了维系社会稳定和促进国家发展，任何国家及其政府都会干涉个人权利，强制个人接受国家的意识形态，即使口口声声声称要尊重个人权利的西方发达国家都不例外。在西方国家，并不像我们一般人所以为的那样，人们仅仅被"预设为典型的、纯粹的个人权利主体，预设为权利文化的代表者、个人自由的张扬者"，"实际上，他们有很强的家庭观念、社群观念和国家观念。充斥于日常生活的主要是社区活动、宗教活动；各式各样的法律把他们之间的社会联系制度化、程序化了，违法犯罪虽然层出不穷，但并非常态，在某种意义上可以理解为对铁定秩序的反抗。权利是他们很少使用

---

① 孙立平. 重建社会——转型社会的秩序再造［M］. 北京：社会科学文献出版社，2009：138-139.

② 王沪宁. 政治的逻辑［M］. 上海：上海人民出版社，1994：215.

的物什，只是在制度上可以保证作为最后的诉诸手段"①。何况，在任何时代，无政府问题都是一个非常严重的问题。没有强大且具有权威的国家，对外而言，民众权利很容易遭到他国的侵犯和剥夺；对内而言，社会会趋于混乱，公民社会会"西西里化"成为黑社会。因此，德育需要注重满足国家诉求，重视培养国民。无视或忽视国家需求，最终必然导致国家意志反过来压制个人意志。值得注意的是，在强调促进个人解放的三十年之后，我国政府和"新左派"的知识分子已经日益注重"维稳"。如果德育研究还是只注重个人自由解放，"维稳"思维必然渗入德育研究中，"培养国民"的德育研究取向必将替代"培养权利个人"的德育研究取向。

笔者并不认为德育不需要培养权利个人。只有尊重和维护个人权利，培养权利个人，才能使人成为独立个体，成为自己的主人，才能有效激发人的创造精神，丰富人的精神生活。当然，德育也需要重视培养国民，只有如此，才有助于国家统一，凝聚个体力量，维系社会稳定，促进社会发展。德育和德育研究不能在二者之间只重视其一。只重视国家诉求，一段时间以后，培养权利个人的德育研究取向会发生反弹，从而居于培养国民的德育研究取向之上；只重视个人权利，一段时间以后，培养国民的研究取向也会发生反弹，从而重新居于培养权利个人的研究取向之上。这就是百余年来我国德育研究为什么一直在培养权利个人和培养国民之间变奏的原因所在。顾此失彼的结果只能是每一种德育研究取向及其追求都不能持之以恒地深入下去，取得令人满意的效果。来回变奏还浪费了大量的德育研究资源，误导德育实践。百余年的经验告诫我们，现今有必要转变德育研究的思路，不可非此即彼，有必要在"培养国民"和"培养权利个人"之间求得平衡。

如何才能在"培养国民"和"培养权利个人"之间求得平衡？公民道德教育研究能使其成为可能。现今，对于公民的理解虽然纷纭复杂，但逐渐有了最基本的共识：首先，公民不是臣民，公民是有自由权利的个人；其次，公民虽然是拥有自由权利的个人，但它不是私民，它是近代社

---

① 夏勇. 中国民权哲学·序 [M]. 北京：生活·读书·新知三联书店，2004：6.

会的产物，是伴随民族国家的出现而出现的，它是忠于自己国家的合格的国民。① 其实，即便异常强调"个人权利优先于共同体（特别是国家）"的自由主义也认为，公民有必要忠于自己的国家和民族，只不过他们力图使自己的国家和民族尊重个人权利。可见，公民是国民和私民的辩证统一，"公民资格是个人在一个民族国家中，在特定平等水平上，具有一定普遍性权利与义务的被动及主动的成员身份"②。公民道德教育研究既会关注权利个人的培养，也重视国民精神和素质的培养，并力图使二者协调统合起来。因此，公民道德教育研究乃是时代所需。

---

① Ichilov Orit. Citizenship and Citizenship Education in a Changing World ［M］. London：The Woburn Press, 1998：1.

② 托马斯·雅诺斯基. 公民与文明社会 ［M］. 柯雄，译. 沈阳：辽宁教育出版社，2000：11.

本土化视角下的农村儿童德育研究

宝鸡文理学院教育科学与技术系　马多秀

摘　要：社会研究本土化是我国学术界的共识。当前中国正处于社会转型时期，伴随农村社会结构的调整，农村人口大规模流动，农村儿童的生活环境发生了巨大变化，急需农村儿童德育模式的创新。从本土化的视角审视农村儿童德育研究，抱有本土情怀是研究动力，关注本土问题是研究视阈，扎根本土实践是研究路径。

关键词：农村儿童德育；本土化；本土情怀；本土问题；本土实践

自20世纪90年代以来，社会研究本土化成为我国学术界的共识。在教育领域，这种呼声更为强烈，关于原创教育理论的讨论就是教育理论本土化研究的反映。这是因为，一方面，"纵览中国教育理论在近代以来的发展历程，介绍和翻译西方的教育理论颇多，而真正本土化的教育理论欠缺"[1]；另一方面，当前在一些学者身上存在崇尚和遵奉西学的倾向。[2] 如果说从历史的角度看最初移植西方理论是我国积贫积弱的无奈选择的话，那么，在中国已经迈入世界大国的今天，还以西学马首是瞻，不仅难以传承传统文化，也难以树立文化自信。在这层意义上说，社会研究本土化正是对西方文化霸权的抗拒，以及提升中国学者文化自信和文化自觉的一种行动。当前，中国正处于社会转型时期，随着城市化步伐的推进和农民的大规模流动，农村儿童的生活环境已经发生了巨大变化，亟待农村儿童德育模式的创新。本文主要从本土化的视角对农村儿童德育研究的意义和价值、研究动力、研究视阈和研究路径等问题进行分析与探讨。

---

① 马多秀. 构建中层理论：教育理论研究本土化的可能路径 [J]. 教育理论与实践，2010 (9).
② 吴康宁. "有意义的" 教育思想从何而来 [J]. 教育研究，2004 (5).

一、本土化与德育研究的本土化

本土化虽然已经成为时下教育界的热门词，但是，仔细阅读文献资料后我们会发现，大家对它的理解却呈现出多样性，归纳起来，主要有以下几种认识。第一种观点认为，本土化是一个复杂的、流变的概念，它与国家、民族和地方性的概念联系在一起，相应地，本土化就等同于中国化、华人化和地方特色化。① 第二种观点认为，本土化和本土生长是两个不同的概念。所谓本土化实际上是一个自内的文化殖民过程，是一个主动吸收西方文化的外铄过程，与其说它是非西方文化的复兴，倒不如说西方文化真正开始了对非西方文化的浸淫。而本土生长才是发源于本土社会内部的文化自我演进过程。② 第三种观点认为，本土化包括两个层面：一是元理论或元话语层面的本土化，它是一套形而上的理论体系，其中的概念以及概念体系都是在本土研究中生成的；二是借助他国的元理论或元话语，结合本国的教育实践生成新的理论体系。前一个层面属于元理论层面的本土化，后一个层面属于中层理论的本土化。由于中国教育理论发展深受西方的影响，构建中层理论是中国教育理论本土化的可能选择和路径。③ 第四种观点解释了学术研究中本土化的两种理路。第一种是基于实证主义的理路，认为社会研究的本土化是面对中国本土的特殊问题，运用本土的经验材料，提炼出不同于西方的研究方法，形成具有本土特色的学理架构，从而揭示中国真正、客观的社会结构和意义系统，这主要是由偏重方法论的英美学派发展而来的思路。第二种是欧陆学派注重本体论的人本主义道路，认为学术本土化首先是寻找和确立知识主体性的问题，它要求研究者不是盲目地信从已有的知识体系和理论架构，而是以知识社会学的态度分析和洞察所有知识背后潜藏的意识形态。④ 可见，学者们对本土化的阐释是仁者见仁，智者见智。在本文中，本土化是我们研究的视角，强调必须

---

① 石艳. 教育社会学本土化研究的反思 [J]. 外国教育研究，2006 (7).

② 项贤明. 教育：全球化、本土化与本土生长 [J]. 北京师范大学学报（人文社会科学版），2001 (2).

③ 马多秀. 构建中层理论：教育理论研究本土化的可能路径 [J]. 教育理论与实践，2010 (9).

④ 许纪霖. 许纪霖自选集 [M]. 桂林：广西师范大学出版社，1999：380-381.

从我国的国情和教育实际出发，追寻本土的教育现状，反思本土的教育困境，解决本土的教育问题，从而构建本土的教育理论体系和框架。具体地讲，就是要从当前我国农村社会现实状况出发，反思当前农村儿童德育的困境，构建致力于农村社会发展和农村儿童成长的德育理论思想和体系。正如有学者呼吁的那样，"本土化的最根本之处是生成中国自己的思想，近代以来，'生成中国自己的思想'一直是最大的课题，它决定着中国向何处去的大问题"①。

那么，德育研究本土化意味着什么呢？从历史上看，"中国近代教育学科各科目的发展，其起点都是从国外引进的，连最'中国'式的学科'中国教育史'在20世纪的第一本著作，也是译自日本学者撰写的《支那教育史》"。② 德育学作为教育学的一个分支学科，也难逃"舶来品"的称谓。而且，在道德教育实践中我们也常常运用皮亚杰、柯尔伯格、杜威、涂尔干等西方学者的德育思想，用它们来解释我们的道德教育现象和问题。20世纪90年代以来，随着教育学者自身学术觉悟的提高和学术责任感的增强，才逐渐开始从中国本土德育现象和问题出发，进行具有本土化特色的德育理论创造。比如，朱小蔓教授在对我国德育实践中忽视学生情感发育的现实状况进行分析的基础上，提出了情感德育理论；高德胜教授在对德育注重道德知识传授，而与学生的生活实际相脱节进行批判的基础上，提出了生活德育理论；檀传宝教授在对德育功利主义化批驳的基础上，提出了德育美学理论；等等。③ 这些基于本土的教育问题提出的德育理论和思想对我国德育实践的改善和提高确实发挥了重要价值，如今，它们已经成为当前我国中小学德育课程改革的重要思想理论来源和基石。因此，德育研究本土化意味着德育研究者要从中国的德育现实和处境出发，研究中国的德育问题，构建中国的德育理论思想体系，致力于促进中国社会的发展和教育生活的改善。

---

① 毕世响. 德育的本土化思考 [J]. 现代教育论丛，2000 (6).

② 叶澜. 中国教育学发展世纪问题的审视 [J]. 教育研究，2004 (7).

③ 具体参见：朱小蔓. 情感德育论 [M]. 北京：教育科学出版社，2005；高德胜. 生活德育论 [M]. 北京：人民出版社，2005；檀传宝. 德育美学观 [M]. 太原：山西教育出版社，1996.

二、农村儿童德育研究：德育研究本土化的行动

当前，中国正处于社会转型时期，正由传统的农业文明社会迈向现代的工业文明社会。伴随中国工业化发展进程的推进，农村人口向城市的迅速流动成为最为显著的社会特征。国家统计局发布的数据显示，2011年全国农民工总量达到25278万人，比上年增长4.4%，其中，外出农民工15863万人，增加528万人，增长3.4%。① 庞大的农民工群体出现的同时也滋生出了两个特殊的儿童群体，即农村留守儿童和城市流动儿童。据全国妇联2008年发布的《全国农村留守儿童状况研究报告》显示，全国农村留守儿童约5800万人，其中14周岁以下的农村留守儿童约4000万人，留守儿童占全国农村儿童的28.29%。② 第六次全国人口普查结果显示，跟随父母进城的流动儿童约有2000万人。③ 留守儿童问题的核心是留守儿童与父母分离，亲情缺失，诸多留守儿童存在孤单、胆怯、怕跟他人交流等心理障碍和问题。2004年，公安部的一项调查显示了两个"大多数"：全国未成年人受侵害及自身犯罪的案例大多数在农村，其中大多数又是留守儿童。④ 另外，报纸和网络报道的留守儿童自杀现象频发。这些都意味着留守儿童问题已经成为必须面对和解决的社会问题。流动儿童问题的核心是他们在城市的适应问题。在中国城乡二元社会结构体制下，他们处处受到城市生活和城市学校的排斥，生活在城市的边缘，难以获得跟城市儿童平等的生活尊严和教育权利。另外，随着改革开放程度的进一步深化，电子信息技术的迅猛发展，现代工业文明对传统农业文明造成了难以抵挡的冲击，深刻地改变着农民内在的价值体系和观念。总之，农村儿童的生存和生活处境已经发生了翻天覆地的变化。在这样的时代背景下，致力于研究我国本土的国情和教育现状，分析存在的教育问题，构建旨在促进农

---

① 统计局：农民工数量继续增长 去年总量超2.5亿［EB/OL］. http：//finance. sina. com. cn/nongye/nygd/20120427/164211945526. shtml.

② 蒋笃运. 农村留守儿童教育问题与对策［N］. 中国教育报，2008-07-19.

③ 流动儿童到底需要什么帮助［EB/OL］. http：//zqb. cyol. com/html/2012－04/18/nw. D110000zgqnb_20120418_4-05.htm.

④ 留守儿童：农村未成年人犯罪问题之警钟［EB/OL］. http：//www. isinolaw. com/CMS/forum/Posted_ch. jsp？forumid＝100069.

村儿童健康成长和发展的农村儿童德育模式是德育研究本土化的切实行动。

要构建农村儿童德育模式，我们首先要清楚何谓模式和德育模式。"模式"一词源于拉丁文（modus），是指与手有关的定型化的操作样式，意为对操作过程的经验性的概括。后来，它表示更抽象的意义，一般通用为"方式"，如生活方式。20 世纪后，随着社会生活的多样化，"模式"又从"方式"中分离出来，指某种方式中的具体的定型化的活动形式或活动方式。《现代汉语词典》中对它的定义是，"模式，某种事物的标准形式或使人可以照着做的标准样式"。英国人丹尼斯·麦奎尔和瑞典人斯文·温德尔从传播学角度来界定模式，认为模式是"用图像形式对某一事项或实体进行的一种有意简化的描述。一个模式试图表明任何结构或过程的主要组成部分以及这些部分之间的相互关系"①。从这些论述中我们可以看出，模式不仅具有抽象性，还具有简约性，它是一般原理与具体条件的结合，模式有助于提高劳动效率和质量。在很大程度上，研究德育模式也意在提升德育效果。

那么，什么是德育模式呢？德育模式作为一个学术术语首先出现在哈什等的《道德教育模式》一书中。20 世纪 80 年代，哈什和米勒在其著作《道德教育模式》中总结和评价了 20 世纪 60 年代以来美国最具代表性并在学校中广泛使用的六种德育模式（包括理论基础构建模式、体谅模式、评价过程以及价值澄清模式、价值分析模式、道德认知发展模式、社会行动模式），并对德育模式给出了界定，认为"德育模式是一种考虑教育机构中关心、判断和行动过程的方式。它包括关于人们如何发展道德的理论观点以及促进道德发展的一些原则和方法"②。国内有学者在对哈什等人的论述进行理解的基础上，认为"德育模式，实际上是在德育实施过程中道德理论与德育理论、德育内容、德育手段、德育方法、德育途径的某种组合方式，因而为我们观察、理解和思考德育提供了种种综合方式"③。由此可见，德育模式的构成要素基本上包含两个方面的内容：一方面是相

---

① 杜爱森. 关于德育模式的理论探讨 [J]. 理论探索，1996（2）.

② B. Hersh，J. Miller，G. Feildin. Models of Moral Education：An Appraisal [M]. Longman Inc.，1980：7.

③ 黄向阳. 德育原理 [M]. 上海：华东师范大学出版社，2000：211.

关的道德和德育理论，包括对人性、道德、德育的基本观念和看法；另一方面是与之对应的具体的德育操作体系，包括德育原则、方法、手段、途径等。而且，"通过德育模式的研究帮助学校造就自己的道德品格，这才是德育模式研究的真正价值所在"①。

毫无疑问，研究农村儿童德育模式意在提高农村儿童德育实效，帮助农村儿童构建充满意义和希望的精神世界，促进他们人格的健全成长和发展以及整个农村社会的和谐发展。如果按照德育模式构成的两个基本要素来分析的话，我们在探究和构建农村儿童德育模式的过程中要坚守的主要的德育理念和德育思想应该包括：获得关爱、支持、理解、爱护等是农村儿童基本的内在需求；帮助农村儿童获得尊严感、价值感、意义感，树立自信、自强、自尊意识和能力，学会与人交往和相处等是德育的基本目标；教师对农村儿童的真诚、信任、期望等积极情感反应，以及和谐德育环境和氛围是德育的重要手段和途径。相应的德育操作体系应该包括：编写激励性的农村儿童道德读本；构建家庭、社区和学校三位一体的有效的德育网络体系；创建和谐、互助、团结的学校和班级德育环境和氛围；教师对农村儿童的关心、关切等积极的情感投注等。当然，按照不同德育对象或不同德育问题，可以构建出不同的农村儿童德育模式。比如，对留守儿童心灵关怀德育模式②的提出，是在田野调查的基础上发现留守儿童存在心灵关怀缺失问题，论证了满足留守儿童心灵关怀的意义和价值，建议通过学校管理中体现人文关怀精神、教师对留守儿童积极的情感态度和联合留守儿童家庭德育力量等途径来促进留守儿童精神成长。

当我们从本土化的视角来探讨农村儿童德育研究时，需要解决研究动力、研究视阈和实现路径问题。下文将对这三个问题做具体的阐释和分析。

三、抱有本土情怀是农村儿童德育研究的动力

从事任何研究工作都要涉及研究动力问题，这意味着研究者是否能够

---

① 班华，薛晓阳. 学校道德教育模式的探寻与思考 [M]. 镇江：江苏大学出版社，2010：95.
② 马多秀. 指向留守儿童心灵关怀的学校德育 [D]. 南京：南京师范大学，2011.

潜心、持续地专注所从事的研究工作。动力与动机又密切相关，不同的动机决定了不同动力的来源。按照心理学上把动机分为内在动机和外在动机的分法，动力也可以分为内在动力和外在动力两大类。前者是指由于研究者自身对某一事物的热爱、兴趣、信念，从而自觉、自愿地执着于某项研究工作，这种动力是由内而外生长出来的；后者是指由于外在的制度、规则等的要求和规约，迫使研究者为了适应环境和求得生存等而不得不从事某项研究工作，这种动力是从外部强加上去的。一般来讲，来自内部的动力具有持久性，会支撑研究者持续地开展某项研究工作，而来自外部的动力往往是暂时性的，当外在的规约消除后，研究者的研究动力也会消失。只有出于研究者自身的信念、兴趣，从内而外生长出的内在的研究动力才能够支撑他们坚定而执着地从事某项研究工作，从而获得理想的研究成果。

从事农村儿童德育研究也需要一股内在的研究动力，这样的研究动力，我们可以称之为本土情怀。在这里，本土情怀特指研究者对农村发展状况的关切，对农民生存境遇的担忧，以及对农村儿童成长的关注等。当这些成为研究者心头挥之不去的情愫时，它们就会转变成为一种责任感和使命感，成为他们潜心于农村儿童德育研究的内在动力。如果研究者缺少对农村、农民和农村儿童的关切、关注和关爱的话，他们也就无法从内心深处焕发出持续的研究热情和力量。即使某些研究者出于某种外在的需要进行一些农村教育方面的研究工作，但是，会随着外在需要的消失而对农村教育研究逐渐失去兴致。当然，对农村、农民和农村儿童关怀的本土情怀是一种自发和自然的情感，这往往跟研究者自身的成长经历密切相关。一般来讲，出身于农村以及有农村生活经历的研究者对农村生活有着深切体会，农村是他们生命成长的组成部分，他们往往也会比较关注和关怀农村、农民和农村教育问题。总之，我们致力于农村儿童德育研究，要切实从农村、农民以及农村儿童发展的角度出发，从内心深处关怀农村儿童的生存处境，尤其是留守儿童和流动儿童的现实遭遇，能够把改善他们的生存环境和促进他们的健康成长与发展当作自己的责任和使命，持续、专注、自觉地劳作。

四、关注本土问题是农村儿童德育研究的视阈

任何研究都起源于问题，也指向于问题的解决。本土问题是学术研究本土化的视阈和切入点。而且，只有针对本土问题的研究成果才会对本土问题更具有解释力和可应用性，否则，均会造成学术研究上的资源浪费。在本研究中，本土问题特指我国当前社会转型时期出现的农村儿童德育所面临的和需要解决的问题。具体来讲，就是要求研究者把目光投向当前中国农村社会发展的历史进程，探讨和分析农村儿童德育的社会背景、农村儿童的生存环境和发展状况，尤其是要关注文化层面的变迁，以及农民的价值观的变革状况，从而揭示出农村儿童德育所面临的挑战和问题，并通过分析和论证，提出切实可行的方案和措施。

仔细审视当前农村儿童的生存和生活环境，主要面临着这样的一些问题。首先是农村出现了大量的"空巢村"。"空巢村"，或者称为"空心村"、"空壳村"，是指在我国农村，大量农村青壮年劳动力永久性或暂时性地向城市迁徙，许多村庄常住人口锐减，留在农村的大部分是老幼妇孺。① 据已有资料显示，不仅在落后和偏远的农村地区存在大量的"空巢村"，在一些相对发展较好的农村地区也有"空巢村"现象。如对河南省 4200 个农户的调查表明，目前留守农村的劳动力中，40 岁以上的中老年所占比重由 2003 年的 50.2% 上升到 2005 年的 53.8%，而 30—40 岁的青壮年所占比重则由 2003 年的 27.8% 下降到 24%。② 经济发达地区，如浙江奉化市裘村镇陶坑里村曾经住了 500 多人，如今只剩下 40 多位老人和少量儿童，邻近的枫弄村原有 280 多人，现剩下 50 多人，其中 95% 是老人。③ 对于留守儿童来讲，"空巢村"意味着父母的离开，家庭的不完整，家庭教育功能的弱化，意味着亲情的缺失，内心的孤独、寂寞乃至恐惧。④

---

① 彭迈."空巢村"的隐忧与治理 [J]. 南阳师范学院学报，2008（1）.
② 调查表明农村留守劳动力年龄老化素质走低 [EB/OL]. http：//news. sina. com. cn/o/2006-08-10/05249706529s. shtml.
③ 彭迈."空巢村"现象对新农村建设的影响 [J]. 中州学刊，2007（5）.
④ 陈莎. 童年那一抹丢失的阳光 [J]. 教育观察，2012（7）.

其次是农村文化遭到破坏。伴随中国工业化、现代化和城市化的发展，城市文化和城市价值观念对农村文化和农村传统的价值观的侵蚀力量是巨大的。中国是家庭伦理本位社会，这是梁漱溟对传统中国社会的定位。他认为，"伦理关系，始于家庭，而不止于家庭"①，"社会的家庭化或曰伦理化，乃使社会中每一个人对于其四面八方若远若近的伦理关系，负有若轻若重的义务，同时其四面八方与其有伦理关系的人也对他负有义务。在生活上，时则彼此顾恤，互相保障；时则彼此礼让，力求相安；许多问题皆从这里得到解决或消弭，无从有革命爆发"②。在传统农村社会，来自家庭或家族的道德义务的约束力对个人行为的选择的影响力是巨大的，那是维系人与人之间关系的前提和基础。然而，随着改革开放政策的深入贯彻和实施，以及市场经济模式的确立，农村人与人之间的关系逐渐在走向理性化，主要体现是人与人之间的关系建立在了利益基础之上。这正如有学者所指出的，"在今天的中国农村，家族的力量已基本上消失了，特别是以族规家法为代表的宗族制度早已不再存在。而儒家孝悌思想在现代传媒和市场经济的冲击下，也不大有道德约束力。在这种情况下，构成附着在传统中国血缘关系上的道德义务越来越弱，以至于与西方社会相差不多了"③。另外，在传统的农村社会里农民的婚姻观念比较保守，离婚是一个让人感到耻辱的事情。但是，随着城乡之间交流的增多，农民外出机会增多，以及接触现代城市崇尚个性自由观念的影响，农民的离婚率陡然上升，还滋生出了诸多"婚外情"、"第三者"等隐性婚变现象。在农村传统的文化和价值观以及婚姻伦理观念坍塌中，如何帮助农村儿童发现农村传统文化的精髓，树立农村文化的自觉和自信，成为更为困难的事情。

　　最后是农村文化衰落直接影响到农村儿童精神世界的建构。《乡土中国与乡村教育》一书指出，当前中国农村贫穷与暴富并存，在一些地方，除了物质贫困外，还存在精神上的贫困，如礼仪沦丧、情义扫地、亲情淡漠。而且，西部农村教育用"凋敝"来形容一点都不过分，办学条件恶劣、失学现象严重等超出了惯常的想象。钱理群先生指出："乡村文化的衰落，乡村教育的文化缺失，都在有意无意地剥夺青少年活着的理由，生

---

①　梁漱溟. 乡村建设理论 [M]. 上海：上海人民出版社，2005：25.
②　梁漱溟. 乡村建设理论 [M]. 上海：上海人民出版社，2005：31.
③　贺雪峰. 新乡土中国 [M]. 桂林：广西师范大学出版社，2003：34.

命的意义和欢乐。"① 有研究还发现，农村儿童现实的生活处境容易造成他们的自卑心理，造成这种现象的原因包括：一是农村学生家庭家境比较贫苦，坚持学业会为家庭增加困难，求学和生计的矛盾一直困扰着很多农村学生；二是农村家长受教育程度低，教育方法往往不当，会压抑学生的天性；三是农村学生自我认知不足，自我期望不高，自我否定又导致能力不能正常发挥，从而导致自卑心理；四是"农村与城市、贫穷与富有、打工与务农、求学与工作，这些由比较而产生的差别、无奈和选择一直是农村学生巨大的心理负担"②。以上是农村儿童德育研究中要思考的问题，所有的研究设计和结论都必须基于对这些本土问题的分析和考察。

五、扎根本土实践是农村儿童德育研究的路径

实践是思想的源泉，脱离实践而生搬硬套打造出来的"思想"往往会缺乏生命活力，也无益于实践的改善。然而，教育理论研究与教育实践脱离仍然是我们教育研究中存在的诟病之一，导致诸多的研究成果既不能对教育实践发挥应有的指导价值，还会造成学术资源的浪费。其实，纵观历史，在中西教育史上，著名的教育家在思考和研究教育问题时，从来都不会脱离实践，而是躬身教育实践，积极关注教育发展和儿童的成长。他们的教育思想正是他们在教育实践中的心灵体验和理性思维的结晶。比如，杜威通过在芝加哥学校的教育实验，验证并完善了他的民主主义教育思想；陶行知作为杜威的学生，并没有把杜威的思想直接移植到中国来用，而是在自己深入地参与当时的中国教育变革中提出了生活教育思想；法国自然主义教育的倡导者卢梭，虽然没有受过正规教育，但他广博的学识和从事家庭教师的丰富阅历使他对教育问题有深刻的思考和认识，在此基础上完成了《爱弥儿》。这些教育思想之所以能够随着历史的长河一直传承，其中的一个重要原因是它们都是来自于教育实践，是在对教育实践思考的基础上提炼出来的，也正因为如此，它们会具有长远的生命活力。

从事农村儿童德育研究也需要研究者深入本土的教育实践，除了克服

① 钱理群. 乡土中国与乡村社会 [M]. 福州：福建教育出版社，2008：12.
② 黄少虎. 农村学生自卑心理成因及矫正 [J]. 中小学心理健康教育，2002（9）.

以上分析中提到的教育理论与实践相脱离的弊病外，还因为，一方面，德育模式本身不仅具有理论品性，还具有实践品性，这需要研究者深入教育实践。正如有学者指出的："德育模式研究是一个独立的知识领域或知识形态，它既区别于教育理论，又区别于教育实践，同时又把两者结合在一起，形成具有过渡性质的知识形态，它是德育理论研究和实践研究都不能替代的独立的研究形态。"① 哈什的《道德教育模式》一书介绍了国外比较流行的六种德育模式，不同的教育流派以其独特的学术观点自成一家，不仅非常重视理论体系的建立，还很关注实践。比如，体谅模式的代表人物麦克菲尔于 1964 年至 1971 年对英国中学 13—18 岁的男女学生进行了三次大规模的调查，在此基础上，不仅提出了满足学生与人友好相处的需要是教育的首要职责、道德教育重在引导学生学会关心、角色尝试有助于青少年敏感而成熟的人际意识和社会行为的发展等道德教育思想，还编写了《生命线》道德教材，使道德教育真正变成了清晰可见的行动纲领。另一方面，研究者只有扎根于本土的教育实践之中，才能够明了农村儿童的现实处境和农村儿童德育面临的现实问题。研究者必须敏锐地感受到农村儿童生活世界的变化，以及他们自身的生活体验和感受，因为"那些对儿童教育十分敏感的老师同样对他们所负有责任的儿童的家庭背景、生活历史、道德品质和具体情况十分敏感"②。而且，"教育者在孩子更广阔的生活历史背景中理解孩子的学习和发展，这是教学活动的一个关键的特点。确实，理解这些儿童的生活意义可能会引导我们在与儿童相处的关系中作出恰当的教育行动"③。比如，留守儿童心灵关怀缺失问题，在未表现为极端性的外显行为之前往往是以隐性的方式存在着的，不易被察觉和知晓，只有研究者扎根实践，在跟留守儿童深度访谈的基础上，才会发现和认识到。总之，扎根本土实践是农村儿童德育研究的路径，脱离了农村儿童的实践生活，一切研究则会成为无源之水、无本之木，同时也丧失了意义和价值。

---

① 班华，薛晓阳. 学校道德教育模式的探寻与思考［M］. 镇江：江苏大学出版社，2010：104-105.

② 马克斯·范梅南. 教学机智——教育智慧的意蕴［M］. 李树英，译. 北京：教育科学出版社，2001：65.

③ 马克斯·范梅南. 教学机智——教育智慧的意蕴［M］. 李树英，译. 北京：教育科学出版社，2001：71-72.

故事中的三重世界及其德育机制探寻

北京师范大学教育学部　李西顺

摘　要：人类生活在由故事所建构的世界中，故事是人类的意义栖居之所，就此意义而言，故事对于人类自身具有本体论价值。故事之中存在着三重世界：文本世界、象征世界、意义世界。学校道德教育借助于对三重世界的干预，并促使故事之内的三重世界之间与故事之外的生活世界之间实现双向的互动循环，从而保证故事的伦理意蕴及德育价值得以彰显。具体而言，由文本世界的聚焦化，到象征世界的陌生化，再到意义世界的再圣化，在故事的内部世界会形成一种良性的耦合机制，该机制与故事之外的生活世界之间凝合成为促使德性升华与沉淀的清晰化机制，从而完成故事世界及其与外部生活世界之间"双向对象化"的循环图式。这些机制的揭示，为学校道德教育更好地遵循叙事的深层结构提供了独特的分析视阈与崭新的分析思路。

关键词：故事；故事世界；德育机制

　　人类天生是故事的叙说者，人类生活在由故事所建构的世界中，故事是人类的意义栖居之所，就此意义而言，故事对人类自身具有本体论价值。我们每个人都有一部关于我们自己的个人史，都有我们自己生活的故事，这些故事使我们能够解释我们是谁，以及我们将会被引向何方。我们理解和认识自己的方式就是讲述一个有关我们自己的有意义的故事，我们通过叙事来把握和理解我们的现实及历史。① 许多伦理学家指出，能够将人生有目的地、一致地讲述出来的唯一可能的形式就是故事。如此看

---

① 华莱士·马丁. 当代叙事学 [M]. 任晓民，译. 北京：北京大学出版社，1990：325.

来，对故事的各种方式的叙述——即叙事——便承载了净化心灵、升华德性、追寻意义的神圣使命。因此，听故事和讲故事便都是伦理的事情。诚如刘小枫所言，如果一个人曾为某个叙事着迷，就很可能把叙事中的生活感觉转化为自己现实生活的想象乃至实践的行为。① 换言之，故事本身是弥足珍贵的德育资源，具备意蕴深远且动人心扉的伦理意蕴及德育价值。

本文的主要观点是，故事中的伦理意蕴及德育价值必须借助故事中存在着的三重世界及其之间的相互作用才能得以实现。故本文的关注重点并非诸如故事甄选、故事人物、情节的分析技术等具体层面，而是试图揭示故事内部起支配作用的运作图式②及德育机制。基于此，本文拟从两个部分展开：首先阐释故事中存在着的三重世界，然后揭示三重世界之间的具体运作机制。

一、故事中的三重世界

教育对象的人生叙事是实施道德教育的重要中介，道德教育的影响需经过教育对象人生叙事的过滤才具备被吸纳并真正成为其内在德性的可能性。并且，在我们利用故事进行道德教育时，实际上我们不是在处理故事整体，而是在处理故事中的不同世界。通过这种处理艺术，促使教育对象去把玩、领略、反思、体验、沉浸于故事中的多重世界，并被不同世界间的相互作用所感染、所牵引，促使道德主体于不知不觉之间获得内在德性的改善及成长，从而取得道德教育的实效。诚如布鲁纳所言，讲述一个故事就是发出一次邀请。讲故事的目的并非让听故事的人去了解这个故事是什么，而是要让他们去了解包含在这个故事中的世界。③ 换言之，探究故事中存在着的不同世界，是我们发掘故事的伦理意蕴及德育价值的必经之途。

---

① 刘小枫. 沉重的肉身 [M]. 北京：华夏出版社，2007：5.

② "图式"在皮亚杰的理论中是指个体对世界的知觉、理解和思考的方式。本文中所采用的"图式"概念之内涵均是指"框架或组织结构"之意。本文摘要中所采用的"图式"概念亦然，特此说明。

③ 布鲁纳. 故事的形成 [M]. 孙玫璐，译. 北京：教育科学出版社，2006：20.

（一）何谓"故事中的世界"

波普曾将宇宙之中所有的事物与现象划分为三个世界：第一个世界是物理客体或物理状态的世界；第二个世界是意识状态或精神状态的世界，或行为的动作所意向的世界；第三个世界指思想的客观内容的世界，尤其是科学思想、诗的思想和艺术作品。[①] 可以看出，在波普那里，"世界"乃是宇宙中所有事物与现象的统称。

在这个由宇宙中所有事物与现象所构成的世界中，只有一部分会成为"人的世界"。在人的世界中，世界虽由物质构成，但绝不等同于物质世界。人的世界不是物的集合，而是物与事的统一及以之为基础的人生意义的探寻与体验。"物"拓展于空间，"事"延宕于时间，世界是时间与空间的统一，构成人的世界的事与物是不可分割的整体。"世界的物"蕴含、传递、表达着"世界的事"以及"世界的信息"。故每一物，连同它所承载的信息及其意义，构成一个人的小世界，故事便是这样一种属人的小世界，人通过与这个小世界交往去认识大世界。

故事中的世界总是有"事"的世界，事是活的、开放的，所以故事中的世界亦是活的世界。活的世界蕴含着诗意、美、意义。我们说，故事中的世界是诗意的、美的、有意义的，但其诗意、美、意义只向那些懂得这种诗意、美、意义的人呈现出来，它们不会自动地呈现。读懂自己故事的人获得了真我，读懂并尊重别人故事的人获得了崇高的德性。故事中的世界呈现在理解并接受它的人面前是诗意的世界、美的世界、意义的世界，而呈现在不理解也不去理解它们的人面前则只是物的集合或无意义事件的堆砌。所以，不同的人有不同的世界观[②]、故事观、人生观、价值观。故此，故事中的世界并非孤立的事物或现象的集合体，而是与人生意义内在相连的事件与现象，它们之间产生内在关联，使故事活起来，并蕴含诗意，向能够发现这些诗意的主体开放，从而产生意义的世界，使主体成为"有故事的人"，使主体于心灵深处收获故事世界中蕴含着的伦理意蕴。故事中的世界，也由此具备了其独特的德育价值。

---

① 波普. 没有认识主体的认识论 [J]. 世界科学译刊, 1980 (2).
② 刘铁芳. 人、世界、教育：意义的失落与追寻 [J]. 教育研究, 1997 (8).

（二）故事中的三重世界

故事中的世界包含三个相互联系、相互依赖的世界：文本世界、象征世界和意义世界。文本世界是基础性世界，是价值及意义的活的载体；象征世界是连接文本世界与意义世界的动态桥梁及心理结构；意义世界则最接近于内在德性世界。下文分而论之。

1. 文本世界

在狄尔泰看来，人所生活的可见的、具体的文化世界（相当于波普所言的第三个世界）乃是有意识的生命的产物，整个具体文化世界好比是一个有意识的生命或精神所表达的自己的文本世界。虽然生命在流逝，却留下了许多反映精神或意识世界的文本世界，这个世界表达着运动着的人类经验，这些文本的意义可以被理解。[①] 可见，虽然故事中的文本世界从直观可感的层面上表现为文字、图片等形式，但文字、图片却并非文本世界本身。文字、图片背后所承载着的与人生意义相连的物或事才是故事中的文本世界。文字、图片是这些物或事的载体，而这些物与事同时又是人类价值的载体，故福利特纳视文本世界为学生的"自我世界"，这个世界是打开理解学生精神世界大门的钥匙，这个自我世界的内容极其丰富，犹如一本活的有待解释的文本摆在教育者面前，需要教育者耐心、细致地解读，才能慢慢品出一点味来。[②] 可以看出，狄尔泰对文本世界的理解倾向于指整个人类的精神产品世界，而福利特纳则倾向于把文本世界理解为独属于个体生命的内在的自我世界。基于此，笔者认为，文本并非文字，文字、图片等载体形式只是故事中文本世界的载体，承载着故事中的文本世界，反映人类之类特性及个体价值的物与事及其之间的有意义的联系才是故事之中文本世界的内核。

换个角度分析，我们也可以把故事中的文本世界理解为两类经验世界的综合体。第一类是原初经验世界，这个世界混沌模糊，尚未形成明确的样态，只是生活形态的可能性萌芽。原初经验独属于个体，很难与他人分享、交流。第二类是次级经验世界，是叙事、故事、话语的内容（即物与

---

① 邹进. 现代德国文化教育学 ［M］. 太原：山西教育出版社，1992：38.

② 邹进. 现代德国文化教育学 ［M］. 太原：山西教育出版社，1992：127.

事），具备了文化的特定表达形式、意义联系及价值评判的可能性。① 就此意义而言，第一类经验世界只存在于自我叙事中，而第二类经验的文本世界则既可以在自我叙事也可以在他人叙事或整个人类的原型故事中存在。概言之，故事中的文本世界是以文字、图片等直观可感形式承载着的物与事的世界，这些物与事虽然承载了人类群体或个体的价值与意义，却不是价值与意义本身，而只是其有效载体，只是为价值与意义的生成提供了可能性。因此，故事中的文本世界具备双重性特征：既具备文字、图片及其所承载的物与事的现实可感性，同时又具备面向物与事背后所蕴含的价值及意义生成的未来可能性。基于现实可感性之中的未来可能性，故事中的文本世界才得以成为活的属人的世界。

2. 象征世界

象征（symbol）一词源于古希腊，原意为身份的标记与符号。荣格认为，象征的实质在于借助与某种东西的相似，力图阐明和揭示某种完全属于未知领域或尚处于形成过程中的东西。如果只是代表了已知事物，那么，该表现形式始终不过是符号，而绝不是象征。换言之，象征的深意与本质是立足已知而面向未来与可能性，一个可感知的物或事却同时蕴含着某种近乎神秘却又可以理解的意义，"具象"与"含义"是象征的两个不可分割的侧面。②

那么，具体而言，故事中的象征世界是一种怎样的世界呢？

施莱尔马赫（F. D. E. Schleiermacher）和狄尔泰（Wilhelm Dilthey）指出，文本世界乃是人性的体现③，是人性价值的承载者。因此，如果说故事中的文本世界是可感知的载体世界的话，那么，象征世界则是从载体世界之中升华出其承载的价值及意义的蝉蜕过程，是一种动态的超越型世界，象征世界是连接文本世界与意义世界的动态桥梁。也就是说，象征世界抽离出文本世界这个双重性世界中可感知的具象世界背后的"可能性世界"，象征世界是一种力求捕捉具象背后所蕴含着的含义的动态世界，这种动态过程是在超越文本与回归文本之间不断穿梭的过程，在此过程中，讲故事或听故事的人的想象时间和空间都可能发生改变，故事中的象征世

---

① 尤娜，杨广学. 象征与叙事：现象学心理治疗［M］. 济南：山东人民出版社，2006：170.
② 尤娜，杨广学. 象征与叙事：现象学心理治疗［M］. 济南：山东人民出版社，2006：76-79.
③ 多尔. 后现代课程观［M］. 王红宇，译. 北京：教育科学出版社，2000：192.

界是一种充满伦理意蕴和道德想象的，通过具象并超越具象从而实现意义触摸的过程世界。不过，象征并不神秘，若从其最基本的层面分析，象征只是组织故事文本、创造或形成意义的一种心理机制或形式而已。然而，这种心理机制或形式却非常重要。正如梁漱溟先生所强调的，任何一个伦理学派或伦理思想家都有他的一种心理学作为其基础，或者说他的伦理学都是从他对于人类心理的某种看法而建树起来的。① 可以说，如果离开象征这种心理机制或形式，就无从谈及伦理或德育，无从谈及意义的生成。概言之，象征是从故事文本到人生意义的动态桥梁，是组织故事文本以生成人生意义的基本结构与形式。故事文本只能借助于象征结构才达到对意义的触摸，故事中的文本世界只能借助故事中的象征世界才能实现对意义世界的探寻。

3. 意义世界

正如张汝伦先生所指出的，把握一个事物的意义，其实并不是针对事物本身，而是针对人类自身。理解、领会、诠释的过程是世界自我展开的过程，而非主体认识客体的过程。② 在故事内部的世界中，故事对于人所呈现出的意义世界，实际上是通过讲故事、听故事这样的伦理行为，让人能够以故事为中介，从而达到对终极生命关怀、人生意义的触碰与体验。故事中的意义世界并不是预先"已在那儿"并等待道德主体去获取或认知的固有物，而是一种促使道德主体自我生成的历程，是道德主体的内在德性成长的历程。在此历程之中，道德主体发现了自己安身立命、心灵安宁的栖居之所，人成为人。在故事中，生命意义的发现历程，就存在于人的信念、创造和经验中，在所爱的人和事中。人们在借助象征世界超越文本世界之后，会为自己营建另一个空间，在这里他以其存在的一般构造与精神及意义世界进行交流。在他超越故事文本世界的现实性时，他达到了这样一种境界：在一瞬间他脱离了单纯的现实性，然后作为存在而返回到现实性之中，在精神的理解和创造中他已成为存在本身。③ 看来，故事中的意义世界是一个现实与超越之间的不断调适过程，是一种自我发现自我、自我感受自我心灵的历程。故事中的意义世界并非先已存在于某个

① 梁漱溟. 人心与人生［M］. 上海：上海人民出版社，2005：自序一.
② 张汝伦. 现代西方哲学十五讲［M］. 北京：北京大学出版社，2003：357-358.
③ 雅斯贝尔斯. 什么是教育［M］. 邹进，译. 北京：生活·读书·新知三联书店，1991：102.

隐蔽的场所正等待着我们发现。事实上，它的某部分的确需要我们发现，但另一部分却需要我们自己创造出来。① 故事中的意义世界并不是通过象征世界从故事文本世界中提炼出来的，而需要在我们与文本的对话中创造出来。②

在故事中的意义世界中，人们的时间形态属于把过去、现在、未来彼此交融的时间状态。卡西尔提出区分表象时间与构造性时间的观点：表象时间只反映事物的先后，而构造性时间不仅反映事物的先后，还通过实践关系重新组合过去，用以规定现在，过去渗透在现在之中，同时又把未来分化出来，使未来成为理想，指引现在。卡西尔指出，人的世界结构包括现实与可能两个部分。人具有超越现实、追求可能世界的能力，如果不超越现实世界的界限，科学与道德都不能前进一步。能够区分现实与理想是人的特殊能力，低于人的动物及高于人的神都没有或不需要这种能力。当人们品味自己的人生故事，让那些对自己而言具有重要意义的记忆世界在自己脑海中闪过时，人们所处的时间状态就是这样一种融合过去、现在、未来的构造性时间状态。只有在这样的时间状态中，意义世界才能得以生成。③ 在对故事的回味（叙事的方式之一）中，叙事改变了人的存在时间和空间的感觉。当人们感觉到自己的生命若有若无时，当一个人觉得自己的生活变得破碎不堪时，当人们的生活想象遭到挫折时，叙事让人重新找回自己的生命感觉，重返自己的生活想象的空间，甚至重新拾回被生活中的无常抹去的自我。④ 可以说，故事中的意义世界为人们接近终极关怀意义上的"宗教性道德"提供了可能的时空。

二、故事中三重世界之间的运作机制探寻

在阐明了故事中所存在的三重世界之后，接下来的问题便在于具体分析故事中的文本世界、象征世界、意义世界之间是如何相互作用，从而实现故事的伦理意蕴及德育价值的。

---

① 马斯洛. 人性能达到的境界 [M]. 马良诚，等，译. 西安：陕西师范大学出版社，2010：298.
② 多尔. 后现代课程观 [M]. 王红宇，译. 北京：教育科学出版社，2000：193.
③ 赵敦华. 现代西方哲学新编 [M]. 北京：北京大学出版社，2001：37-38.
④ 刘小枫. 沉重的肉身 [M]. 北京：华夏出版社，2007：3.

（一）文本世界到象征世界：聚焦化到陌生化

故事的原型乃是日常道德生活中琐碎、繁杂，甚至毫无关联的生活事件或片段。这些处于流动状态的、变动不居的日常生活世界常常令人难以反思或体验，从而使人们常常成为"没有故事的人"，常常感觉生活无趣，缺乏动力与意义。在日常的教育生涯之中，当教师身处庞杂、单调且压力繁重的工作环境之中时，这些教育生活片段留给教师的多为倦怠感和无力感，教师常常在无奈的叹息中沦为"教书匠"，教育艺术之"匠心"沦为繁杂重复的体力劳动之"匠力"，从而使教师失去了教育生涯中许多宝贵的可以反思与体验的精彩瞬间及教育资源。故事中的文本世界恰恰可以把这些转瞬即逝、变动不居的生活片段转换为体验及反思的对象。诚如有学者所指出的，故事的本质是对神秘的、易逝的时间的凝固与保存。① 也就是说，故事中的文本世界的首要功能在于"聚焦化"。无论是师生亲历的故事，还是课堂上所选用的经典道德故事，都可以为道德体验及道德反思提供"靶子"，让教育者和教育对象都找到可反思、可体验、可效仿的道德范型（既可以是人或物，也可以是事），从而提供了原型意义进行道德学习的可能性及可行性。

如果说故事中的文本世界赋予了变动不居的原生态的道德生活世界以反思、体验、建构的对象，从而通过"聚焦"的功能为故事的伦理意蕴及德育价值提供"材料"的话，那么，故事中的象征世界则是在这些材料的基础之上进行超越的历程。故事中的象征世界是一种对经验（故事文本）的表达与超越，是道德经验的形象化浓缩，会在道德主体心中升起一个完整的世界，并能因此促动他面向未来的行为。象征可以极大地促进人的想象力，从而对人筹划未来起到巨大作用。正如有的学者所言，象征的态度，本身就是一种超越。② 笔者称象征的这种超越的机制为"陌生化"机制，该机制可以从如下三个方面予以说明。首先，象征世界可以使人类从故事文本层面"抽身而出"，为主体去领略人生意义提供可能性及可能的心理结构，从而有效实现道德学习过程中的"角色采择"（role-

---

① 龙迪勇. 寻找失去的时间——试论叙事的本质［J］. 江西社会科学，2000（9）.

② 尤娜，杨广学. 象征与叙事：现象学心理治疗［M］. 济南：山东人民出版社，2006：95.

taking）；其次，象征世界可以为人类从生物学层面向文化学层面提升提供可能性；最后，象征世界可以为人类从现实层面向未来层面超越提供可能性。赵汀阳指出，一种真正有意义的伦理学在分析问题时是现实主义的，但在表达希望时则是理想主义的。存在于现实之中并关怀存在的未来性，这才是伦理学的意义所在。① 可以说，故事中的象征世界就是这样一种基于文本世界而面向意义世界的充满伦理意蕴及德育价值的世界。

当学生拥有了可以反思、体验、建构的故事文本材料时，并不等同于学生拥有了自己的故事。故事意义的生成必须借助于象征世界对这些材料进行陌生化处理，才能产生"审美距离"。李泽厚先生曾提出"审美的神圣性"命题，实际上可以在某种程度上理解为象征世界对具体物象或事件的文本世界的审美超越，借由象征世界的陌生化功能从而为领悟具体物象背后的含义提供可能性。当然，象征还不是神圣性本身，而只是提供接近神圣性的陌生化框架图式，一种接近故事意义的心理结构和心理形式。从这个层面理解，"美是自由的形式"之命题可以进一步深化为"美是通过自由的形式从而达到自由本身"之命题，而此时，美实际上已经不是具象的美本身，而具备了神圣性，美由于具备了自由特质，即意义特质，故具备了神圣性，美具备了"圣"的含义与境界，即下文将要分析的意义世界的神圣性。

（二）象征世界到意义世界：陌生化到再圣化

故事中的象征世界是一个由具体物象世界到其背后伦理意蕴及含义的陌生化的过程世界。对于完全相同的故事文本，不同的主体会基于其不同的生活经验、阅历、背景、心境，从而体验、反思到不同的意蕴。因此，象征世界的陌生化机制实际上是由故事文本的普遍性具体化为个体性及情境性的过程。故事由文本世界到象征世界的转换实际上完成了由类主体到个人主体的转换，象征世界赋予整体的故事世界以主观性、主体性的特征。

在故事世界中，象征世界对文本世界的超越与陌生化，必须达到更深

---

① 赵汀阳. 论可能生活 [M]. 北京：中国人民大学出版社，2004：8.

的质的飞跃层次才能具备真正的德育价值。也就是说，只靠陌生化机制还不够，陌生化机制还必须与"圣化"机制相辅相成才可能获得真正的德育价值。具体而言，对故事进行圣化处理需要经过两个基本步骤。首先是为故事"赋义"的过程。在叙事的过程中，人总是会将类价值及个体价值自觉或不自觉地渗透在故事中。也就是说，没有任何故事是价值无涉的，讲故事或听故事都应触碰故事之"圣"，这也印证了刘小枫"讲故事和听故事都是伦理的事情"的基本命题。笔者倾向于把人类向故事渗入价值的过程称之为"赋义"的过程。换言之，人类自觉或不自觉地借助于象征这种心理结构，动态建构故事文本世界，人类赋予故事以价值意蕴，并建构人类自身。在道德教育实践中，无论是教师的自我叙事，还是引导学生进行自我叙事，抑或是通过讲述道德故事进行道德教育，都是叙述者试图经过自己的"价值裁剪"活动，对"叙"和"事"两个层面分别进行价值渗透，从而使价值引导及价值自主建构这对德育基本矛盾融合于无形之中，正所谓"随风潜入夜，润物细无声"。

其次是"再圣化"的过程。也就是说，赋义的过程只是对故事进行圣化处理的第一个步骤，只是为故事世界并通过故事世界为日常生活世界"反魅"历程中的第一个阶段。对故事进行圣化处理的历程尚需要不断反复并不断提升。笔者把这种反复与提升历程称之为基于赋义基础之上的再圣化历程，即帮助道德主体以自觉或不自觉的为故事"赋义"为基础，愿意再次从"永恒的方向"去看人、事、物，像斯宾诺莎所说的那样，从中世纪基督教的统一理解中去看一个人，看到其神圣的、永恒的、象征的意义，这与马斯洛对再圣化的解释是一致的。举例来说，一个人到医科学校去学习解剖脑。如果这位医科学生没有敬畏之心，把脑仅仅看成一个具体的东西（文本世界），那么，肯定不会学得全面。再圣化就是要求他把脑看成一种神圣的东西，看到它的象征价值（象征世界），从它的诗意、神圣性、永恒性的一面去看待它（意义世界）。①

概言之，在对故事进行圣化处理的第一个步骤中，所赋之"义"乃是指人类群体或个体的价值追求；而在第二个步骤中，所体验之"圣"则是

---

① 马斯洛. 人性能达到的境界［M］. 马良诚，译. 西安：陕西师范大学出版社，2010：167-168.

指永恒性及神圣性，既是李泽厚所言的"宗教性道德"，又是西方世界所谓的"终极关怀"（ultimate concern）及终极信仰。因此，可以说，象征世界在引导道德主体由具体物象向其背后意蕴的超越过程中，如果能够以陌生化的机制为基础，加之圣化的两个步骤，象征世界则有望达至意义世界。

（三）意义世界到生活世界：再圣化到清晰化

故事中的意义世界是一种永远面向可能性的超越型世界。正如有的学者所指出的，叙事乃是人类经验借以形成意义的首要形式，我们最大的渴望，乃至更甚于对快乐的渴望，就是我们的生活意味着某种东西。这种对意义及未来的渴望乃是故事原始的驱动力。[①] 然而，对故事中意义世界的获得不可能是一劳永逸、静止僵化的，道德教育也必然是一种多次反复、多次调适的进程：在面向未来超越的同时尚需返归至道德主体现实的日常生活之中。就此意义而言，生活世界既可以说是道德教育的起点与初级阶段，也可以说是道德教育的归属与高级阶段。这种由具体物象到意义世界的超越，而后再向生活世界的回归历程，与梁漱溟先生所言的由世俗之路到宗教之路，再由宗教之路迈向现实生活的道德之路[②]的学术或人生的发展历程大致相似。梁先生曾归纳了自己十几岁时极接近实利主义，后转入佛家，最后归转于儒家的人生历程。同样，在利用故事世界进行德育（以下简称"叙事德育"）的过程中，故事之中所蕴含的伦理意蕴及德育价值的呈现也会经历大致相似的发展历程：故事文本所描述和反映的是虚拟或真实的实利生活事件，而象征世界则是引导道德主体由这种实利生活向意义世界超越的桥梁，引导道德主体审视、体验、反思实利生活背后的道德境界及伦理意蕴，从而通过圣化机制向意义世界提升。然而，该历程并未就此止步。道德主体对故事中意义世界的真正体认尚需返归至其真实的日常生活世界中，也就是由李泽厚先生所言的由社会性道德到宗教性道德，即由"对错"到"善恶"的提升之后再回归生活世界的道德发展历程。道德教育必须立足于人们所实际生活于其中的时间、空间和种种人

---

① 尤娜，杨广学. 象征与叙事：现象学心理治疗 [M]. 济南：山东人民出版社，2006：12.
② 梁漱溟. 人生的三路向 [M]. 北京：当代中国出版社，2009：代序，4.

（物）际关系。在其中，人们以"经验自然我"为中心，形成一个有意识的意向活动范围及其所建构的周围环境，这样一种与人联系在一起的具有意义的"界域"才是人所实际经验到的道德生活世界。这个世界是道德教育必须立足并最终返归的世界，这个生活世界是人们对现实的直接在场，是人们与其感知觉到的生活环境之间互动的场所，是实现人的现实意义及价值的最原始和最根本的世界，同时也是日常生活得以正常运转的整体世界。①

在经历这样一种循环之后，才能促使道德主体"不仅仅是在听（读）一个故事，而是在建构和理解故事"②，并建构自己的道德生活，成为真正的道德主体。叙事德育在经历了这样的循环往复的基础之上，才能真正实现主体型德育，保证道德主体的自主价值建构，促使道德教育向"生成范式"的变革。③

由故事中的意义世界到道德主体现实生活世界的返归过程，需要借助叙事德育的"清晰化"机制才能得以实现。具体而言，在对意义世界的探寻与体验的历程之中，道德主体逐步得以回归自己的精神家园，使社会规范、伦理规则获取心灵的内在体认，即获得了伦理学意义上的自由。正如基尔克果所言，伦理学是个人的生命感觉，上帝知道多少人的头发，伦理学就知道多少个人。这种对人生意义的探寻是独属于道德主体自身的，李泽厚先生曾把宗教性道德（终极意义关怀）称之为"私德"也正因为此意。这种独属于道德主体自身的宗教性道德把个人的"灵魂拯救"、"安身立命"即人生意义、个体价值均放置在康德所说的"绝对命令"之下，取得安息、安顿、依存、寄托。④ 然而，这种"私德"必须以"公德"作为支撑。⑤ 故事世界不是独白的世界，而是一种对话的世界，故事中必然牵涉自身之外的人或事，故事世界的价值最终要返归到道德主体真实的日常道德生活世界。在现实的日常生活世界中，人不仅与自我对话，还必须与他人、社会、自然、宇宙对话。就此意义而言，故事中的世界是宗

① 杨锐，赵宗金. 叙事心理学：理解生活世界的中介［J］. 吉林省教育学院学报，2006（3）.
② 丁丽丽. 国内教育叙事研究文献综述［J］. 黑龙江史志，2009（17）.
③ 檀传宝. 德育原理［M］. 北京：北京师范大学出版社，2007：86-87.
④ 李泽厚. 伦理学纲要［M］. 北京：人民日报出版社，2010：22.
⑤ 李泽厚. 伦理学纲要［M］. 北京：人民日报出版社，2010：49.

教性道德这种独属于自己的"私德"与同他人相处的现实社会性"公德"的合金。在故事中，我们不仅领略我们自身的心理安宁及意义归宿，而且体认自我与社会的交往，体认对话中所蕴含的伦理意蕴及其现实必然性。

意义世界与现实生活世界的融通是叙事德育必须达到的境界，其原因有三：不达意义之境，个体自我难以心灵安宁；不与现实生活世界融通，个体与社会的交往"公德"便失去其现实根基；不融通意义世界与现实生活世界，则容易导致道德信仰的现实无根性或道德规范及道德行为的"价值无根性"（赵汀阳语）。笔者把意义世界与生活世界之间的融通与相互转换过程称为"清晰化"的历程：意义世界为道德主体提供自我心灵安宁之根，以之为基础，生活世界为道德主体建构现实生活及伦理亲情之根。所谓"清晰"，其含义有三：其一，在意义世界中，道德主体可感受崇高，使心灵安宁，感觉生活更有价值，人生更有意义，活得更像人，使真我显现，使自我清晰；其二，在现实的社会交往中，以意义之境及"绝对命令"体认道德规范，"从心所欲不逾矩"，使现实道德生活处于清晰稳定状态；其三，意义世界与现实生活世界之间的不断循环及相互转换促使两个世界融合，逐渐消除隔膜，使道德主体在心灵之境与现实道德生活之境中的交融中成就自身，人终将成为完整的人（自我的崇高与社会和谐的统一，即完整德性的生成）。此三者为道德主体提供了道德成长的清晰稳定的坐标体系及支撑框架图式，在这个清晰化的历程中，故事中的意义世界通过对日常生活世界的"范导"与规约，作用于个体具体人生目标及自我概念，促使道德主体于不知不觉之间，在目的性关照（意义之根）之下体认工具性（道德规范），从而促使道德主体的信念、观点、认知得以清晰化，并形成相应的道德情感、道德意志及道德行为。而清晰化之后的信念、观点、认知、情感、意志、行为，又会为意义世界的再生成提供更为清晰化的反馈，促使新一轮且更高层次的循环、转换、融合得以生成。（如图1所示）

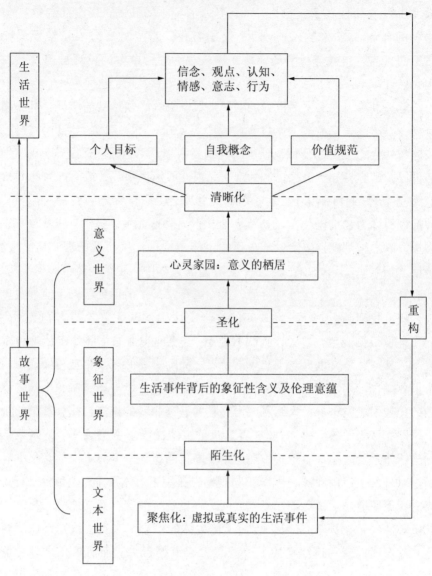

图1　故事世界与生活世界的双向对象化循环图式

三、结语与反思

综上所述，故事对于人类而言具有本体论价值，人类生活在由故事所建构的世界之中。故事独特的伦理意蕴及德育价值是通过故事内部的文本世界、象征世界、意义世界之间的相互作用得以实现的。然而，通过研究发现，故事中的三重世界不能同现实生活世界之间截然区分。就某种意义而言，现实生活世界也是故事中的世界，故事中的世界也是一种现实生活世界。故事内部的文本世界、象征世界、意义世界之间的相互作用也必须借由故事世界与现实生活世界之间的相互交融才能得以清晰，故事的伦理意蕴及德育价值也才可能是稳固且完整的。正因为如此，本文在论述故事内部的三个世界之间的运作机制时，也把现实生活世界视为某种意义上①的故事之内的世界。可以说，无论是故事内部世界之间的相互联系、相互作用，还是故事世界与现实生活世界之间的循环、转换、融合（如图1所示），实际上都处于一种"双向的对象化"历程之中：道德主体通过赋义及再圣化把自身的价值信念对象化于叙事之中，而被对象化之后的叙事反过来又用故事世界重塑人类自身（包括个体与群体），这种重塑则是故事把自身对象化到人类自身中去的过程。在这样的不断循环、转换、融合及双向的对象化过程之中，道德主体的内在德性得以持续生成，现实的社会公德得以稳固建构。

---

① 生活世界毕竟不能与故事之"内"的文本世界、象征世界、意义世界等同，但由于现实生活世界与故事世界之间相对于对方而言均具有"内外穿梭、相互融合"的属性，故本文在此处强调"某种意义上"。

"恐慌人"与学校教育

南京师范大学道德教育研究所　章乐

　　摘　要：恐慌是过度恐惧的情绪状态，它是现代人的一种"社会性格"，其症状是屈从权威、信任丧失以及自私蔓延。"解放"的三次剥夺带来了现代人的脆弱性，科学主义盛行带来了人造恐慌的蔓延，以及政治的异化使得消解恐慌的公共之路丧失是"恐慌人"形成的现代根源。教育不仅没有对"恐慌人"形成提供相应的拉力，反而发挥着推波助澜的作用。

　　关键词：恐慌；恐慌人；教育

一、"恐慌人"及其症状

（一）何谓"恐慌人"

　　要理解何谓"恐慌人"，首先要理解何谓恐慌。一般认为，恐慌是一种过度的恐惧。在英语中，恐惧一词是"fear"，它是指由于某种威胁所引起的害怕状态，是人类一种正常的情绪。而恐慌一词是"panic"，它是指"对危险或警报的一种突然而过度的感觉，它通常会影响到人的身体，并导致为确保安全而采取过分或不明智的行为"①。

　　要进一步理解"恐慌人"还需要说明三点。其一，"恐慌人"的恐慌是一种情绪状态而非一种情绪。情绪状态往往是综合性的，会影响作为整体的世界；情绪则不尽然，情绪往往指向具体的对象。此外，情绪状态往

----

　　① 弗兰克·富里迪. 恐惧［M］. 方军，张淑文，吕静莲，译. 南京：江苏人民出版社，2004：31.

往也会比情绪持续得更久。① 在现代社会中，由于恐慌主要不是外部具体事物所引起的，而是现代人丧失了内部的确定性所导致的，所以它成为一种弥散的状态，即使不是真实的个人经验，而是"二手的非经验"（贝克语）也能引起现代人的恐慌。

其二，"恐慌人"的恐慌是作为一种"社会性格"来理解的。社会性格是指"在某种文化中，大多数人所共同拥有的性格结构的核心，这与同一文化中各不相同的个人的个性特征截然不同"②。也就是说，恐慌所描述的是现代人总体精神状态的核心。个体的人可能在某些时候并不感到恐慌，但是作为社会性格的恐慌很可能是以一种无意识的形式潜伏着，一旦受到某种外界因素的刺激，它就会明显地表现出来。

其三，虽然"恐慌人"对整个世界都充满了恐惧，但他们恐惧的对象与古人相比有很大的差异。古人常会对疾病、自然灾害、鬼怪等产生恐惧，简单地说，自然界中一切神秘事物和现象都可能会引起古人的恐惧。某些时候，这些恐惧甚至还会引起一定的恐慌，例如，当某些瘟疫蔓延之时，人们会对此疾病产生恐慌。随着现代科学的发展，很多古人恐惧的内容已经不再引起现代人的恐惧了。段义孚认为，现代人在恐惧的内容上呈现如下特征：从对自然的恐惧转到对破坏自然的恐惧；对他人的恐惧常以强烈的妒忌感和仇恨感等形式显示出来；对缺乏稳定的恐惧变得尤为突出。③ 贝克说道，在现代社会中，"危险的来源不再是无知而是知识；不再是因为对自然缺乏控制而是控制太完善了；不是那些脱离了人的把握的东西，而是工业时代建立起来的规范和体系"④。总的说来，现代人恐慌的主要对象已经从自然转向了人造自然，转向了他人。

（二）"恐慌人"的症状

其一是屈从权威。自由意味着选择，而选择就必然要面对某种风险。"风险"（risk）一词源于意大利语"胆敢"（risicare）。它与选择有关，风险即是人们选择承担的东西。这个词原本是中性的，承担风险可能也会有

---

① 拉斯·史文德森. 无聊的哲学 [M]. 范晶晶，译. 北京：北京大学出版社，2010：113-114.
② E. 弗洛姆. 健全的社会 [M]. 孙恺详，译. 贵阳：贵州人民出版社，1994：62.
③ 段义孚. 无边的恐惧 [M]. 徐文宁，译. 北京：北京大学出版社，2011：183-186.
④ 乌尔里希·贝克. 风险社会 [M]. 何博闻，译. 南京：译林出版社，2004：225.

好的结局。① 但是在"恐慌人"看来,风险几乎完全是一个贬义的概念,风险直接等同于了危险(danger),注定有不好的结果。既然如此,"恐慌人"就必然会逃避风险、逃避自由,而逃避的主要后果就是屈从权威。需要特别指出的是,现代社会中的权威并不同于传统社会中的外在权威,而是一种"匿名的权威"(弗洛姆语),例如现代人在恐慌下对物质的极度崇拜、对科学的极度崇拜以及对大众看法的毫无质疑等。

其二是信任丧失。信任是人类生存的必要条件,但是"恐慌人"却丧失了对他人的信任。一方面,他们把陌生人等同于危险的人;另一方面,即使是认识的人,他们也会首先考虑这些人是否存在威胁。现代人"已经逐步形成这样一种风气,渐渐从有无危险的角度来看待人们之间的关系,尤其是那些亲昵的关系"②。因为,"在风险文化里,没有好人,也没有坏人,只有一些危险分子。每个人都带着对他人或多或少的威胁"③。然而更严重的是,一旦产生了对他人的不信任,这种不信任感只会越来越强烈。因为对他人产生了不信任之后,就会使自己困于一己的世界中。很多事物一旦了解并没有那么危险,但困于一己的人失去了了解世界的机会,自然会感觉世界更加危险,产生更多的不信任。

其三是自私蔓延。由于恐慌,现代人也会形成某些"共同体"。但是,基于恐慌的团结,常常会使现代人看不到"敌人"也是"人",从而造成自私的蔓延。所以,"唯一能够导向或者回归共同体团结的……就是选择一个共同的敌人,针对这一共同的目标,集中力量,共同施暴"④。道格拉斯说道:"人类社会的普遍特点之一,或许就在于对危险的恐惧倾向于强化共同体中的分隔的界线。这种强化现存分隔的最明显、最可怕的表现是……把危险和不幸归咎于那些处于边缘化社会位置的个人或群体。"⑤虽然,这是从人类的一般特点来说明的,但是由于"恐慌人"感觉到危险

① 拉斯·史文德森. 恐惧的哲学 [M]. 范晶晶,译. 北京:北京大学出版社,2010:48.

② 弗兰克·富里迪. 恐惧 [M]. 方军,张淑文,吕静莲,译. 南京:江苏人民出版社,2004:前言9.

③ 乌尔里希·贝克. 风险社会 [M]. 何博闻,译. 南京:译林出版社,2004:102.

④ 齐格蒙·鲍曼. 寻找政治 [M]. 洪涛,周顺,郭台辉,译. 上海:上海人民出版社,2006:7.

⑤ 芭芭拉·亚当,乌尔里希·贝克,等. 风险社会及其超越 [M]. 赵延东,马缨,等,译. 北京:北京出版社,2005:59.

的激增，他们更会强调界线作用，把危险归于某些边缘化的人群。西方的"排犹主义"、对移民的憎恨以及我国某些大城市对"外地人"排斥的现象都是最好的例证。

二、"恐慌人"形成的现代根源

（一）"解放"的剥夺与现代人的脆弱性

文艺复兴和启蒙运动以来，现代性逐步得以形成，一方面，它给人类带来了"解放"的快感，另一方面，它也给人类带来了"剥夺"的悲苦。[①] 在此二重性的过程中，有依靠的"健全人"逐渐成了无依无靠的"生理人"，这使得现代人在面对危险时，变得异常脆弱，极易恐慌。"解放"的第一次剥夺，使人从神性世界中脱域，"这意味着人的精神不再与'神'具有绝对价值的本体关切"[②]。人由此失去了"超验"维度，失去了永恒性，仅仅成为一个现世的存在。当然，现世生命有其独立的价值，但是，当人仅仅成为一个现实的存在时，死亡的恐惧就会成为现代人无法摆脱的恐惧。宗教向人类传达：现世的生命只是永恒生命的短暂部分，现世生命的死亡只是进入永恒生命世界的仪式。可以说，宗教在一定程度上让人类摆脱了死亡的恐惧。

"解放"的第二次剥夺，使人摆脱了群体的束缚，获得了自由，但是现代人也因此变得无依无靠。除了宗教之外，群体也曾是人类摆脱死亡恐惧的途径。但是，"对社会团结及其'超越个体生命'的'永恒结构'的无情毁灭，使'个人被孤零零地抛在对自身的不可避免的消亡的恐惧之中'。在全球自由贸易之路上，民族共同体地赋予意义的功能已遭遗弃，只剩下个人在孤独与彼此的隔绝中舔舐伤口，驱赶恐惧"[③]。其实，群体的离析不仅使人无法面对死亡的恐惧，而且使得个人不得不孤立地面对各种风险的挑战。

"解放"的第三次剥夺，使人摆脱了理性的束缚，并肯定了感性与肉

---

① 高德胜."解放"的剥夺 [J]. 教育研究与实验，2011（1）.

② 金生鈜. 规训与教化 [M]. 北京：教育科学出版社，2004：139.

③ 齐格蒙·鲍曼. 寻找政治 [M]. 洪涛，周顺，郭台辉，译. 上海：上海人民出版社，2006：31.

身的价值，这有其积极的意义。其实，"灵魂没有肉身，从来就不曾活过，它只是借助于一次性的肉身才活过"①。然而，如果说理性还意味着一种普遍性，那么在理性被剥夺之后，人类就失去了最后的依靠。感性虽有价值，但它是不确定的、不可靠的，而且，当感性无限张扬时，一方面，它会使人与社会处于冲突之中；另一方面，它会使人彻底失去普遍理性的指引，最终走向自我的孤立和空泛。而孤立和空泛的自我必须寻找一种实在感，当它与自我利益结合时，"自我利益的实在性把空泛的自我实在化了"②。而人在自我利益诱使下，最终变成了非理性的和物欲的存在。一方面，感性本身的不确定性和不可靠性，让现代人变得异常脆弱；另一方面，当现代人都以追逐自我利益来获得感性自我的确定性与可靠性时，又会激起人与人之间的强烈竞争，二者的共同作用，使得现代人成了"恐慌人"。

（二）科学主义的盛行与人造恐慌的蔓延

"科学主义是指对科学的迷信与崇拜。在科学主义眼里，科学就是神灵，就是万物的尺度。"③ 科学主义不是自古就有，它只是近代以来的产物，因为，科学获得独立的身份是近代以后的事情。"在古希腊人看来，哲学和科学是一个东西，在中世纪，两者又和神学合为一体。文艺复兴以后，采用实验方法研究自然，哲学和科学才分道扬镳。"④ 独立于哲学之后，科学开始依照自身的逻辑发展，逐渐失去了哲学的约束，甚至反过来约束哲学的发展。例如，作为科学主义哲学表达的实证主义和后来的逻辑实证主义，都成为一种广受支持和广为传播的哲学和世界观。⑤ 除此之外，随着科学的不断发展，专业化成为科学发展的必然趋势，但是，专业化也逐渐使得科学变成了越来越不被外行人所理解的"神秘"领域，这使得科学又逐渐失去了公众的监督。哲学的约束和公众的监督丧失之后，科学就

---

① 刘小枫. 沉重的肉身［M］. 北京：华夏出版社，2007：100.
② 金生鈜. 规训与教化［M］. 北京：教育科学出版社，2004：152.
③ 高德胜. 知性德育及其超越——现代德育困境研究［M］. 北京：教育科学出版社，2003：56.
④ W. C. 丹皮尔. 科学史［M］. 张今，李珩，译. 北京：中国人民大学出版社，2010：序1.
⑤ 高德胜. 知性德育及其超越——现代德育困境研究［M］. 北京：教育科学出版社，2003：57-58.

可以肆无忌惮地依照自身逻辑进行发展。一方面，科学取得了巨大的成功，它为自己赢得了普遍的、坚定的信任和尊重；另一方面，科学也在不断拔高人们对它的期望，在人们的期望和科学的自身逻辑（以"工具理性"代替"价值理性"，即只考虑能不能做，而不考虑该不该做）的驱使下，科学不断地开拓创新，不停地制造新事物，最终创造出了许多足以毁灭整个人类文明的发明。可以说，"恐慌人"形成的一个重要原因就是科学技术的失控性发展。

科学技术的进步不仅给现代人带来了前所未有的优越的物质生活条件，而且还"成为人们的精神支柱，成为具有信仰寄托性性质的心灵存放地"①。虽然现代人越来越难以理解科学的内部机制，但是这丝毫没有影响到现代人对于科学的崇拜，相反，这种神秘感在某种程度上还强化了现代人对于科学的崇拜。"我们的社会已经变成了一个以专门的非个人性的知识为基础的世俗社会，这个社会赋予科学家和科学知识的地位，如同我们的前辈承认牧师和宗教教义所拥有的地位。"② 然而，如果这个现代人唯一可以依靠的终极标准本身也受到工具理性的质疑时，现代人将会完全丧失确定性和可靠性，被抛入一个充满恐惧的世界中。所以贝克说："正是对自己依赖于自己所抗议的对象的这种状况的意识，产生了反科学态度中如此之多的痛苦和非理性。"③

（三）政治的异化与消解恐慌的公共之路丧失

从古希腊到现代，政治发生了巨大的变化。在古希腊，政治是人在公共领域中为了解决公共问题所进行的言说和行动，它是人之为人的本性。亚里士多德区分了人的三种生活，即享乐的生活、政治的生活和沉思的生活。享乐的生活是以追求肉体快乐为目的的生活，因此，它是动物式的生活。虽然沉思的生活是最自足的生活，但是，它具有半神半人的性质，"是一种比人的生活更好的生活"④，只有少数哲学家才能过上。对于大多

---

① 高德胜. 知性德育及其超越——现代德育困境研究 [M]. 北京：教育科学出版社，2003：59.
② 巴里·巴恩斯. 局外人看科学 [M]. 鲁旭东，译. 北京：东方出版社，2001：1.
③ 乌尔里希·贝克. 风险社会 [M]. 何博闻，译. 南京：译林出版社，2004：201.
④ 亚里士多德. 尼各马可伦理学 [M]. 廖申白，译. 北京：商务印书馆，2010：307.

数人而言，只能退而求其次，即政治的生活。虽然它是第二好的生活，但却是人之本性的体现，而且它是大多数人可以实践的生活。阿伦特也表达了类似的观点。她认为，人有三种活动：劳动、工作和行动。劳动是满足人类生存需要的活动；工作是制作人造世界的活动；行动是人在公共领域中展示人之为人的活动。①

无论是亚里士多德还是阿伦特都把政治看作是人之本性的体现。然而，当马基雅维利在理论上使政治独立于道德之后，就为当权者以暴力统治臣民奠定了理论的基础。当民族国家形成之后，传统的城邦也消失了。一方面，与城邦相比，国家变得越来越大，使得每个人参与政治生活的前提性条件丧失了；另一方面，随着资本主义的兴起，带来了雇佣劳动与专业分工，大多数人已经没有精力去参与政治生活。在此背景下，洛克提出了"代议制"民主，从适应社会现实的角度看，它具有积极的意义，但是，它也为政治脱离于每个人埋下了伏笔。当国家变得越来越大，政治机构也变得越臃肿，政治渐渐开始成了一种脱离于每个人的权力机构，并且拥有了自身独立的运作机制，庞大的官僚体系也随之兴盛。可以说，政治已经从古希腊意义上的人之本性的体现，异化成了权力机构的代名词，异化成了让每个人感到恐惧的暴力机关。需要特别指出的是，这种异化的政治不仅发生在国家层面，而且也发生在现代社会的每一个机构之中。

另外，随着全球化到来，使得"关键性经济因素的控制权从代议制政府转向市场力量的自由运作，政治冷漠也随之产生，这是因为，政治的救助的希望日益渺茫，权力正逐步从政治中转移"②。政治的异化带来的"政治恐惧"与"政治冷漠"，使得现代人消解恐慌的公共之路丧失殆尽。其实，现代社会中的很多恐慌不是凭借个人之力就可以消解的，它有赖于集体的共同应对。但是，在政治异化的过程中，"'公共'自身之独立内涵业已被掏空，它没有留下自身的议题——现在，它仅仅是私人困境、忧

---

① 汉娜·阿伦特. 人的境况［M］. 王寅丽，译. 上海：上海人民出版社，2009：1.
② 齐格蒙·鲍曼. 寻找政治［M］. 洪涛，周顺，郭台辉，译. 上海：上海人民出版社，2006：10-11.

虑与麻烦的集聚"①。公共援助所能提供的援助也就是告诉每个人,这样的经历是大家都有的,你不应该为此感到担忧,仅此而已。

三、制造"恐慌人"的学校教育

面对着"恐慌人"的形成,应然地看,教育应该提供一个相对安全与平静的场所,让儿童通过教育的生活,消除不合理的恐惧,理智地对待合理的恐惧。克里希那穆提曾说道,教育从本质上看"应该来帮助你消除恐惧、净化心灵才对"②。罗素认为,人生充满了危险,教育应该教人学会理智地防备不测与恐惧。③ 通过这样的教育,一方面,可以防止儿童过早地接触社会中的恐慌,让他们形成健康的心性;另一方面,可以让他们在未来进入社会后,对社会中的恐慌提供相应的拉力。然而,实然地看,教育却让恐惧伤害了其本质,它不仅没有试图去消除那些过度的恐惧,反而是在制造着"童年恐慌"(孙云晓语),让还没有形成良好心性的儿童过早地暴露于恐慌之中,以教育的方式制造着"恐慌人"。

(一)物质化的教育与残酷的教育竞争

正如前文的分析,"解放"的三次剥夺,使得现代人变得格外依赖物质。在唯经济主义的浪潮中,教育也完全丧失了它应有的批判与反思功能,反而是在推波助澜,与社会其他方面共同酿成了现代人的"物欲症"。其实,"不论人们如何定义教育,教育都有其不言自明的意义,那就是教育要使人成为人,教育要促进人的发展"④。现实的这种"失真"的、"异化"的教育,一方面,使得学生把人生价值定位于不确定的感性欲望的满足上,而忽视更为可靠的精神追求,变得相当脆弱;另一方面,由于它放弃了向学生提供多种可能的生活,而只给学生提供了一种可能的生活,即追逐实利,它使得人生的路越走越窄。并且,当每个人都追逐实利之时,

① 齐格蒙·鲍曼. 寻找政治 [M]. 洪涛,周顺,郭台辉,译. 上海:上海人民出版社,2006:56.
② 克里希那穆提. 恐惧的由来 [M]. 凯锋,译. 上海:学林出版社,2007:53.
③ 罗素. 罗素论教育 [M]. 杨汉麟,译. 北京:人民教育出版社,2009:79-80.
④ 鲁洁. 道德教育的当代论域 [M]. 北京:人民出版社,2005:155.

虑与麻烦的集聚"①。公共援助所能提供的援助也就是告诉每个人,这样的经历是大家都有的,你不应该为此感到担忧,仅此而已。

三、制造"恐慌人"的学校教育

面对着"恐慌人"的形成,应然地看,教育应该提供一个相对安全与平静的场所,让儿童通过教育的生活,消除不合理的恐惧,理智地对待合理的恐惧。克里希那穆提曾说道,教育从本质上看"应该来帮助你消除恐惧、净化心灵才对"②。罗素认为,人生充满了危险,教育应该教人学会理智地防备不测与恐惧。③通过这样的教育,一方面,可以防止儿童过早地接触社会中的恐慌,让他们形成健康的心性;另一方面,可以让他们在未来进入社会后,对社会中的恐慌提供相应的拉力。然而,实然地看,教育却让恐惧伤害了其本质,它不仅没有试图去消除那些过度的恐惧,反而是在制造着"童年恐慌"(孙云晓语),让还没有形成良好心性的儿童过早地暴露于恐慌之中,以教育的方式制造着"恐慌人"。

(一)物质化的教育与残酷的教育竞争

正如前文的分析,"解放"的三次剥夺,使得现代人变得格外依赖物质。在唯经济主义的浪潮中,教育也完全丧失了它应有的批判与反思功能,反而是在推波助澜,与社会其他方面共同酿成了现代人的"物欲症"。其实,"不论人们如何定义教育,教育都有其不言自明的意义,那就是教育要使人成为人,教育要促进人的发展"④。现实的这种"失真"的、"异化"的教育,一方面,使得学生把人生价值定位于不确定的感性欲望的满足上,而忽视更为可靠的精神追求,变得相当脆弱;另一方面,由于它放弃了向学生提供多种可能的生活,而只给学生提供了一种可能的生活,即追逐实利,它使得人生的路越走越窄。并且,当每个人都追逐实利之时,

---

① 齐格蒙·鲍曼. 寻找政治 [M]. 洪涛,周顺,郭台辉,译. 上海:上海人民出版社,2006:56.
② 克里希那穆提. 恐惧的由来 [M]. 凯锋,译. 上海:学林出版社,2007:53.
③ 罗素. 罗素论教育 [M]. 杨汉麟,译. 北京:人民教育出版社,2009:79-80.
④ 鲁洁. 道德教育的当代论域 [M]. 北京:人民出版社,2005:155.

・135・

由于物质的有限性，又会激发学生之间的竞争，产生对他人的恐慌。

现代以来，很多国家都已经以法律的形式保证了教育的普及，这是很大的进步。然而，现代教育普及的主要目的是为了适应工业化对不同层次人才的需求，因此，现代教育的分层功能凸显。但是，当这种分层功能与追求未来物质利益的强大驱力共谋之时，教育就仅仅成了获得未来"身份"的工具。考试是现代教育的一个重要组成部分。考试本应该是一种以评价促进学生发展的工具，而今它却成为单纯的选拔工具，成为决定学生未来命运的唯一工具，甚至成为目的本身。现代考试至少在两个层面上制造着恐慌。其一，考试意味着分类，即把学生贴上三六九等的标签。名次落后者，会被贴上"差生"甚至是"没前途"的标签。对于落后的学生来说，这种标签使他们活在尊严丧失的恐慌之中，对于没有落后的学生来说，这种标签则使他们活在担心落后的恐慌之中。其二，考试已经成为决定学生未来命运的关键环节，因此，它激化了学生之间的竞争，使得学生之间不再是友爱与互助的关系，而是妒忌与仇恨的关系。异化了的同学关系，使学生不得不整天活在面对"敌人"的恐慌之中。

面对着让人恐慌的病态竞争，学生还得不到教师和家长的理解，这使得恐慌进一步扩大化。在学校，教师为了让学生"心甘情愿"地接受异化的教育，不仅不能表现出对学生的理解，还要通过放大未来的"身份"争夺的残酷来恐吓学生。在家中，父母由于亲身经历着现代人的恐慌，也会有意无意地向孩子灌输着未来社会的残酷竞争，"不好好学习，就考不上重点中学，考不上重点中学就考不上大学，考不上大学就找不到工作……"①

（二）科学化的教育与削弱一半的人性

应然地看，教育应该对科学主义的盛行提供相应的拉力，但是，现实的教育不仅没有提供拉力，反而为科学主义的盛行提供了推力。一方面，科学教育在学校教育中占据了支配地位，人文教育则逐渐边缘化，甚至还要为自身合法性进行辩护。另一方面，教育本身也在过度科学化，具体体现在：（1）作为教育基础人性假设心理学化。（2）教育内容的科学化编

① 孙云晓. 捍卫童年 [M]. 南京：江苏教育出版社，2009：78.

制，这包括以科学分支作为课程分类的依据和以科学的逻辑作为编排内容的依据。（3）教育的过度设计，具体表现为对教育空间、时间、人员以及过程的过度控制。虽然开展科学教育有其正确性的一面，但是把整个教育都转向科学教育，而彻底否定人文教育，否定科学教育的人文性一面，只会使得科学的"工具理性"僭越哲学的"价值理性"；虽然教育在某些方面亟须科学化，但是这并不意味着在所有方面都要科学化。因为教育有其超越性的一面，这种超越性并不是科学所能全面把握的，教育的过度科学化只会使得其失去"一大片天"，削弱一半的人性。并且，无论是单纯地以科学教育否定人文教育，还是教育全面的科学化，都会使得学生从理性地热爱科学变成盲目地崇拜科学，由于他们无法理解科学的限度，无法理解科学只是人类的工具，最终他们会成为制造人造恐慌的科学狂人。

此外，科学主义的盛行和人文教育的缺失，使得人们无法正确而又全面地认识人性，无法理解人性中脆弱的一面，无法理解命运无常的一面，因为科学化的观念假定相同的事件必然产生相同的结果，而不受时间地点的限制。另一方面，由于极端的个人主义盛行，每个人对自我极端关注，二者的共谋使得无论是学校、学生，还是家长都认为有必要，并且也能够限制校园中的一切风险。然而，正是人性的脆弱、命运的无常，正是人类能够容忍合理的风险，才赋予了人生意义。限制一切风险，也就是在削弱人性的力量，使得学生无法获得成长，无法获得富有意义的人生。安全教育的极端化就是一个表现。学校进行适度的安全教育非常必要，但是过度、极端的安全教育就毫无必要了。由于各方极端地关注安全，学校似乎成了"世界上最危险的地方"①。在这样的背景下，校园成了培育恐慌情绪的肥沃土壤。这首先表现在限制一切校外教育活动，甚至限制一切课间户外活动；其次表现在夸大陌生人的危险，把校园完全变成一个封闭的世界。

（三）等级化的教育与恐怖的校园暴力

等级主义区别于等级，"只有那些使高等级的尊严凌驾于低等级的尊

---

① 弗兰克·富里迪. 恐惧 ［M］. 方军，张淑文，吕静莲，译. 南京：江苏人民出版社，2004：112.

严之上的行为才属于等级主义"①。等级主义产生的原因很多，正如前文的分析，大众放弃了自身的政治权利是一个重要的原因。对此，教育并没有试图消除等级主义，而是让等级主义伤害了自身的本质。宏观地看，近代以来的教育，逐渐沦落为国家的附庸，盲目地向学生灌输着国家的意识形态。在当今全球化的影响下，民族主义国家"为了保证领土的完整和生存下去，每一个国家都建立一些正式的教育机构和采用了普通教育的方法来培养忠顺的人民"②。微观地看，现代社会的等级主义已经深入学校。一方面，校长拥有最高的权力，他能够决定学校的一切，教师和学生对于学校的各项决策基本说不上话；另一方面，教师和学生也并不觉得这有什么不妥。究其原因，不仅是由于等级主义对他们毒害至深，而且还由于现在的教师和学生都在"身份焦虑"（德波顿语）的驱使下只关注自己的私人生活，关注个人的得与失，而对公共生活、公共利益毫无兴趣。这种现象不仅使得校园中等级主义不断蔓延，而且还对未来社会中等级主义起到了推波助澜的作用。

教育中的等级主义会对低等级者的尊严造成伤害，构成精神上的暴力，让师生处于极大的恐慌之中。其首先表现为高等级者利用权力的优势，任意践踏学生和教师的权利。批改学生日记是现代教师常用来提高学生写作水平的手段。姑且不说它是否有利于写作水平的提高，这种任意翻阅学生日记的做法，会使隐私暴露的学生无法安心地学习与生活。"推门听课"是现代校长常做的事情，姑且不说这种行为合法与否，这种不和教师打任何招呼，突然出现在教室中的行为会给教师带来巨大的心理压力，并且由于"推门听课"的不可预测性，教师会整天活在恐慌之中。其次，教师常会利用知识的优势伤害儿童的尊严。例如，对学生进行语言的"倭化"。"当我们将自己看作'正常人'，而把他人看作'不是真正的人'时，我们就是在倭化他人。"③ 教师的语言"倭化"不仅使当事学生直接受到了巨大的伤害，还会使得其他同学也看不起他，最终让他产生"无助效应"，长期处于恐慌的情绪之中。此外，教师对学生尊严的伤害，使得

---

① 罗伯特·W. 福勒. 尊严的提升 [M]. 张关林，译. 上海：上海人民出版社，2008：9.

② S. E. 佛罗斯特. 西方教育的历史和哲学基础 [M]. 吴元训，等，译. 北京：华夏出版社，1987：597.

③ 高德胜. 道德教育的20个细节 [M]. 上海：华东师范大学出版社，2007：10.

部分高年级学生和身体强壮的同年级学生为了发泄内心的愤怒，常常以各种校园暴力的形式伤害低年级的学生和弱小的学生，即"欺负现象"（福勒语）。

当然，以上这些现象并不都是我国当前学校教育中的主流，但是为了分析学校教育在"恐慌人"形成的过程中所起到的推波助澜作用而关注这些现象却是必要的。

功利意识、道德分化与
排他性的教育伦理生活

江苏大学教师教育学院　吕寿伟

摘　要：自改革开放以来，中国经济便逐步完成了从伦理经济向市场经济的转变，市场经济一方面通过功利意识遮蔽着真实的教育伦理生活，另一方面通过道德的领域分化和公私分离使个体将良知封存于内心。无论是功利意识还是道德分化都导向了教育生活中排他性的自我关注，然而，伦理之为伦理就在于它总是超越自我利益而表达出对他者的尊重和重视。教育生活的自我关注不可避免地阻碍了自我对他人伦理要求的实现，同时也放弃了自我对他人的伦理责任，教育伦理生活也在排他性利益的追求中走向了去伦理化的道路。

关键词：教育伦理生活；功利意识；道德分化

简单地说，教育伦理生活就是在特定的教育共同体中依据一定的教育伦理规范形成的师生之间、生生之间交往的方式和生活的秩序。教育伦理生活不具有独立性和自身的可感性空间领域，而是依附于符合必然性法则的教育生活而存在。所谓教育的必然性法则，是指教育活动所要遵从的内在规律，如儿童的认知规律等。完整的教育生活是必然性生活和伦理生活的统一，既不存在纯粹的必然性教育生活，也不存在纯粹的教育伦理生活。这便决定了教育伦理生活的实际存在样式在为教育伦理生活自身的价值规范所限定的同时，也取决于必然性生活的性质特征，寓于必然性教育生活中的支配性的价值观念的选择将对教育伦理生活产生直接的影响。教育伦理生活在内涵上存在着两种不同的理解。一是教育伦理生活的狭义概念，指具有合伦理性的生活，在其现实性上表现为善的，在存在形态上表现为应然性。应然的教育伦理生活具有伦理的内在规定性，它通过伦理价值和伦理规范实现对教育生活的价值引领，使教育生活朝向善的和正当的方向迈进，因此是规范性的。二是伦理生活的广义概念，仅指具有伦理属性的生活，表达的是教育生活的客观状态和实然特征。实然的教育伦理生活为我们日常所面对，并直接关涉个体的生活体验和生命感受，虽具有伦理属性，却并不一定合伦理性，即实然的教育伦理生活是经验性的，在其现实性上并不必然表现为善的或正当的。

伦理生活研究就是通过对实然伦理生活现象的关注，解释其形成原因，论证其合理性基础，并提出伦理生活的当然之则，使伦理生活指向应然的价值诉求。① 既然我们日常所面对的教育伦理生活并不必然是合理的和完善的，便有必要对其真实处境做出分析。在此，本文将依据对教育生活之必然性和伦理性的划分，并立足于市场经济的时代背景，分析、揭示实然存在的教育伦理生活的当前状况。

一、功利意识对教育伦理生活的遮蔽

自改革开放以来，中国经济便逐步完成了从伦理经济向市场经济的转变。② 市场的逻辑在于为进入市场的所有人提供服务，然而这种服务的提供是以经济支付能力为依据的，在以市场为主导的社会里，人们所获得的福祉永远取决于其经济基础。市场一方面通过各种令人神往的服务无限地膨胀着人们的欲望，另一方面也不断激励着人们通过劳动提高支付能力，以占有和享受各种服务。欲望、劳动、占有和享受成为市场驱使下的现代人生活的基本图景。在这种情况下，个人将自我意识确定为对财富、消费等功利性目标的占有，并将财产等确定为自我不变的本质。然而，在功利意识把这些具体的有限性作为自己的规定特征的同时，个体也把自我抛散为一切特殊性。功利意识通过劳动、享受和占有来满足着自我的确证，这种暂时性的自我确证使自我在占有的快乐中掩藏了内在苦恼意识，将自身

① 郭清香. 伦理生活研究：伦理学研究范式的转换 [J]. 江海学刊, 2006 (3).
② 王绍光. 大转型：中国的双向运动 [M]//梁治平. 转型期的社会公正. 北京：生活·读书·新知三联书店, 2010：99.

装扮为快乐。市场通过功利目标使生活遵循市场经济的必然性法则，而忽视生活的伦理属性，它通过个体交往方式的转变实现着对伦理生活的遮蔽。在市场经济中交往依然不可避免，但交往的对象、交往的目的和交往的内容都发生了根本的转变。在市场中，交往是在市场法则的驱动下与陌生人之间的分工合作、商品交换过程中进行的，因此，这样的交往并非源于内心对摆脱孤立状态的渴望，而是源于功利目标的驱动以及不可逃避的市场力量的逼迫。交往的目的不是达成与他者的伦理关系，而是走向了个体的自我关注，使自我的私人生活成为最终目标。尽管此时交往依然不可避免，但是此时的交往只是基于必然性的交往。因此，基于黑格尔在精神现象学中所表达的观点，我们不难理解功利意识的伦理生活只是以特殊性为原则的生活，并通过对无限的遗弃使真实的伦理生活遭到遮蔽。功利意识的伦理生活不能使自我获得完善，因为，此时自我只是把伦理规定为私人利益，只有在这种对私人利益的占有中才能获得真实性。但伦理生活的本质在于人与人之间内在的统一，在于有限与无限的统一，伦理生活的本质是"我即我们，我们即我"。

在功利取向的时代背景下，社会这一永不停息的"隐藏运作"系统①将功利目标渗透于各个领域，教育也不得不将自身卷入市场以适应时代的状况。如此，教育便走向了适应市场的路径，而放弃了教育自身的价值，以及教育对人的发展的价值，衡量教育优劣的标准变成教育对于实现社会功利目标（尤其是经济目标）的作用。教育不再是因为自身的独特性以及对人的发展的促进功能而存在，而是作为社会发展的工具而存在。作为工具的教育不仅体现在教育自身对于社会的工具属性，更为重要的是，教育自身成为将人塑造成工具的工具，它"教人去追逐、适应和改造世界，教人掌握何以为生的知识与本领，但它放弃了为何而生的思考"②。教育被需要是因为教育有助于获得最大化的功利，如艾略特所言："个人要求更多的教育，不是为了智慧，而是为了维持下去；国家要求更多的教育，是为了要胜过其他国家……因此，教育一方面同技术效力相联系，另一方面

---

① 鲍曼. 生活在碎片之中——论后现代道德［M］. 郁建兴，等，译. 上海：学林出版社，2002：4.

② 冯建军. 当代主体教育论［M］. 南京：江苏教育出版社，2001：78.

同国家地位的提高相联系……要不是教育意味着更多的金钱，或更大的支配人的权力或更多的社会地位，或至少一份相当体面的工作，那么费心获得教育的人便会寥寥无几了。"① 功利化的社会在对教育进行改造的同时，也不断地重塑着教育伦理生活。既然教育对个人而言意味着体面的工作和相应的社会地位，那么自我的全部努力便为着这一私人的目标。当私人目标被抬到首位时，教育也就成了自我关涉的活动：尽管自我与他人共处一室，但他者的存在对我而言只是如车厢中乘客之间的偶遇，每个人都专注于自我目标的实现，彼此之间鲜有共同的关注，每个人都似乎很情愿保持这份乘客式的和睦。尽管教育过程中不可避免地需要合作，但这种合作就像是车间中的分工，合作的目的在于更好地完成学习任务，从而更好地达成个人的目标，合作可以增加教育的效率，却丝毫不能增加教育的伦理属性。于是，自我在功利目标的引领下日益孤立化，自我与他者相伴、相处，却无道德上的共契与伦理上的相依。生活的私人化使每一个个体都将自身锁闭在一己的私人领地而放弃了生活的伦理追求。自我虽生活在班级、学校等伦理实体内，但却因关系的断裂、公共性的丧失而脱离真实的作为公共领域的伦理实体，从而失去了伦理生活。因此，依附于必然性教育生活而存在的教育伦理生活，便因为功利导向下的教育否定人与人之间的关系而遭到彻底的遮蔽。

功利主义之所以能够在教育领域获得如此广泛的成功，是因为它一方面通过无限膨胀个人的欲望而使个体放弃生活的理性思考②，另一方面，功利意识通过自身的运行逻辑以及隐性的规则，强迫或诱惑个人进入功利社会主导下的必然性生活之中。但生活不仅是必然的，同时也是自由的。教育生活也不单纯是满足儿童认知规律以及教育内在运行秩序的必然性生活，同时也是有人的自由意志参与的自由的生活，即伦理生活。功利意识的后果在于通过预设的功利目标将教育生活简化为学习生活，将受教育过程简化为知识和知性能力的积累过程，以使个体能够避免在未来遭遇物质匮乏的生活，或者使个体能够获得更高的物质回报，从而不仅避免艰苦的

---

① 金生鈜. 理解与教育 [M]. 北京：教育科学出版社，1997：25.
② 说其放弃理性思考并不意味着个体对其行为选择的无意识，相反，这一过程的完成离不开意识的参与。但理性思考并不等于简单的脑力活动，理性思考的本质在于精神，离开了精神的思考只是丧失方向的盲从。

生活，同时还能够体面地享受生活。因此，功利导向下的教育目的在于满足受教育者的谋生和享受的欲望（而享受也并没有改变谋生功能内在的物性生存的本性）。然而教育从来不是为了单纯的物性生存而存在，而是要通过伦理性的治理来实现个体德性的教化和人性的完满。因此，教育生活首先是一种伦理生活，而功利主义教育为了生活的改善，却最终在根本上放弃了生活。因为，在功利目标驱使下，受教育者日益走向了生活的自我关注，形成个体以自我为中心的教育生活方式，从而导向教育生活的私人化与孤立化，引发教育中伦理关系的断裂和交往的中断，遮蔽了教育的交往性和伦理性，从而在根本上否定了教育的本质。教育在本质上是一种交往活动，交往使自我摆脱了独白式的言说，走入与他者的关系之中，既使自我不再作为单子式的存在而不得不面对陌生化的世界，同时也不致使自我陷入唯我论的危险境地。教育伦理生活之所以必要，就在于一方面它确保了教育共同体内部人与人之间的交往关系，使自我成为走向他者的自我，摆脱生活的孤立状态；另一方面，它能够以更高的旨趣驾驭单纯的学习生活和教育生活的内在必然性，使个体能够从片面的学习、工作中解脱出来，从而克服一切生物性对于自身生存的内在紧迫要求，不再使教育伦理生活受到肉体性生命过程的束缚。倘若不能驾驭教育生活的必然性，教育伦理生活就变得不再可能。

二、被封闭的良知对伦理生活的逃避

市场经济在引发生活的功利化的同时，也逐步使经济、文化、教育等社会子领域日益脱离政治的绝对权威①，并摆脱传统的强制性的同质化、一体化的道德规范和道德共识，走向道德的领域分化。道德分化在现代社会一方面表现为社会诸领域逐步从政治一体化转向领域分离，并赋予自身以独立性和自主性；另一方面，道德分化使个体获得了道德自主性，从而使"个人的'私人生活'从社会的'公共生活'中分离出来，获得了独立自主的存在空间"②。道德在现代社会的私人化使个体的道德信念和道

---

① 在实行商品经济和市场经济之前，包括文化、教育、经济在内的社会诸领域完全统一于政治的绝对权威，市场经济地位在全社会范围内的确立才使社会各领域逐步摆脱对政治的依附。

② 贺来."道德共识"与现代社会的命运［J］.哲学研究，2001（5）.

德价值取向获得了前所未有的承认，个体选择何种道德价值成为个人的私人事务，道德的终极价值在于个人的良知决断，传统的强制性、一元化的道德价值取向彻底瓦解。毫无疑问，无论是道德的领域分化，还是道德的公私分离，都必将极大地推动社会道德的整体发展和个人的全面解放。然而，教育自身的特殊性使教育领域的道德分化并未与社会领域的道德分化表现出完全的一致性。教育自古以来便是政治意识形态教育和政治价值观教育的主要场所，政治信仰总是通过教育在年青一代身上得到传播。这也就注定了社会领域的道德分化不可能在教育领域完全实现，而只是有选择地对教育价值取向进行适当改造以使其适应当前的社会。如此一来，教育便不得不进行着双重面对：一方面，政治的绝对权威依然存在，深刻地影响着教育领域的道德价值选择；另一方面，道德的私人化已成为社会事实，学生与教师作为社会存在深受社会浸染。无论哪一方面都对当前教育伦理生活的方式选择发挥着决定性的制约作用。

政治信仰总是通过对未来生活的美好想象或理性建构而成为普遍性的道德制约力量，它通过强制性的规范使自身成为真理的化身，并借助于道德教育和社会宣传而形成儿童以及民众对其真理性的信仰。真理性与普遍性使政治信仰摆脱现实生活的有限性而指向无限，它总是以"应当"的形式传递给受教育者关于美好未来的想象，并形成儿童的价值期待和奋斗的动力。不过，政治信仰对普遍性的坚守使其难以观照现实教育生活的实然状况，它把自身当作一个绝对的普遍而直接通达未来，并通过"未来"、"人类"等遥远而抽象的概念远离现实教育生活，形成对现实个人不可避免的压迫。如黑格尔所言："这种思维死抱住普遍性，从而是非现实性的东西；它认识不到，如果概念要达到定在，概念本身就得进入规定性和特殊性，它也认识不到，只有这样，概念才能达到现实性和伦理客观性。"①于是，政治信仰就通过与特殊和有限划清界限而彻底地否定了伦理生活，它对伦理生活采取了逃避的态度，因为它通过对无限的追求放弃了生活的现实性，同时也违背了真实的伦理生活。对伦理生活的逃避使道德教育成为缺乏现实性的空洞说教，道德永远封存于内心深处，而逃避了对现实的观照。在现实中，我们不难发现"在最虔诚的信徒身上我们

---

① 黑格尔. 法哲学原理［M］. 北京：商务印书馆，1961：216.

往往发现了一颗冰冷的心","我爱人类,但却不能去用心爱一个人"的现实窘境。①

当然,政治信仰并不是道德教育的全部内容,学校道德教育同时体现在个体德性的教化。不过道德私人化的现实极大地冲淡了道德教育的有效性。道德私人化一方面使个人走向道德自主,个体道德价值的最终选择取决于个体自我的良知决断,从而使个体的主体性得到无限提升;另一方面,在个体自主性得到确立的同时,道德的自我决断也诱发着教育内部道德共识的困境。传统的强制性的道德共识因为缺乏个体道德自主性的参与,因而并非出于自愿的共识,限制了受教育者自我道德能力的发展。但完全私人化的道德则导致公共道德的退场,因为道德价值的合法性的根源在于自我,任何超越自我的"具有普遍性和客观性的道德权威都将失去存在的合法性,任何普遍性的道德规范都将被视为与个人自由相敌对而失去存在的空间"②,每个人都基于自我的立场而选择道德价值、道德规范以及终极的道德目标。于是,人与人之间道德价值、终极目的的冲突和无休止的分歧取代道德共识,成为我们当下要面对的首要问题,人与人之间的道德共识成为不切实际的道德目标。于是,道德私人化在使绝对的道德权威退场的同时,也通过对统一道德价值的消解而瓦解了公共教育生活所需要的起码的道德共识,教育伦理生活被寓于道德碎片之中。在这种背景下,教育伦理生活如功利意识一样走向了道德的自我关注,尽管自我的道德良知依然存在,尽管受教育者依然会依据内心的道德法则对邪恶给予谴责、对善良给予赞美、对悲惨给予同情和怜悯,然而这些还不足以使自我超越私人的道德而将其转化为公共的道德行动。私德的泛滥降低了其对教育现实观照的有效性,因而是缺乏现实性的道德。更为经常的状况是,人们更倾向于将道德良知封存于内心,个体虽对世间悲惨的人们深表同情,但却对身边悲惨遭遇的人熟视无睹。毫无疑问,碎片化的道德与绝对的政治权威一样采取了对伦理生活逃避的态度。

---

① 陈涯倩. 讨论黑格尔哲学中的一个问题:苦恼意识及其出路 [EB/OL]. http://www.exam8.com/lunwen/zhexue/qita/200412/1395837. html.

② 贺来."道德共识"与现代社会的命运 [J]. 哲学研究,2001(5).

三、自私的正当化与排他性的教育伦理生活

功利意识与道德分化成为时代伦理生活的写照，无论是功利意识还是道德分化都是与伦理生活相悖的，不能实现真正的生命。"真正的生命是精神。"而精神的产生只能通过与他人的交往并相互承认对方为具有自主性的独立意识，以及与他人在具有伦理规定性的共同生活中得以实现。功利意识与道德分化通过不同的路径达到了教育生活的自我关注这一相同的结果。功利意识通过对必然性教育生活的彰显使个体将自我利益作为生活的首要目标，从而遮蔽伦理生活；道德分化则从两个极端将良知封存于内心：一方面，政治信仰和绝对权威通过对无限的追寻使教育伦理生活失去现实根基；另一方面，道德的私人化以及终极道德的自我决定使道德共识碎片化，丧失了对教育现实的规范功能。于是，教育伦理生活就走向了远离现实的私人化道路。私人化意味着主体间交往的中断以及教育伦理关系的断裂，使教育伦理生活最终走向了对伦理的偏离以至背叛，因为伦理表达的人们相互之间相处的方式，是一种关系性存在，离开了关系，也就无所谓伦理，伦理之为伦理就在于它总是超越自我以及自我利益而表达出对他者的尊重。于是，教育伦理生活在必然性追求中放弃生活的伦理观照，在私人化的道路上遗失了教育伦理生活的公共性。

教育生活是必然性生活和伦理生活的统一，必然性生活满足自然因果律的要求，伦理生活则满足自由律的要求。功利主义教育将教育过程简化为知识学习和知性能力养成的过程，从而使教育生活演化为因果律支配下的必然性生活，它内在地决定于知识的逻辑和自然的秩序，缺乏个体自由意志的参与。我们说功利意识遮蔽教育伦理生活就在于它通过自然因果律排斥自由意志，放弃在伦理生活中、在与他人的关系中寻找生活的完善，而是在外在的必然性世界中寻求生活的救赎力量。必然性生活将伦理实体内的个体视为必然性世界中物化的中性存在，以中立的姿态认识和把握他者，无视他者的显现对自我之必然的伦理要求以及自我对他者之必然的伦理责任。显然，对必然性的遵从以及"无视他人的自私心态"不断彰显并

延续着人与人之间的冷漠关系。① 尽管人与人之间依然在伦理实体中共存，但这种共存只是表现为必然性支配下的功利"需求强加在每个人身上的那种单纯的共在性"②，只是一种缺乏公共精神和公共关怀的孤立个体的集合，真正的公共教育生活沦为没有公共福祉和公共目的的结构性共存，丧失了伦理实体所内在具有的相依、相存的伦理属性。这一结果的出现并非偶然，相反，它是市场经济内在逻辑支配下的必然性结果。这种内在必然性逻辑在其运行过程中逐步转化为一种隐性的制度安排，形塑出教育伦理生活虚假的公共性和绝对的自私性，从而使自私行为通过制度化的安排而获得自身存在的合理性基础和合法性依据。功利意识所引发的这种人与人之间自私冷漠以及缺乏公共关怀的状况的根源在于生活在遵从必然性的同时失去了伦理的观照。完整的生活总是必然性生活与伦理生活的统一，对必然性生活的校正与补充也取决于生活中道德的力量。然而，道德的领域分化和公私分离的现实使其并不能承担起这一任务。道德的私人化通过道德价值的多元化瓦解核心价值和道德共识，并将道德锁闭在内心深处，成为自我关注的、不具有现实性的道德，进一步加剧着孤立化、冷漠化的教育伦理生活的现实状况。于是，道德的力量不但不能消解教育中自私行为的合理性基础，反而使自私获得了道德上的正当性。

自私的正当化使教育生活面对个体自私的膨胀缺乏公共道德的监控力量，个人利益和价值成为伦理生活的判据，从而不可避免地引发排他利益的生活格局。每个人基于个人理性对生活做出判断和选择，然而"个人理性的结果往往是集体的非理性"，原因在于，"个人主义思维是单边主义的，由单边主义视野所规定的个人理性一心追求排他利益的最大化"③。这样，教育生活不得不面对个人生活与集体生活之间的悖论：一方面，个体依据个人理性寻求自我的有序生活；另一方面，集体生活因个体缺乏公共的关怀和为他者考虑的意向而陷于排他性的无序格局。不过，这种悖论只能是一种临时的状况，而不具有持久的特征。原因在于，在起点上，每个人基于个人理性安排自身的学习生活，保持人与人之间相安无事。然

---

① 列维纳斯. 从存在到存在者 [M]. 南京：江苏教育出版社，2006：第二版序言.

② 阿伦特. 公共领域与私人领域 [M]//汪晖，陈燕谷. 文化与公共性. 北京：生活·读书·新知三联书店，2005：68.

③ 赵汀阳. 深化启蒙：从方法论的个人主义到方法论的关系主义 [J]. 哲学研究，2011（1）.

而，一旦这种基于个人理性的个人主义获得了隐性的制度安排并成为普遍化的力量，集体的非理性和无序将形成个人的理性生活秩序的终结。集体作为个体的生活空间，其无序状态不可避免地限制着以自我利益最大化为目的的个人理性的发挥，正所谓"皮之不存，毛将焉附"。因此，人人追求排他性利益的最大化所导致的必然是人人利益受损的后果。而且，基于个人理性的生活是有"mind"无"heart"的生活，生活中只有"合理的"利益追求，而无"合情的人心交换"①。显然，缺乏人心参与的个人生活因违背人性而难以持久地存在，最终，无论是个体生活还是集体生活都将走向无序的状态。

伦理是一种自发的生命表现，在原初意义上，伦理形成于自我为达成行动的成功所抱有的对他者的肯定性反应的坚定信念，以及自我对他者伦理要求的积极回应。因此，伦理既表达着他者对自我的伦理要求，也意味着自我对他者的伦理责任。人与人之间的相互依赖是生活的基本事实，这种自发的相互依赖成就了自我"为他人考虑的倾向的可能性"②。然而，它也只停留于这种可能性，生活中诸多的否定性力量随时可能打破这种可能性。教育伦理生活私人化的直接后果便是个体用"为自己利益而行动代替了为他人利益而行动"③，排他性的利益追求成为市场经济背景下的基本人格特质。因此，教育生活的自我关注不可避免地阻碍了自我对他人伦理要求的实现，同时也自然地放弃了自我对他人的伦理责任。在这一过程中，教育伦理生活在追求排他性利益的过程中走向了去伦理化的道路。

---

① 赵汀阳. 深化启蒙：从方法论的个人主义到方法论的关系主义 [J]. 哲学研究，2011 (1).

② 扬·本特松. 实践的至善和伦理要求 [M]//中国现象学评论第七辑. 上海：上海译文出版社，2005：302.

③ 扬·本特松. 实践的至善和伦理要求 [M]//中国现象学评论第七辑. 上海：上海译文出版社，2005：302.

道德教育评论2013

人的尊严与教育的尊严

南京师范大学道德教育研究所　高德胜

　　摘　要: 人有尊严的需要，尊严有普遍性尊严和获得性尊严之分。为每个人所享有的普遍性尊严其实也是一种获得性尊严，是人类从古至今共同奋斗所获得的成就。获得性尊严是自尊与尊重的合奏，以自尊为前提，在尊重中得以实现。作为一种自觉的文化活动，教育也有尊严的需要。教育的尊严是获得性的，既取决于教育对自身内在价值的坚守，也依赖于国家与其他社会系统对教育的尊重。教育是人实现尊严的一种方式，但并不是所有的教育存在样态都有益于人实现尊严，只有有尊严的教育才能最大限度地帮助教育主体获得尊严。

　　关键词: 尊严；人的尊严；教育的尊严

　　这些年来，尊严成了一个热词，频繁出现于政治人物、社会名人和普通大众的口中，不断见诸报端和各种新型媒介，形成了一个意味深长的"尊严现象"。一个事物成为现象，成为人们热议的话题，往往是因为该事物存在问题，所谓"缺什么议论什么"。同样，"尊严现象"的产生，不是因为我们在尊严上取得了空前成就，而是因为尊严还是问题。也就是说，"尊严现象"折射着尊严问题，意味着我们有迫切需要改善的尊严状况。

一、人的尊严及其获得

在汉语中，"尊"原为酒器，作为一种礼器用在祭祀之中，由此引申出高贵、显达、肃穆之义，与"卑"相对。"尊"用作动词时既有敬重、敬仰之义，也有遵守、遵从（同"遵"）之义。"严"字则既有威严、威信、畏惧之义，又有紧急、猛烈、严酷之义。两个字合在一起，表达的是人（身份、地位）的高贵、受人敬重和不容侵犯。在现代汉语中，尊严被理解为"尊贵庄严、不可侵犯"。英语中尊严（dignity）一般指因品格的高尚、出身的高贵或地位的神圣而产生的威严、庄严与神圣不可侵犯。总起来看，无论中外，尊严的初始含义基本上都是指人的高贵、威严与神圣不可侵犯。

作为人类和社会现象的尊严为什么会产生呢？这有客观和主观两个方面的原因。从客观上看，人类自从诞生的那天一起，就超拔于自然，在自然中卓尔不群、赫然挺立，成了"万物之灵"和生命高度的标杆。与其他自然生命相比，人具有无可比拟的优越性和高贵性。但高贵的人又相当脆弱——宇宙的无垠与浩瀚时刻诉说着人的渺小与无根，时间的无情与不可抗拒则耳语着人的有限与脆弱。不仅如此，为了克服这种脆弱所发明的"人造物"，虽然增强了人的力量，但也容易成为伤害人的存在物。实际上，自从人类诞生之日起，除了神秘的宇宙和自然之外，真正能给人以致命性伤害的只有人类自身及其创造物。人类尊严的需要，一方面反映的是人类相对于其他物种的尊贵性；另一方面则是对自我脆弱性的一种保护，使人免受同类的侵犯与伤害。

从主观上看，尊严源于人类的自我意识。"我们可以给人下这样一个定义：人可以说'我'，并知道自己是一个独立的实体的动物。"① 正是自我意识，使人"知道"（不一定是有意识地）了自己的尊贵与脆弱，意识到失去尊贵就是一种"降格"，是一种从人到物的贬低，意识到来自同类伙伴的认可之重要、伤害之严重，由此产生了维护自我、使自我免受伤害的本能性需要，"除了少数病态的人之外，社会上所有的人都有一种获得

---

① E. 弗洛姆. 健全的社会 ［M］. 孙恺详，译. 贵阳：贵州人民出版社，1994：48.

对自己的稳定的、牢固不变的、通常较高的评价的需要或欲望，即一种对于自尊、自重和来自他人尊重的需要或欲望"①。

1. 普遍性尊严与获得性尊严

在尊严的思想史上，对尊严的理解有一个从获得性尊严到普遍性尊严的转化。尊严扎根于比较意义上的人类的高贵，与此一脉相承，远古时期，人们对尊严的理解也是比较意义上的，即将尊严与少数人所具有的优越性相联系，比如显赫的地位、高贵的出身、巨额的财富等往往意味着更多的尊严。但这些均是人之优越性的外在表现，并不直接标示着人的卓越，所以很多思想者并不认同对尊严的这种理解。苏格拉底就是一个典型的例子。他衣着素旧，身无长物，却用自己的德性、卓越，甚至牺牲来戳破尊严的流俗，其所树立的尊严之光华一直照耀到几千年后的今天及更远的未来。亚里士多德继承了这一思想，认为尊严是一种道德德性的实现，是去实现人性中高贵的部分，是让我们的行为符合"逻各斯"，听从灵魂中卓越部分的指引。一个积极追求自身德性实现的人才是一个有尊严的人。② 在尊严思想史的发展中，康德起到了承前启后的作用。一方面，他认为尊严是获得性的，"生命本身并无尊严，只有当生命作为自主的可能性条件时，才有尊严"③。康德所说的自主性不是自我放任，而是摆脱本能，实现道德上的理性自决，因此道德性才是尊严的根源，这与他的"有道德才配享幸福"的思想是内在一致的，在他那里"有道德才配享尊严"。因此，每个人都有自尊的义务，必须以符合道德存在者的方式去行为，避免以损伤、贬低或否定我们尊严的方式去行为。一个人只有积极地去实践并丰富人性中的这种道德性，他才是值得尊重的，受人性中崇高部分的驱使去行动是保护尊严的最佳途径。另一方面，康德认为每个人都有无可置疑的内在价值，永远都是目的，不是手段。"你的行动，要把你自己身中的人性，和其他人身中的人性，在任何时候都同样看作是目的，永远不能只看作是手段。"④ 正是因为内在价值的绝对性，尊严又是绝对的、

---

① 亚伯拉罕·马斯洛. 动机与人格 [M]. 许金生，译. 北京：中国人民大学出版社，2007：26.

② 张容南. 古典尊严理念与现代尊严理念之比照 [J]. 华东师范大学学报（哲学社会科学版），2011 (3).

③ 甘绍平. 人权伦理学 [M]. 北京：中国发展出版社，2009：151.

④ 康德. 道德形而上学原理 [M]. 苗力田，译. 上海：上海人民出版社，2005：48.

普遍的。现代社会继承并发扬了尊严的普遍性思想，将尊严上升到人权的高度，视尊严为每个人类成员理应普遍享有的一种基本人权。"不管每个人的个性如何，身心有无缺陷，也不管其对社会'道义'的价值有多大，他们每个人都拥有尊严。……人的尊严既非由国家，也不是由法律制度所创造并授予的，它所依赖的是人自身的主体性，所以，尊严是每个人应当享有的权利，而且优先于国家法律所规定的所有权利。"① 普遍性尊严的思想，已写入了《世界人权宣言》："人人生而自由，在尊严和权利上一律平等。"

既然人人在"尊严上一律平等"，那为什么还有"让人民更有尊严"等颇为有感染力的说辞呢？一方面，人人有尊严是一种应然的价值预设，并不意味着实然的状态；另一方面，在我们将尊严理解为普遍性权利的同时，获得性尊严概念总是挥之不去，说明即使在接受普遍性尊严理念的今天，获得性尊严依然有顽强的生命力，或者说，尊严要靠自己的努力去争得的思想之根比普遍性尊严思想扎得更深、更久远。实际上，普遍性尊严虽然是普遍的，是人类成员人人可以享有的，但人类比较而言的优越和高贵不是凭空而来的，也是人类从古至今坚持不懈地共同努力的结果，在这个意义上，普遍性尊严也是一种获得性尊严。

由此可见，尊严具有二重性。一方面，人的尊严是普遍性的，标志着人的存在地位的基本尊严，是平等授予每个人类成员的，具有平等性、客观性和绝对性，不可废弃、不可让渡、不可替代、不可剥夺，是人之为人的普遍标志。另一方面，在普遍性尊严的基础上，每一个人的尊严又是不同而独特的，是"我之为我"的特殊标志，是靠个人的努力争得的，具有差异性、主观性和相对性。没有普遍性尊严，那是对人类整体努力的蔑视和存在地位的冒犯；但如果只有普遍性尊严而没有个人获得性尊严，则是对个人努力的藐视，是对卑下与平庸的纵容，是对高尚与卓越的贬低。实际上，人类高贵地位的获得，也是基于每个个体争得尊严的努力，正是每个个体克服卑下、获取自身尊严努力的合力形成了人类整体向上发展的驱动力，并使人类卓尔不群。

---

① 乔治·恩德勒，等.经济伦理学大辞典 [M]. 王淼洋，译. 上海：上海人民出版社，2001：324.

2. 自尊：尊严的自我维护

对个人来说，获得性尊严的实现有一个"双重机制"：自尊与尊重。自尊是尊严获得的内在因素，也是康德所说的每个人的内在"义务"。从根源上看，尊严是有意识和自我意识、既高贵又脆弱的人的一种自我维护。既然是一种"自我维护"，显然首先是个人自身的义务。从这个角度看，尊严首先就是自我尊重（自尊）。在罗尔斯看来，自尊是一种"基本善"，包括一个人对他自己的价值感、善的观念和实现自己生活信念能力的自信。① 作为自我维护的自尊，维护的不是别的，而是人自身的价值感。"我们人人都有一种天生的感觉，觉得不管我们的具体特征和地位怎样，我们都有同样的内在价值。"② 这是人作为人的一种共通性、直觉性的价值感。除此而外，人的内在价值感还来自于每个人对自己独特性与不可替代性的自信。自尊首先要维护的就是这种内在价值，这是人作为目的的直接标志，失去这种价值，人就会沦为可替代甚至是可废弃的工具。

这个意义上的自尊，其对立面就是自卑，即由自我内在价值感迷失而导致的羞耻和挫败感。自卑的后果非常严重："没有自尊，那就没有什么事情是值得去做的，或者即便有些事情值得去做，我们也缺乏追求它们的意志。那样，所有的欲望和活动就会变得虚无缥缈，我们就会陷入冷漠和犬儒主义。"③

人是复杂的存在，有多种倾向，而"每一个倾向都朝向外部，朝向外部世界的无论什么可以影响我的东西，从自我探身出去"④，在这种意义上，人的每一种倾向都面临着诱惑。所有倾向之中，源于自然生理的本能性倾向最为坚固，因此与其相关的诱惑也最强烈。但人之为人就在于人虽然受限于本能又能超越本能，否则就没有尊严可言，"通过道德力量统治本能，是精神的自由，而精神的自由在现象中的表现就叫尊严"⑤。作为自我维护的自尊，在这个意义上维护的是自身的善与好，或者说是对自身

---

① 约翰·罗尔斯. 正义论［M］. 何怀宏，等，译. 北京：中国社会科学出版社，1988：427.

② 罗伯特·W. 福勒. 尊严的提升［M］. 张关林，译. 上海：上海人民出版社，2008：17-18.

③ 约翰·罗尔斯. 正义论［M］. 何怀宏，等，译. 北京：中国社会科学出版社，1988：427.

④ 汉娜·阿伦特. 责任与判断［M］. 陈联营，译. 上海：上海人民出版社，2011：64.

⑤ 席勒. 审美教育书简［M］. 张玉能，译. 南京：译林出版社，2009：272.

善良与道德性的维护。我们常说，一个有尊严的人很"爱惜自己的羽毛"，这里的"羽毛"当然不是这个人的外表和服饰，而是他的品质，或者说是他对自身作为"好人"的定位。正是在这个意义上，自尊具有很强的道德属性，可以说是针对自己的道德要求，是对道德自我的维护。苏格拉底宁愿赴死也不愿逃狱偷生，就在于高度自尊的他宁愿"遭到不公正的待遇而死"，也不愿意"无耻地以不义报不义"（《柏拉图对话集·格黎东篇》）。阿伦特将苏格拉底的这种自尊（宁愿遭遇不义也不行不义）视为"全部道德哲学的根本假设"，因为有自我意识的人是"二而一"的，"如果你行不义，你就与一个不义的人生活在一起"①，这对一个正常的人来说，是最不可忍受的，谁愿意与卑下的叛徒为伍呢？在这个意义上，自尊的对立面是自轻自贱，或者说是堕落。自轻自贱是对自己道德性、美好与善良（人之为人的标志）的放弃，所以这种放弃也就是对自我的背叛。

自尊不仅是对自身善与好的维护，而且是对理想自我的追求。库利指出，自我尊重，其实是对一个理想自我的渴望，"它是人们渴望的更好的自我，不是现在状态下的我；是从生活中创造出来的最好的我"②。也就是说，自尊是在维护自身美好一面的同时追求更好。在这个意义上，自尊实际上也是自我教育，是人不断提升的内在动力。

3. 尊重：尊严的实现

尊严是一个关系范畴，单单自尊构不成尊严，还需要来自他人和人际的认可与尊重。从自然中"拔根"的人无法再返归自然，必须找到新的扎根方式，否则人的生存就是一项无法忍受的煎熬。正如弗洛姆所说，"人从那标志着动物存在的与自然统一的原始结合中分裂出来。由于他既有理性，又有想象，他意识到了他的孤独与分离、他的无力与无知，以及生与死的偶然性。如果他找不到与同胞相连的新联系，以取代受制于本能的旧联系，那么，他一刻也不能忍受这种存在状态"③。那么，新的扎根方式是什么呢？或者说人从自然中拔出的根要扎在哪里呢？拉丁文"活着"就是"生活在人中间"（inter homines esse），而"死亡"就是"不再生活在

---

① 汉娜·阿伦特. 责任与判断［M］. 陈联营，译. 上海：上海人民出版社，2011：72.

② 查尔斯·霍顿·库利. 人类本性与社会秩序［M］. 包凡一，译. 北京：华夏出版社，1999：171.

③ E. 弗洛姆. 健全的社会［M］. 孙恺详，译. 贵阳：贵州人民出版社，1994：23.

人中间"（inter homines esse desinere）。① 活着就要扎根人间，舍此别无他处，除非死亡。对个人来说，扎根人间，一个明显的标志是得到他人或群体的认可与尊重，否则其就是无根的，处在一种无处安身立命的被剥夺的悲惨境地。亚里士多德说人不同于神，天生就是政治动物，需要在城邦（共同体，人间的一种形态）中生活，本性上脱离这种生活的人，只能是"卑贱的鄙夫"②。从这个角度看，尊严来自人的一种基本需求，即获得他人与群体认可、接纳、尊重的需求。

尊重意味着对"他人价值的关切"（regard for the worth of someone）③，包括对他人内在价值和基本权利的认可与接纳，是对他人社会贡献的重视。霍耐特说，承认是尊重的初始状态，即将面对的他者当作一个与自己一样的人来认识④，也就是我们通常所说的"把别人当人看"。一旦我们做到这一点，我们就认可了他者与我同样的内在价值，接纳其作为与我一样有人类基本特性的成员。人始终是群体性的，所谓"人以群分"，其实更是"人以群在"。人类是最大的"群"，"把别人当人看"或"别人把我当人看"是最大也是最宽泛意义上的接纳，即将别人或我纳入人类这一大群体的怀抱。除此之外，还有层次、种类多样的"群"，因此，认可与接纳也就不单单是发生在人类层次上，也发生在由此而下的包括国家在内的各种层次上。现代国家将其对国民的认可与接纳以权利的形式在法律中进行"一揽子"解决，但这种高效、简捷的尊重方式的缺陷也非常明显——体现在法律条文中的权利与得到实际落实的权利之间永远有一道不可填平的鸿沟，无论是社会机构还是个人，都存在着不尊重他人权利的可能与现实。

认可与接纳意义上的尊重，其对立面是蔑视。蔑视实质上就是无视（不认可）或者轻视（降级认可）他人的价值和权利，形式上则多种多样。比如，肉体虐待，这种蔑视形式是对人一种极端的否定，不但否定一个人对自身肉体的自主性，还否定一个人内在的价值性。另外一种蔑视形

---

　① 汉娜·阿伦特. 精神生活·思维［M］. 姜志辉，译. 南京：江苏教育出版社，2006：80.

　② 亚里士多德. 政治学［M］. 颜一，译. 北京：中国人民大学出版社，2003：4.

　③ Thomas Lickona. Educating for Character: How Our School Can Teach Respect and Responsibility［M］. New York: Bantam Books, 1991: 43.

　④ 阿克塞尔·霍耐特. 为承认而斗争［M］. 胡继华，译. 上海：上海人民出版社，2005：119.

式则是带有排斥意味的否定，社会学上叫"倭化"，即将他人视为与己不同的人，这不是尊重别人的个性，而是将自己作为正常人的标准，而将他人视为"另类"，打入"另册"。

既然认可他人是与我一样的人，我有权安排自己的生活，我的自主不容干涉，那么，他人也同样有权安排他的生活，他的自主同样不容干涉，因此，认可还意味着不干涉他人自主。弗洛姆对尊重的理解深富启发性："尊重这个词的出处就是有能力实事求是地正视对方和认识他独有的个性。尊重就是要努力地使对方能成长和发展自己。"① 让我成为我自己，是我们对别人所要求的尊重；接受别人的真实个性，让别人成为他自己，成为他想成为的样子，则是我们对他人的尊重。

这个意义上的尊重，其对立面是干涉与控制。干涉是对他人自主的侵犯，内在地包含着对他人价值、能力、个性的蔑视。控制表现为对他人思想与行为的限制，让他人按自己的意愿与要求行事，实际上是将他人工具化，使他人成为实现自己目的的手段，这是对他人尊严的釜底抽薪式的侵犯。

尊重的另一种形式是重视。获得性尊严与人的努力及这种努力的结果即贡献相关联，因此，在基本尊重的前提下，一个人所获得的尊重依赖于其所做贡献的价值。这里的贡献不限于物质成果、智力成就，也包括道德与精神品质。一定的贡献获得相应的重视，这是尊重；一定的贡献，如果没有获得应有的重视，则是轻视；如果获得了过度的重视，则是恭维。轻视有损尊严，有的人喜欢恭维，但真正自尊的人一定会对恭维敏感，"要产生作用，认可、赏识必须与贡献相称。真正的赏识必然不同于虚假的夸张恭维，那会使人感到一种假客气，这比不赏识更糟。……对小事过分赞赏实际上在破坏尊严，我们会觉得像受了恩赐似的"②，因为这种赞赏背后有一种贬低在，是对被赞赏者能力的看轻，流露的是赞赏者对被赞赏者的低期待。当然，社会交往中，恭维有时候是故意为之的，是一种巴结和奉承，有人把它当成尊重，但实际上巴结和奉承看重的是对象的有用性，它背后依旧是将人工具化的逻辑。

---

① E. 弗洛姆. 爱的艺术 [M]. 李健敏，译. 上海：上海译文出版社，2008：26.
② 罗伯特·W. 福勒. 尊严的提升 [M]. 张关林，译. 上海：上海人民出版社，2008：21.

4. 尊严：自尊与尊重的合奏

尊严的两个维度，即自尊和尊重相互支撑、互为表里。我们常说，一个不自尊的人无法获得尊严，也很难得到别人的尊重，只有自尊才能得到尊重，才能有尊严。直觉的常识里包含着人间的智慧，说明尊严首先是自尊，这是自我的义务，而且自尊在很大程度上也是获得尊重的前提条件。自尊作为对自身价值、自身道德性的维护，作为对理想自我的一种追求，本身就显现出一种人性与道德的光辉，令人肃然起敬。人是道德存在，任何正常的人，都感受得到道德的力量，对道德都有一种敬重。对自尊之人的尊重，既是对其本人的尊重，也是对道德的敬重，也就是说，自尊不单是对自我的消极维护，还是一种"主动出击"，是拨动他人内心的道德感，是与他人的道德自我拥抱。

自尊作为一种精神性的自我维护，仿佛在自我周围建造了一个保护圈，严丝合缝，没有为蔑视、干涉、控制、不公平对待等侵犯尊严的方式留下可乘之机，这些损害尊严的"歪风邪气"刮不进来，使自身变得不可侵犯。反过来，自尊的反面，即自卑与堕落（自轻自贱）则为他人的蔑视与侮辱提供了可乘之机，甚至可以说是诱导因素。如前所论，自卑是对自我价值维护的放弃，尊严扫地，他人即使不再添加蔑视与侮辱，也没有替自卑者进行价值维护的义务。"没有人会尊重一个说谎者、一个说闲话者、一个愤世嫉俗者或者一个哀诉者。"[1] 为什么呢？因为堕落，虽然是自轻自贱，但一定有损于他人，因为人是关系性存在，一个人不可能了无关涉地堕落，一定会牵连到他人，尤其是密切相关的人。自轻自贱放弃的是人的道德性或道德要求，而一个没有道德要求的人对有道德要求的人来说显然是一个威胁，其存在本身就意味着对自尊之人所看重的价值（道德价值）的否定，必然会激起他人的反感与排斥。

自尊的人容易获得尊重还有另外一个内在"原理"，那就是自尊的人往往也尊重别人，而尊重别人更容易得到被别人尊重的回响。罗尔斯说："那些尊重自己的人更易于尊重别人，反之亦然。自轻自贱导致别人的轻

---

① 凯文·瑞安，等. 在学校中培养品德：将德育引入生活的实践策略 [M]. 苏静，译. 北京：教育科学出版社，2010：195.

蔑，像嫉妒一样威胁着他们的利益。自尊是互惠的自我支持。"① 自尊是对自我价值与自我道德性的爱，之所以爱，不仅仅是这种价值与道德是"我的"，还因为这种价值和道德本身是美好的，这种美好的价值和道德别人也有，那我对别人的爱也就顺理成章了。也就是说，自尊所维护的不仅是自我，更是自我与他人人性中共有的光辉。从这种意义上说，自尊更容易导向对他人的尊重，所谓"仁者爱人"。如果说冒犯所激起的是抵抗与反攻的话，那么对他人的尊重所唤起的往往是被尊重。

自尊容易获得尊重，反过来尊重也是对自尊的培育。人是关系性存在，没有他人的回应，自我无从建立，自尊也就失去了依托。从正面看，自尊与他人的认可、接纳、不干涉及重视息息相关，甚至可以是自尊的"深谷回声"。有了这些回声，自尊得到回应和依托，就有了着落，就会变得稳定与牢固；没有这些回声，自尊就会显得单薄、脆弱，就会很快消失在不见底的深谷之中。他人的关注与尊重之所以对我们如此重要，主要在于我们对自身价值的判断既无法孤立地作出，又有一种与生俱来的不确定性——没有他人的回应，我们无法判断自己的价值，甚至不知道自己是谁。从反面来说，尊重的对立面，包括蔑视、干涉、控制、轻视对自尊的杀伤力巨大。以轻视为例，"如果我们周围的每一个人见到我们时都视若无睹，根本忽略我们的存在，要不了多久，我们心里就会充满愤怒，我们就能感觉到一种强烈而又莫名的绝望，相对于这种折磨，残酷的体罚将变成一种解脱"②。德波顿将人的自尊与尊严比喻为一个气球，这个气球是靠自我价值感和他人的尊重来充气的，而他人的蔑视与侮辱则如针尖麦芒，是自尊与尊严的巨大威胁。③ 德波顿也许有点夸大其词，因为人虽然看重别人的对待，但也会"保持自己的思想，有辨别，有选择，从自己的个性着眼来考虑所有的建议，不会接受与他的发展无关的影响"④，但这一比喻还是形象地揭示了尊重对自尊的养护与不尊重对自尊的杀伤。

---

① 约翰·罗尔斯. 正义论 [M]. 何怀宏，等，译. 北京：中国社会科学出版社，1988：171.

② 阿兰·德波顿. 身份的焦虑 [M]. 南治国，译. 上海：上海译文出版社，2007：7.

③ 阿兰·德波顿. 身份的焦虑 [M]. 南治国，译. 上海：上海译文出版社，2007：8.

④ 查尔斯·霍顿·库利. 人类本性与社会秩序 [M]. 包凡一，译. 北京：华夏出版社，1999：166.

二、教育的尊严在哪里

教育作为自觉的文化活动，能够意识到自身，有自身的独特价值，且身处众多相互依存的社会系统之中，因此教育也有尊严问题。教育的尊严是一种获得性尊严，既要靠自尊来维护，也要靠来自不同社会系统的尊重来实现。

1. 教育尊严的获得性

如前所述，尊严首先是人的尊严，因为人有自我意识，能够意识到自身的高贵与脆弱。但在日常生活甚至是理论表达中，我们也会说不同层次群体的尊严，比如国家尊严、民族尊严等。这些说法自有道理。群体也可以有尊严，但不是所有群体都谈得上尊严，因为尊严与自我意识直接相关，没有自我意识，也就无所谓尊严。有些群体只是个人的累加，是人数量的扩大，犹如"麻袋里的土豆"，有"群"无"体"，没有形成超越个人的群体意识，也就无所谓尊严。只有那些自为自觉的群体，即那些有了内在凝聚力和自我意识的群体，才谈得上尊严。在这样的群体中，群体成员与群体声气相通，群体的强大与荣誉为个体带来自豪感，群体的虚弱与受伤则给个体带来耻辱与伤害。

个人有普遍性尊严和获得性尊严，有自觉意识的群体享有的是什么意义上的尊严呢？我们可以从人权概念中窥得一些端倪。人权只限于个人，所谓集体人权只是一种比附性说法，集体有集体的权利，这一点毫无疑问，但这是另外一种意义上的权利，不是人权。与人权密切相关，普遍性尊严也同样只限于个人，那是每个人之所以为人的标志。既然如此，我们为什么经常说某个民族、某个国家的尊严呢？群体的尊严，包括民族、国家这类超大群体的尊严只能是获得性尊严，是靠自身的努力去争得的尊严，没有什么超越性力量可以无条件地授予群体以普遍性尊严。人既是个体的，又是群体的，个体之间的关系是一回事，群体之间的关系则是另一回事。人类学、社会学等学科的观察表明，如果说群体内部成员之间存在"道德逻辑"的话，那么群体间则主要是"战争逻辑"。人类历史的血雨腥风至今没有停歇，人类依然没有学会在没有血腥下生活，背后推手就是那"战争逻辑"。人权和普遍性尊严思想的提出，其实是用"道德逻辑"

之矛去攻"战争逻辑"之盾的一种尝试和努力，是"道德逻辑"的强力伸张与"战争逻辑"的小小收敛。这种尝试和努力虽然意义非凡，但谈不上有多成功，因为人权与普遍性尊严更多的还是一种理想追求，人类群体间的"战争逻辑"在一个全球化的时代依然强劲。

作为人类的一项事业，或者说人类的一种特殊活动，教育有自己的尊严。教育作为一种自觉的文化存在，也有自我意识和自我价值感，能够感受到自身重要与否，能够做自我评价，因此教育也有自尊与尊严的问题。教育作为一个行业是处于关系之中的，有一个整体社会及其他行业如何看待教育的问题，如果得到了肯定、认可，那就有尊严；如果相反，得到的只是否认、轻视、贬低，那就尊严受损或没有尊严。但教育的尊严不是普遍性尊严，不是无条件享有的尊严，而是一种获得性尊严。人类活动纷繁复杂，教育只是其中一种，有无尊严，主要看教育自身的作为，看教育如何对待自身，有无独特的价值与贡献，能否获得其他社会系统的认可与尊重。

2. 自尊意义上的教育尊严

与人的获得性尊严一样，教育的尊严首先来自于教育的自尊。教育的自尊首先是对自身价值的自信与维护。由此可以派生出事关教育自尊的多个维度，第一个就是对教育有无价值的认知。在很多人眼里，教育的价值毋庸置疑，完全没有必要提出教育有无价值的问题。但不要忘了，从古至今，教育无用论及其变种总是阴魂不散，在教育史的不同时期，尤其是在教育发展遇到困难的时期总会现形。教育无用论既有来自教育外部的，也有来自教育内部的，如果说前者是对教育的蔑视，那么后者则是教育的自卑，二者都是有损教育尊严的方式。无论其他行业多么强势，无论教育处境多么困难，教育及其从业人员都坚信，教育作为人类的一种活动方式、一个活动领域，在人类生存和发展过程中是有独特价值的，是任何别的活动、任何别的领域都无法替代的，这是教育有尊严的前提性条件。

解决了教育有无价值的问题之后，随之而来的就是教育价值到底是什么的问题，或者说教育要维护与坚守什么价值的问题。对教育自身价值的理解众说纷纭，分歧巨大，甚至相互矛盾、彼此对立，但无论如何，教育的根本价值在于造就人，在于"培育好人"。"好人"之"好"，包括道德上的"好"，但又不仅仅是道德上的"好"，而是作为一个人的"好"。

"好人"之"好"类似于亚里士多德所说的"德性"（αretē），"就是既使得一个人好又使得他出色地完成他的活动的品质"①。这里的德性实际上指人的卓越、人的优秀。当然，人的卓越与优秀必然也包括道德上的卓越与优秀。"好人"不仅是卓越的、优秀的、有道德的，而且是幸福的，因为"幸福就是完满德性的实现"。应该承认，在教育史上，人们对教育价值的理解与教育实际负载的价值远不是"造就好人"可以囊括的，甚至有这样那样的偏离；而且人类的教育发展到今天，其价值负载越来越多，也绝不仅仅是造就好人，比如大学，除了培养人之外，还有了科学研究（发现知识）与直接服务社会的功能。但无论如何，"造就好人"始终都应该是教育无可替代的本己价值，这是教育安身立命之根，也是教育获得尊严与尊重的基础。

问题在于，对何为"好"、何为"卓越"，不同的时代有不同的理解。比如，古典时期的"好"在于"认识你自己"，教育的重心在于帮助年青一代认识自身；而现代以来的"好"则在于"认识世界"，教育的重心转移到如何帮助年青一代把握世界上。实际上，认识人自身与认识世界并不矛盾，人生在世，认识自己存在的宏观与微观环境也有助于认识人本身。但现代社会与现代教育在"认识世界"的单行道上跑得太快、太远了，失去了与"认识自己"的协调，使"认识世界"的活动自身也失去了方向，成为单纯满足人的畸形物欲的工具，本来是追求"好人"的活动，变成了对人、对世界的扭曲与践踏。我们不能说如今的教育不卓越，其在知识传授方面确实是卓越的，但这种卓越是"失去灵魂的卓越"，正如刘易斯对大学的批评："大学已经忘记了更重要的教育学生的任务……在这些学校，人们很少严肃地讨论如何培养学生良好的人格。"②

"好人"之"好"无论有多少维度，都缺少不了伦理或道德意义上的"好"。人是道德存在，正是道德使人能够脱离动物进而过上人的生活，道德对人来说，是一种托举和提升的力量。失去道德，人也就失去了向上的力量，必然向下沉沦。而教育作为人类一种自觉的文化与精神活动，也是对人及其本性的托举与提升。教育对人的提升，本身内在地包含着对人道

---

① 亚里士多德. 尼各马可伦理学 [M]. 廖申白，译. 北京：商务印书馆，2003：45.
② 哈瑞·刘易斯. 失去灵魂的卓越 [M]. 侯定凯，译. 上海：华东师范大学出版社，2007：序言，8.

德的培育，否则教育就走向了人性需要的反面，成为人性堕落的驱动力。也是在这个意义上，雅斯贝尔斯说，"教育决定未来的人的存在，教育的衰落就意味着人类未来的衰落"①。正是因为教育在人类道德传承与发扬中的极端重要性，教育在伦理上有不同于一般社会活动领域的要求，那就是教育不仅要在自身运行过程中遵循道德要求，讲求道德，还要为其他社会活动领域做出表率，为道德价值的进步做出更多、更大的贡献。因此，教育的自尊除了对自身独特价值的自信与坚守之外，还在于对自身道德性的坚持与追求。如果说一个自尊的人爱惜自己的"羽毛"，即爱惜自身的道德的品质与完整人格，那么，自尊的教育同样爱惜自己的"羽毛"，爱惜自己的道德性，明确自身作为社会精神与道德高地、社会的心智良心的道德定位，对有损于自身道德品性的事物有强烈的敏感性。

　　与教育的自尊相对的是教育的自卑与堕落。教育自尊与否体现在教育活动或教育行业的主体——教育从业者如何看待教育的普遍性态度上。如果教育从业者普遍认为教育没有价值，或者价值不大，普遍不认可教育"造就好人"的独特价值，对教育的道德性没有敏感性，甚至道德冷漠流布甚广，那我们就只能说这样的教育是自卑的。对照现实，教育的自卑显而易见，比如不再坚守自身的内在价值，总是跟着政治、经济、技术"随波逐流"；在对自身的理解上，不是属于"上层建筑"，就是属于"经济基础"，再或者属于"市场"，很少从自身的独特性出发理解自身；教师作为教育从业者的主体，对自身职业的认同度低，甚至没有认同感，较少体会得到或者体会不到作为教师的自豪与光荣，觉得低人一等……这些都是教育自卑的表现。

　　自卑的教育没有自身的牢固立场，是无根的，犹如墙头草，社会上的一阵风，就能把教育吹得东倒西歪。为了求得安稳，自卑的教育往往会寻找依靠，以强势力量为靠山，从而走向自身的异化与堕落。教育没有尊严或者说堕落的一个标志就是，教育从业人员、教育行业本身主动放弃自身的内在价值与道德要求，充当权力意志或商业力量的工具。这是对教育尊严的最大损害。试想，教育本身都不尊重教育，别人怎么会尊重教育呢？

---

①　雅斯贝尔斯. 什么是教育 [M]. 邹进，译. 北京：生活·读书·新知三联书店，1991：46.

3. 尊重意义上的教育尊严

教育的尊严来自于教育的自尊，也来自教育所处社会的尊重。教育被尊重的需要来自三个方面：一个是政府，一个是受教育者背后的家长，一个是其他社会机构。在不同的时代，教育得到承认与重视的程度不同，教育的尊严水平也就不同。比如，辛亥革命之后很长的一段时间，国家虽然处于水深火热之中，但教育却受到了前所未有的认可和重视，很多人将教育视为救国的希望，那时的教育得到了空前的尊重，成就了"中国教育史上的一段好时光"，恩泽当下，福延至今。在"文化大革命"时期，当时的政治观念看轻学校教育的价值，认为广阔的工农天地比学校更能教育人，"接受贫下中农的再教育"比在学校上学重要得多，正规教育被打倒在地，那时的教育斯文扫地，谈何尊严！

应该说，在当今社会，世界上已经摆脱贫困的多数国家，无论是政府、社会机构还是家长，对教育都有基本的认可，教育无用论虽然时有现身，但大规模地、普遍性地否定教育价值的现象已不多见，对教育直接、公开的蔑视比较罕见。这是不是意味着如今的教育已经获得了足够的尊重了呢？问题的根本不在于有没有基本的认可，而在于认可与重视的是什么。客观说来，现代国家对教育的认可与重视程度超过以往任何时代，问题是现代国家认可与重视的主要不是教育"造就好人"的本己价值，而是有助于实现国家功利目的的工具性价值。用努斯鲍姆的话说，现代教育是一种"为了赢利的教育"。比如，高校扩招，似乎是重视大学了，但其实却是将大学当成了解决就业问题的缓冲器。家长对教育的价值也是相当认可的，这一点毫无疑问，我们从教育与房地产一样成为老百姓最为关注的问题中可以窥见这种认可。但家长认可的是什么呢？不能说家长不希望自己的孩子成为"好人"，但谁都无法否认家长更看重教育的社会身份分配功能。虽然盛行于过去时代的血统和出身在年青一代获得社会地位的过程中依然作用巨大，但现代教育已经无可置疑地成了分配社会地位的新依据，即使那僵而不死的血统和出身，要发挥作用，也得披上教育的合法外衣。对学生和家长来说，上学就是一项长线投资，为的是将来能够获得一个良好的职业岗位、一个较高的社会地位。"我们的社会简单地认为学校教育的目的就是经济的，即改进人们的经济状况，与促进国家的兴旺一样。为此，学生应该在标准化考试中表现优秀，进入好大学，找到高薪工作，可以购买许多商品。"① 如果教育是自觉的、敏感的、足够自尊的，教育能从国家和家长的这种认可中体会到尊严感吗？现代国家与众多家长对教育的工具性价值的认可，与其说是一种尊重，倒不如说是一种隐蔽性的蔑视。

作为尊重的重视还有一个尺度——恰如其分。教育不是无用的，教育也不是万能的，无用论是对教育的蔑视，而万能论也不是对教育的真正尊重。教育万能论有不同的变种，一种是对教育的言辞虚夸，将教育架上神坛。比如前些年，一面是官方媒体一再宣传的"教育是太阳底下最光辉的事业"、"教师是人类灵魂的工程师"，一面却是教育投入的严重不足，教师甚至拿不到维持基本生活的工资。虚假的恭维与冷漠的轻视滑稽地结合在一起，反映出的不是对教育的重视与尊重，而是对教育的不恭与蔑视。教育万能论的另一个变种则是将教育视为解决一切现实政治与社会难题的"万能钥匙"，渴望教育能够破解一切人类难题。这种万能论一方面使现代国家和社会大众对教育寄予很多不切实际的幻想，加剧了政治权力与经济强力对教育的干涉与控制，另一方面也使教育背负了诸多力所不能及的任务，成为诸多社会问题甚至社会灾难的替罪羊。教育不是没有责任，我们甚至可以说教育对人类的未来负有无限的责任，但当媒体和大众将社会问题的责任一股脑全部归于教育的时候，真正的直接责任者就逃脱了。因此，教育万能论的这一变种也不是对教育的尊重，其背后依然是利用性的工具心态。

如前所论，尊重还表现为不干涉他人自主，即让他人成为他自己。迄今为止，教育都是特定民族或国家的教育，都要服务于特定的国家和社会，但并不能因此而否定教育所具有的独立性和自主性。教育要服务于自己所属的国家和社会，但只能以自己的方式（造就好人）来提供服务，否则教育受辱、受伤，其所要服务的国家和社会也无法从教育这里获得真正的贡献。以大学为例，各个时代的掌权者都想将大学纳入自己的掌控之中，因此大学长期处在与政权保持适当距离、坚守自身独特性的斗争之中。正是大学的抗争，使近代国家的一些开明统治者渐渐明白了尊重大学的自主才能使自身真正获益。教育不是产业，教育不直接生产效益，但教

---

① 内尔·诺丁斯. 幸福与教育 [M]. 龙宝新，译. 北京：教育科学出版社，2009：序言，5.

育需要资源和投入，需要国家的财政支持，否则教育是无法支撑下去的。现代国家对教育的投入空前巨大，但伴随着金钱投入而来的是对教育干涉与控制力道的空前加大。如果政治权力既能为教育慷慨解囊，又能认识到不干涉教育自主才是对教育投入负责任的最佳选择，并节制政治权力在教育领域的挥舞，那才是政治的自尊和对教育的尊重，那才是真正的"政治成熟"。

有学者认为，当下中国人文学面临着"三座大山"①——政治权力、商业力量和大众传媒，这"三座大山"又何尝不是教育所要背负的！如今的教育，一方面被权力紧紧抓住，另一方面又被金钱的力量所控制。学校作为教育机构，其最大的"利益"在于"造就好人"，在于学生的健康成长，不在于金钱和物质回报的多少。但由于商业势力对教育的渗透与改造，现在的学校，有异化为商业机构的趋势。客观地说，这些年我们国家对教育的投入有所加大，也在逐步减少教育收费的项目，降低教育收费额度，但老百姓的教育负担却有加重的趋势，学校乱收费已经成为社会普遍关注的焦点问题，根本的原因就在于学校的逐利欲望越来越膨胀，越来越无所顾忌。社会机构都有自己本能性的利益追求，学校也不例外，但为本能所制、被商业力量所利用，成为商业势力的一部分，就是没有尊严的表现。

对一个行业的尊重还体现在对该行业专业性的认可上。比如，对科技行业，行业外的行政官员、社会大众，甚至社会精英都不太敢任意置评，体现出对科技行业专业性的基本尊重。对教育的尊重与否也体现在对教育专业性认可与否上。教育专业人员恐怕都有一个切身体会，几乎所有人都可以对教育说三道四。这里面当然有合理因素，因为教育牵涉甚广，可以说几乎所有人都是教育相关者，都可以对教育发表看法。发表看法与意见，甚至提出批评是一回事，将自己看作教育专家则是另外一回事，前者是对教育的监督，后者则是对教育专业性的轻视。现在有太多的教育行业以外的人士觉得自己懂教育，觉得自己是教育专家：官员因为有权，说话有人听，所以就有了"教育思想"；商人因为有钱，可以办民办学校，就可以摇身一变而成为"民办教育家"。更突出的是大众传媒，可以专家味

---

① 陈平原. 人文学之"三十年河东"[J]. 读书，2012（2）.

十足地将任何悲剧性事件都归结为教育的失败、德育的失效，从来都不反躬自省，看看有多少社会悲剧是大众传媒怂恿的结果。在一个人人都是教育专家的时代，教育的专业性没有得到应有的尊重，教育的尊严也因此受到了巨大损害。

　　教育处在社会的整体系统之中，是社会系统的一个子系统，这里就有一个系统间的认可与重视的问题。对平等尊重损害最大的是等级主义，因为等级社会往往是势利的，人们的眼睛朝上翻，都聚焦于高位人物身上，那些处在低位的人物往往无法受到应有的重视和尊重。等级社会不单是人的等级，还包括行业的等级。在我们这个物质时代，那些掌握物质资源的行业就是优势行业，而教育等不掌握资源却需要资源投入的行业则是不折不扣的弱势行业。优势行业得到的关注要比弱势行业多得多，教育作为弱势行业，得到的重视则少很多，地位低下，且是最容易被牺牲的行业。一个显而易见的证据就是，国家经济这些年有飞速的发展，但用在教育上的投入并没有同比增长，早就以法律形式确定下来的教育投入比例长期没有实现。

三、人的尊严与教育的尊严

　　人的尊严与教育的尊严不是互不关联的孤立性存在。教育是人获得尊严的主要方式之一，或者说人主要通过教育去获得尊严，教育本身是否有尊严也直接关系到人获得尊严的过程与质量。

1. 人通过教育获得尊严

　　如前所述，人的尊严有普遍性尊严和获得性尊严之分，但这两种尊严都与教育相关。今天起码在法律上为大多数人类成员所享有的普遍性尊严，在人类历史的大多数时期是不可想象的，是人类几千年来不断努力奋斗才争得的珍贵权利，在这一过程中，教育起到了相当重要的作用。摆脱对神的依附，不再以有罪的眼神看待人自身，将人视为"最值得赞叹的伟大奇迹"[①] 是人获得尊严的思想之刃，没有人能够否认教育思想与教育活动（包括教育机构）对这一思想之刃所起到的"打磨"功效。比如，洛

①　皮科·米兰多拉. 论人的尊严 [M]. 顾超一，译. 北京：北京大学出版社，2010：17.

克关于儿童"白板说"的哲学与教育思想不仅"清除了天赋观念的垃圾，而且也抹去了我们的原罪"①，为人创造自己的自主生活奠定了思想基础。另外，产生于中世纪的大学这一教育机构，在近现代人的普遍性尊严与人权思想的孕育、传播中所起的历史性作用无可置疑。人类虽是万物之灵，但也经历过并仍然经历着蒙昧、幼稚与无助。

蒙昧与幼稚使人类无法意识到自身的独特价值，而无助则使人产生依附性，总想在人之外的超自然神力或世俗王权那里寻找依赖。作为人类独有的自觉文化活动，一方面，教育是人类自我唤醒的一种方式，通过它去唤醒人类的理性、自主与自尊；另一方面，教育也是人类自我提升的一种方式，通过它使人类有能力摆脱对神权和王权的依赖，去过自己的生活。

如果说教育在人类普遍性尊严的获得过程中起到了举足轻重的作用的话，那么，教育在个人获得尊严的过程中所起的作用则更为至关重要。初生的婴儿异常娇弱，没有父母的养育（一种初级的教育方式）和后续的教育，几乎难以成人。教育学强调人的可教育性，并以此作为教育存在的合法性依据，但人不仅是可教育的，还是需要教育的。实际上，没有教育就没有人，"只要他自己不能一个人（再一次）去发现和创造他在这个自然的、文化的、社会的和国家的环境中生活所需的一切，那么他就是一种依靠继承的生物，一种需要教育的生物，一种要接受教育的生物"②。所以，康德说："人只有通过教育才能成为人。除了教育从他身上所造就出的东西外，他什么也不是。"③人通过教育而成为人，而尊严作为人的一种精神需要，也通过教育来获得。首先，人通过教育实现自身的可能并唤醒自身的内在价值感，正如雅斯贝尔斯所说，"教育活动关注的是，人的潜力如何最大限度地调动起来并加以实现，以及人的内部灵性与可能性如何充分生成。……通过教育使具有天资的人，自己选择决定成为什么样的人以及把握安身立命之根"④。也就是说，教育所要做的，一方面是使天生脆弱而又有无限潜能的人实现潜能，进而摆脱对他人的依赖以自立于天地人间；另一方面，教育还要唤醒人的灵魂，使其"知道"自身实现潜力获得

---

① 达林·麦马翁. 幸福的历史［M］. 施忠连，译. 上海：上海三联书店，2011：167.

② 茨达齐尔. 教育人类学原理［M］. 李其龙，译. 上海：上海教育出版社，2001：55.

③ 康德. 论教育学［M］. 赵鹏，译. 上海：上海人民出版社，2005：5.

④ 雅斯贝尔斯. 什么是教育［M］. 邹进，译. 北京：生活·读书·新知三联书店，1991：46.

自立的过程。教育的这个过程实际上就是帮助人实现内在价值并获得内在价值感的过程。

教育所唤醒的不单是内在价值感，还包括道德意识。如前所述，尊严首先是自尊，而自尊也是对自己的道德要求，或者说是对自身道德性的维护。人是道德存在，每一个人都需要为自己的人生进行"道德辩护"，这正是使人脱离动物性存在而向上提升的力量，或者说正是人之尊严之所在。但人性复杂，人有各种各样的倾向，而每一种倾向都是一种潜在的诱惑，既存在道德这种将人向上提升的力量，也存在着各种基于本能倾向而诱惑人向下沉沦的力量。成为一个人，就是达到人性多种力量的均衡状态，从苏格拉底和柏拉图的视角看，就是"灵魂和谐"（理性控制欲望）的状态。成长中的人由于不善于运用理性的力量，很容易被向下的力量所控制，所以需要引导和帮助。教育的一个功能就是呵护、培育成长中的人的理性与道德，帮助他们用道德与理性的力量控制人性的多样欲求，进而实现精神的自由与人性的尊严，因为"尊严是道德所固有的，就它的内容而言，尊严一定要以人对自己的本能的支配为前提"[①]。教育正是因为肩负有道德使命，所以无论从古至今的教育实然状态如何，教育作为道德事业的特质都无法被否定，"教育就是道德教育"绝不是妄言，而是对教育神圣道德使命的简练表达。

教育所唤醒与培育的道德品性当然包括尊重。教育既培育受教育者尊重自己，也培养他们尊重别人。前者是培育自尊，这是帮助成长中的人自己维护自己的尊严；后者是培育尊重，这是帮助受教育者维护别人的尊严。教育对自尊的培育，其实就是帮助未成年人深植自己的"安身立命之根"，为他们去过有尊严的生活奠定基础。教育对尊重品质的培育，虽然是指向他人的，是对他人尊严的维护，但放大了看，也是对自身尊严的维护。如前所论，尊重一方面是对具体的人的尊重，另一方面也是对具体的人所体现出的人性光辉的尊重。当我们对一种在别人身上所体现的人性价值进行真诚维护时，已经无声地证明了我们对这种价值的看重。也许我们也拥有这种价值，那这种尊重也是对自身美好价值的珍视；也许我们还未获得这种价值，但这种尊重起码体现出了我们对美好价值的心仪与向往。

① 席勒. 审美教育书简 [M]. 张玉能，译. 南京：译林出版社，2009：275.

另外，尊重更容易得到被尊重的回响，教育培养人尊重他人的品质，其实也是在帮助他们得到尊重和尊严。

人通过教育获得尊严还在于人是通过教育获得认可的。人注定要扎根人间，注定要融入群体，因此得到群体和社会的认可是有尊严的重要标志。这种认可在家庭生活中表现为情感需要及爱的回应，在社会生活中表现为接纳与重视，在国家生活表现为对权利的尊重。教育也是一种认可方式，是融合了以上三种认可方式的完整认可方式。[①] 没有认可，就没有扎根之所，就没有尊严。人正是通过包括教育在内的多种认可方式扎根人间并获得尊严，"教育正是借助个体的存在将个体带入全体之中。个人进入世界而不是固守着自己的一隅之地，因此他狭小的存在被万物注入了新的生气。如果人与一个更明朗、更充实的世界合为一体的话，人就能够真正成为他自己"[②]。

2. 尊严的教育培养尊严的人

教育是人获得尊严的主要方式之一，但人通过教育获得尊严并不是无条件的，不是什么样态的教育都有助于人获得尊严。一般情况下，尊严的教育才能培育尊严的人，无尊严的教育则更可能侵犯人的尊严并塑造无尊严的人。

虽然教育的尊严与其所培养的人的尊严并不能画等号，但二者之间的正相关关系是显而易见的。这是因为，尊严对其所培养的人有熏陶作用。尊严的教育所表现出来的精神品格对教育中的人产生的熏陶作用既是潜移默化的，也是强烈的、持久的。熏陶作为一种无声的教育影响，有其内在的机制，一个是暗示与接受暗示，一个是非反思性选择。[③] 尊严的教育，也许是自觉的，也许是无意识的，其所言所行都会对教育中的人，尤其是受教育者产生一种无意识的影响，在其内心深处埋下自尊与尊重的种子，随着受教育年限与程度的增加，这种子开始生根发芽并茁壮成长。这一过程的美妙之处在于，尊严的教育使教育中人在无意识之中形成这样一种潜

① 金生鈜. 承认的形式及其教育意义 [J]. 教育研究，2007（9）. 本文用的是"认可"，该文用的是"承认"。

② 雅斯贝尔斯. 什么是教育 [M]. 邹进，译. 北京：生活·读书·新知三联书店，1991：46，54.

③ 高德胜. 生活德育论 [M]. 北京：人民出版社，2005：51-54.

意识：尊严就如我们每天呼吸的空气一样自然而然，必不可少！尊严的教育化尊严为自身的精神品格，在日常运行中会自动化地、不假思索地按尊严的要求行事，这就是尊严的教育之非反思性选择。尊严的教育的非反思性选择对教育中人也是一种暗示，教育中人也有相应的非反思性选择，即不假思索地、自动化地按尊严的要求行事，并慢慢将尊严的要求沉淀为自身的精神需求。

同理，无尊严的教育也会对教育中人产生"熏陶"作用。虽然无尊严的教育与无尊严的人之间并不能画等号，但二者之间的相关性也是显而易见的。可以说，教育本身就是一个"榜样"，这个"榜样"就在教育主体的周边，就在他们的生活中，"有尊严的榜样"教他们尊严，"无尊严的榜样"教他们卑下。博尔诺夫将教育自身所散发出的精神趣味在教育主体心中所激起（不一定是有意识的）的情感态度叫作教育气氛，"教育的成功与否往往取决于生活环境中一定的内部气氛和教育者与受教育者一定的情感态度。我只是一般地称之为教育气氛，并把它理解为情感、情绪状态及对教育抱有好感或厌恶等关系的总和"①。显然，尊严的教育与无尊严的教育所建构的教育气氛差别巨大，对生活在其中的人的影响也必然大相径庭。

尊严的教育以"造就好人"为使命，这里的"好人"当然是自尊、尊重他人、被他人尊重的人，也就是尊严的人，尊严的教育就是以造就尊严的人为己任的。人类的教育发展到今天，已经被赋予了多种多样的功能，教育也确实能够贡献出多样的价值，但无论如何，教育都有自己的本分，那就是"造就好人"。有太多的力量诱惑、强迫、控制教育远离自己的本分，教育一旦无法独立自守，就会尊严尽失。尊严的教育能够坚守自己的本分，总是以自己的方式去满足来自人类发展与演化过程中所产生的多样化需求，绝不朝三暮四，跟风赶潮，去做有损尊严的事情。教育对尊严的坚守，其直接效应就是尊严的人的诞生。一方面，尊严的教育"咬定青山不放松"（造就好人），其全部活动都以这一目标为核心；另一方面，尊严的教育对生活于其中的人也提出了要求，那就是维护自身价值，坚守道德标准，独立自主。这种要求既是教育维护自身尊严的必然逻辑，也是

---

① 博尔诺夫. 教育人类学 [M]. 李其龙，译. 上海：华东师范大学出版社，1999：41.

一种自然的道德教育、人格教育，或者说就是尊严教育。通过这种教育，教育中人，尤其是成长中的人，慢慢学会了运用自己的精神力量，内不被欲望或生物必然性所控制，外不被他人所贬低、侮辱和侵犯。

尊严的教育尊重人。首先，尊严的教育以造就好人为旨归，而造就好人的前提在于对人的价值的认可与赞美，并在此基础上进行呵护与培育，体现出对人的真正尊重。与功利性机构往往只看重人的有用性，出发点只在对人进行工具化利用截然不同，尊严的教育认可并赞美的是人真正美善的维度，是对人的高贵性的珍视。其次，尊严的教育对每一个人都是重视的，但这种重视恰如其分，绝不逢迎和恭维。教育对人的轻视与虚夸，既有损于教育自身的尊严，也无益于人及其尊严的获得，不符合教育尊严的内在逻辑要求。最后，尊严的教育在展开自身活动时，从尊严中自然流淌出自信与从容，不焦虑、不极端、不功利、不强求，最大限度地尊重人的自主性。从根本上说，教育是对年青一代的关怀与爱。这种爱不是为了索取与控制，而是一种给予之爱，从一开始就以年青一代的自主与自立为目标，从一开始就打定主意准备抽身离开。如前所论，人都有受教育需要，教育就是以此为起点，并以人不再依赖教育，能够进行自我教育、自我独立为终点。一句话，"教育是为了不教育"，教育的尊严与人的尊严在这里达成了交相辉映的美丽景观！

尊严的教育是受尊重的教育，对教育的尊重也是对人的尊重。对教育的尊重就是对教育内在价值的认可与赞赏，就是让教育按照自身本性自主运行。而教育的本己价值在于造就好人，那么尊重教育的内在价值与自主性显然就是对人的内在价值、对人的自主发展的尊重。教育是人实现尊严的方式，对教育的尊重也就是对人实现自身尊严之方式的尊重，也就是对人本身及其尊严的尊重。反过来，对教育不尊、不敬，也就是对人实现尊严之方式的不尊、不敬，也就是对人的轻视与冒犯。另外，教育从来都不是静态的校园、无声的学习材料和机械的制度，而是活生生的人及其相互作用。教育作为一种活动性存在，是有其主体的，那就是教育者和受教育者。从这个角度看，对教育的尊重，主要是对教育主体的尊重。总之，对教育的尊重，也是对人的尊重，这种尊重，既使教育获得尊严，也使教育主体获得尊严。

道德教育：引导幸福生活的建构

南京师范大学道德教育研究所　冯建军

摘　要：站在人本的角度，道德、生活、幸福具有内在的一致性。道德是幸福的源泉，幸福是道德的结果。生活论视阈中的道德教育，当以引导人的幸福生活建构为根本，建构一种基于物质生活又超越物质生活的精神生活、意义生活和道德生活。为此，道德教育必须使学生认识幸福、体验幸福和创造幸福，培养他们追求幸福、体验幸福和创造幸福的能力。道德教育建构人的幸福生活，既是道德教育的本质所在，也是当代社会发展的要求。

关键词：道德；幸福；道德教育；幸福生活

鲁洁教授在《教育研究》上撰文指出，道德教育的根本作为是引导生活的建构。① 这一认识突破了社会本位视阈中道德教育的政治化，也突破了个人本位视阈中道德教育抽象的人性化，而把道德教育置于生活论视阈中，道德教育在于使人更好地生活。因为幸福是人生活的终极价值和追求，所以，我把鲁洁教授的这一观点进一步引申：道德教育的根本作为在于引导人幸福生活的建构。道德教育何以能够引导人的幸福生活建构，引导建构一种什么样的幸福生活，怎样建构幸福的生活？这是必须回答的问题。

一、道德教育何以能够引导幸福生活的建构

道德教育是否能够关涉人的幸福生活，取决于对"道德"和"幸

---

① 鲁洁. 道德教育的根本作为：引导生活的建构 [J]. 教育研究，2010 (6).

福"的理解。如果我们立足于社会的要求，把道德理解为维护统治阶级利益的社会规范或意识形态，道德教育成为灌输社会规范和意识形态的政治化活动，这样的道德教育，自然难以使人体验到幸福，也不可能使人获得幸福。如果我们把幸福理解为物欲的满足和感官的快乐，道德教育以理性限制人的感性和本能，当然也难以使人感受幸福。长期以来，道德教育不能使人幸福，幸福也不欢迎道德教育，根本的原因就在于我们对道德的理解和对幸福的认识，偏离了人本身，偏离了成"人"的需要。

如果站在以人为本的高度来理解道德，认识幸福，道德与幸福、道德教育与幸福生活则具有内在的联系。这种联系不仅对于改进道德教育，而且对于提升人的幸福生活质量，具有重要的意义。

1. 道德、生活、幸福三位一体

道德是指向社会、为了社会，还是指向生活、为了生活？这要看社会和生活哪一个更根本。社会是人的存在形式，任何社会都是暂时的，生活则是永恒的。人在生活中，生活的需要产生了特定的社会，社会是生活的一种承载方式。社会服务于生活，而不是生活适应社会。"社会只是生活的必要条件，而生活本身的意义和质量才是生活的目的。"① 社会不是一个人的生活，单个人的生活不需要道德，两个人以上的社会就需要道德。道德调节人与人之间的关系，其目的就是为了使人过一种好的生活。所以，道德基于生活的需要。道德虽然表现为社会规范，但道德不是为了社会，而是为了生活。道德之学是生活之学，而不是社会之学。道德需要思考的是生活的意义和怎样过一种值得过的有意义生活。

社会的道德，基于社会的立场和统治阶级的利益，以社会的要求限制人的生活，把生活限定为特定社会需要的生活，为社会所宰制，因此，是外在于人的强制性生活。人虽然要遵循社会的道德规范，但道德规范不应该是基于社会需要的规范，而应该是基于人的生活需要的规范。

基于社会的规范外在于人，基于生活的道德则是人的需要。基于社会的规范，人是社会的工具，受社会的宰制。基于生活的规范，人是生活的创造者，是自我意志的主体。基于社会的规范，人被社会所规训，体验不

---

① 赵汀阳. 论可能生活（第 2 版）[M]. 北京：中国人民大学出版社，2010：9.

到自由和幸福。基于生活的规范，人按照自己的意志创造希望的生活，体验的是自由和幸福。可见，道德基于社会还是基于生活，会导致不同的结果。

道德是人的生活定向，是对生活方式的一种选择，是按照自己所意愿的方式选择一种好生活，因此，道德的生活是一种幸福的生活。道德关涉人的幸福，只能在生活论的意义上才能够真正实现。这是因为道德是一种"成人"的生活，而生活的目的则是幸福。

人在生活中，生活造就人。过什么样的生活，就会有什么样的人。道德的生活之所以为人所推崇，就是因为道德是人的本然存在方式，道德的生活是顺应人性的生活，是一种"成人"的生活。道德教育就是要为人指明本然的生活之路，促使人循着做成一个人的目的去生活，使之能够生活得"更像一个人"，自觉走上成人之道。①

幸福是生活的终极价值和追求。人的生活可能有很多追求，但终极的追求只有一个，那就是幸福。如同费尔巴哈所说："生活和幸福原来就是一个东西。一切的追求，至少一切健全的追求都是对于幸福的追求。"②亚里士多德也指出，幸福是最完善的事物，我们只是为了它本身而选取它，而绝不是因为其他别的事物。③人们为了幸福而生活，而不是为了其他而生活。因此，恩格斯把每个人都追求幸福视作"无须加以论证的"、"颠扑不破的原则"④。

2. 道德是幸福的源泉

幸福在生活中体验，也在生活中实现。生活各有不同，大致说来有物质生活和精神生活两大方面。幸福作为一种心理的主观体验和感受，是个体在物质生活和精神生活中，满足其物质和精神需要而产生的一种快乐和愉悦状态。但也并非所有的物质生活需要和精神需要的满足都可以成为幸福，有的只能是短暂的快乐。快乐来自于感官一时的刺激和满足，而幸福则是一种持久的愉悦体验。快乐可能带来幸福，但幸福不能只停留于快乐。幸福是具有重大意义的需要和目的得以实现所产生的持久的、深刻的

---

① 鲁洁. 道德教育的根本作为：引导生活的建构 [J]. 教育研究，2010（6）.
② 费尔巴哈. 费尔巴哈哲学著作选集 [M]. 荣震华，译. 北京：商务印书馆，1984：543.
③ 亚里士多德. 尼各马可伦理学 [M]. 廖申白，译注. 北京：商务印书馆，2003：18.
④ 马克思恩格斯全集（第1卷）[M]. 北京：人民出版社，1979：373-374.

· 175 ·

内心愉悦状态。

生活是物质和精神的有机统一。满足物质需要的幸福是物质幸福，满足精神需要的幸福是精神幸福。因此，幸福也是物质幸福和精神幸福的有机统一。缺少物质的幸福是病态的幸福，缺少精神的幸福是非人的幸福，都不是真正的幸福。因为物质需要是人的生活前提，精神需要是人的根本。"人对精神生活的渴求和对精神世界的向往是人性的根本所在，也是人的幸福的根本所在。"① 离开了物质需要，人不能生存；离开了精神需要，人无异于动物。因此，在完整的幸福中，物质幸福是基础，精神幸福是根本。

道德既关涉物质的幸福，也关涉精神的幸福。道德作为物质幸福的源泉，是因为德得相通；作为精神幸福的源泉，是因为德福一致。

第一，德得相通，道德有助于物质的幸福。德得相通是中国传统的道德精神，最早见于老子《道德经》中"德者，得也"。这可以看作中国古代对"德"的本体论解释。"德"字在殷商卜辞中作"得"讲，有得到或占有奴隶、财富之义。一个人之所以要有"德"，就是为了"得"，为了更好地享有物质生活。所以，道德不排斥物质利益和物质幸福。"德"与"得"相通，意味着"德"是为了"得"，"得"是"德"的目的。但"德"是"得"的限制，"得"的获得要通过"德"的途径。也就是说，道德不排斥利己，但要合理利己，以道德的方法实现物质生活的幸福。所以，"'德''得'相通原理可演绎为两个不同的逻辑向度：'德'是'得'的方法和条件；'得'是'德'的目的和指向。也正因为有这二者的存在，道德权威才得以树立，而且作为中国道德精神的基本价值取向，'德''得'相通也成了后来中国道德建构的权威性机制"②。长期以来，我们把"德"等同于"义"，把"得"等同于"利"，把"义"与"利"对立起来，强调"重义轻利"，使"德"与"得"相分离，这种道德观是非人的道德观。马克思指出，"正确理解的利益是整个道德的基础"③，这说明道德不排斥利益，排斥的只是不合理的利益。

第二，德福一致，道德有助于人的精神幸福。幸福不只是指向得利，

---

① 扈中平. 教育何以能关涉人的幸福 [J]. 教育研究, 2008 (11).

② 安晋军. 关于"德""得"相通的理性思考 [J]. 石油大学学报 (社会科学版), 2001 (1).

③ 马克思恩格斯全集 (第2卷) [M]. 北京：人民出版社, 1957：167.

还指向精神幸福。精神幸福一直是伦理学家所关注的核心。古希腊的梭伦开辟了幸福论伦理学的先河。他认为，只有财富并不能决定幸福，还必须要有德行。伊壁鸠鲁认为，道德、善在本质上与幸福的生活相关联，与幸福的生活是不可分的。德谟克里特也指出，幸福不在于占有畜群，也不在于占有黄金，它的居处是在我们的灵魂之中。亚里士多德说得更加明确，幸福就是"最高的善"，是一生中"那种最好、最完善的德性的实现活动"。① 人的幸福在于德性，是德性的实现。德福之间相互制约，相辅相成。一方面，福即德。斯宾诺莎就指出，"幸福不是德性的报酬，而是德性自身"②。幸福生活是一种至善的道德生活。另一方面，德即福。道德的生活也是幸福的生活，道德之人是幸福之人。如果道德不意味着幸福，则道德实无存在的可能。德性与幸福须臾不能分离，幸福生活要求道德，道德是幸福的源泉，幸福是道德的结果。

3. 当代社会病态的幸福亟须道德引领

马克思主义者不否定幸福首先是满足物质追求，没有物质生活的幸福是神的幸福，不是人的幸福。所以，我们把幸福建立在物质生活的基础上，并且作为首要的基础和前提。物质幸福遵循的是人的生物本性，满足的是人的物欲，有其积极的意义。但物性不能构成人性的全部，不能使物性支撑整个人生，物欲的任意扩张只会使人不成其为人。人性的根本在于精神性，人的幸福离不开精神的充实，精神是幸福的灵魂。

当今社会，物质生活的富裕已经变成了普遍的事实。但在这种情形下，人们并没有因此而获得真正的幸福，相反，人们反而变得更加不幸了。问题就出在物质生活和精神生活失衡，不断满足的物质生活失去了精神灵魂，人们在乎的只是物质幸福，放弃了精神幸福以及精神对物质幸福的引领，表现为享乐主义、消费主义。享乐主义，其根源可追至古希腊时期的快乐主义，认为人生最大的幸福就在于快乐，在于追求感官的快乐。在当代社会，快乐主义有增无减。当代的快乐主义，把物质的满足作为人生的根本目的，并衍生为享乐主义、消费主义。人失去了精神，失去了灵魂，为金钱和物欲所奴役，变成了"商品饥饿者"。社会由此进入了消费

① 亚里士多德. 尼各马可伦理学 [M]. 廖申白，译注. 北京：商务印书馆，2003：20.
② 斯宾诺莎. 伦理学 [M]. 贺麟，译，北京：商务印书馆，1999：267.

社会，人们为消费而消费，为享受而享受，为快活而快活。消费变成了人唯一真正的目的。"高生产和高消费处处都成了最终目的。消费的数字成了进步的标准。结果，在工业化的国家里，人本身越来越成为一个贪婪的、被动的消费者。物品不是用来为人服务，相反，人却成了物品的奴仆，成了一个生产者和消费者。"① 在享乐主义、消费主义泛滥的当代社会，片面强调感官的快乐和物质的满足，人趋向于动物的本能，失去了人之为人的根本。

在这样一个物欲膨胀的社会，提高幸福感的方法，自然不再是物质生活的满足，而是提升人的精神需求，唤醒人们对精神幸福的关注。因此，道德作为精神的灵魂成为当代社会心灵贫穷的治本之道，成为走出病态幸福误区的良方。

二、道德教育引导什么样的生活建构

马克思主义伦理学认为，幸福不在遥远的天国，也不在人的任意想象中，幸福就在人们的现实生活中，就在人们的道德实践中。亚里士多德认为："幸福不是来自神，而是通过德性或某种学习或训练而获得的。"② 我们只有在德性生活实践中，才能真正地获得幸福。道德教育通过引导建构什么样的生活，才能够使我们享有幸福呢？

1. 道德教育引导建构一种理性的消费生活

唯物主义承认幸福是物质幸福和精神幸福的统一，承认物质生活是人的第一生活需要，物质幸福是人的首要幸福。物质生活的改善非道德教育所能为，而要依靠生产力的提高和经济的增长，以及通过社会制度所实现的公平分配。但物质生活的改善并不意味着必然带来幸福，物质生活和幸福之间有一个临界值，当物质生活低于一定水平时，提高物质生活水平是提升幸福的主要途径；但当社会能够较好地满足人的物质生活需要时，物质生活水平的提高不再是提升幸福的主导因素。当代社会，尤其是发达国

---

① 陈学明，等.痛苦中的安乐——马尔库塞弗洛姆论消费主义 [M].昆明：云南人民出版社，1998：115.

② 亚里士多德.尼各马可伦理学 [M].廖申白，译注.北京：商务印书馆，2003：25.

家和发达地区的现实已经明示，物质生活的富裕并没有使人获得真正的幸福①，相反，人们反而变得更加痛苦了，根本原因就在于，在现代社会，人们无限的物质欲望，使人变得为消费而消费，通过追求体面的消费，渴求无节制的物质享受和感官快乐，并把这些当作生活的目的和人生的价值。它追求的不是商品和服务的使用价值，而是它们的符号象征意义。合理满足消费的使用价值与无度占有符号意义的消费是两种不同的生活方式。前者是一种理性的消费，消费为了使用，消费的过程是享受物质幸福的过程；但后者的消费被欲望所奴役，消费的过程永无满足，体验到的是无法满足的痛苦。生活富裕而不幸福的原因就在于此。道德教育的作用不在于满足消费，而在于引导消费，树立理性的消费观，抵制物质至上、享乐主义和消费主义，使人们合理消费、理性生活，在消费中享受物质的幸福。

2. 道德教育引导建构一种有尊严的公民生活

人可以不要物质，但不可以没有尊严。即便是有丰裕的物质生活，如若没有尊严，也不会是幸福的生活。2010 年温家宝总理在《政府工作报告》中明确提出："我们所做的一切都是要让人民生活得更加幸福、更有尊严。"我们决不能把有尊严的生活仅仅理解为脱离了贫困的、富足的生活。

尊严是人格的体现，是人之为人最起码的要求，它不仅体现着对人的尊重，更体现着康德所说的"人是目的"而不是工具。尊严是一个政治概念，体现为政治生活中的独立、自由、民主和平等，其根本标志是公民是否具有独立的人格，公民权是否得到落实，公民的自由是否得到了保障。虽然公民的尊严需要自由、民主、法治社会的建设来保证，但道德教育在培养公民的独立人格、启蒙公民意识、捍卫公民权利、履行公民义务等方面具有重要的作用。公民教育作为道德教育的重要内容，就是要使人成为具有独立人格、有尊严、有自尊、有权利、有义务、有自由和平等地位的

---

① 最新的调查显示，欧洲各国中幸福感最低的是法国人，而在亚洲幸福感最高的不是经济发达程度最高的日韩，而是印度人。就中国的情况而言，农村人的幸福感普遍比城市人高，尽管城市的人均收入比农村高出三倍多。通常经济增长速度快的国家，人们的幸福感偏低，这就是被世界经济学家称之为幸福悖论的现象。[参见吕其庆. 幸福八问——四位知名学者谈幸福 [J]. 思想政治工作研究，2011（1）]

现代公民。有尊严的生活才是幸福的生活。尊严必须落实到每个人，只为一部分人所有的尊严，必然意味着另一部分人丧失尊严。只有部分人有尊严的社会，不可能是一个幸福的社会。

3. 道德教育引导建构一种有意义的可能生活

人与动物的不同之处在于人有意识、理想和追求，动物只有本能的生理满足，所以，动物没有生活，只有生存。生活为人所独有，生活的特质就在于意义，而意义来自于人的不断追求，来自于对幸福、对美好生活的期盼。人生活在现实中，但人不满足于现实，而期盼明天、期盼未来、期盼一种更有意义的可能生活。赵汀阳因此把人的"可能生活"看作"是人的目的论的行动原则"，亦即"目的论意义上的道德原则，这是幸福生活的一个最基本条件"①。人的任何行动，都是为了追求一种更有意义的可能生活。有意义的生活是一种幸福的生活。

道德教育立足于现实生活，但不复制现实生活。现实生活只能规定人的现在，不可能规定人的未来。道德教育要建构人的生活，建构的过程是引导人创造生活的过程。道德的原则就在于指导人创造一种更有意义的生活。意义来自于追求，来自于理想，来自于抱负和志向。所以，道德教育要朝着有意义的方向引导人，包括对个人的意义、对社会的意义、对国家的意义和对人类的意义。一个人追求的意义越远大，志向越远大，境界越高尚，就会越幸福。

4. 道德教育引导建构一种道德文化生活

人的生活是一种文化生活，文化生活潜移默化地影响着人的行为方式和发展状态。过什么样的文化生活，就有什么样的人性。过一种道德的文化生活，不仅表明人本身就有道德性，也引导和发展着人的道德性。过不道德的文化生活，必然塑造不道德的人性。"德福一致"的原理说明，道德生活是一种自足的幸福生活。过一种幸福的生活，必然要求社会有一种道德文化，在社会上过一种道德的文化生活。

温家宝在与国务院参事和中央文史研究馆馆员座谈时指出，中国改革开放三十多年来，伴随经济社会的发展和民主法制的推进，文化建设有了很大的进步。同时也必须清醒地看到，当前文化建设特别是道德文化建

---

① 赵汀阳. 论可能生活（第2版）[M]. 北京：中国人民大学出版社，2010：140.

设，同经济发展相比仍然是一条短腿。近年来相继发生"毒奶粉"、"瘦肉精"、"地沟油"、"彩色馒头"等事件，足以表明诚信的缺失、道德的滑坡已经到了何等严重的地步。因此，温家宝强烈要求，要在全社会大力加强道德文化建设，形成讲诚信、讲责任、讲良心的强大舆论氛围。在新的历史条件下加强道德文化建设，是一项复杂而艰巨的社会系统工程。无疑，它需要强有力的制度保证，尤其是惩罚性的制度，能够及时遏制种种不道德事件的发生，但人而不仁，如制度何？所以，制度之外，道德教育仍然是最为根本的途径。道德教育要正面宣传和引导积极、高尚的道德价值观，弘扬中华民族优秀的道德文化传统，批判庸俗和低级的道德文化，遏制大众传媒对低俗文化的传播，培养品德底线的羞耻感，使社会形成良好的道德风气。

5. 道德教育引导建构一种爱心的合作生活

人不是单子式的"在"，而是一个"共在"。人离开他人，不仅无法生存，而且幸福也无从谈起。幸福是与他人的存在息息相关的。一个有道德的人，为什么是一个幸福的人？就是因为道德不是孤立的，而是相互的，来自于合作的需要。人的生活需要合作，有道德的合作与无道德的纷争，将会产生不同的结果。"一个人讲道德，分东西能想到别人，有危险能冲在前面，这样的人就会被尊重、爱戴、拥护，就会在情感上产生幸福感。"① 助人为乐不是强制别人把助人当作一个"乐事"去做，而是说在帮助他人、温暖他人中，能够享受到快乐和幸福。正因为能够享受幸福，我们才乐于去做。雷锋和郭明义的事迹都说明，帮助别人，可以获得别人的尊敬和爱，就能享受人生最大的精神幸福。

道德的幸福来自于合作，来自于合作中的平等，来自于合作中的爱。道德在于利己，但不是自私。自私是一种损害他人的行为，利己在于和他人平等共在，利益共享。道德的幸福来自于爱自己，但这种爱不应该是一种自私的爱，自私的爱只能导致人情冷漠、人我关系恶化，所以，爱必须走向他人、走向社会、走向人类。爱他人、爱社会、爱人类，收获博爱和大爱，不仅使自己获得了真正的幸福，而且实现着幸福的最大化。

---

① 茅于轼，徐景安. 伦理·道德·幸福 [J]. 社会科学论坛，2009（5上）.

道德教育引导人的幸福生活，就必须引导人走向合作，学会互爱，"强调利他行为的价值意义和参与合作的共赢模式，培养一种'助人为乐'的组织氛围，鼓励组织成员的奉献精神，弱化或摒弃自私自利行为"①。只有这样，我们才能享受到爱与被爱的幸福。

6. 道德教育引导建构一种崇高的精神生活

亚里士多德一直强调，幸福是一种最高的善，一种完满的善。这意味着幸福的获得需要一种崇高的道德。道德的高度决定着幸福的高度。幸福有自爱的幸福，爱他人的幸福，爱人类的幸福。马克思在谈到职业选择时说："如果我们选择了最能为人类福利而劳动的职业……那时我们感到的将不是一点点自私而可怜的欢乐，我们的幸福将属于千万人。"② 这就是崇高的道德所带来的人类最大的幸福。

当代功利主义的社会价值观，使道德的崇高失去了存在的合理性，甚至被贬低为"假大空"、"伪道德"、"反人性"而受到质疑和批判。道德教育放弃了崇高，而不得不走向底线伦理，道德教育去阻止人不做"坏事"，而不是引导人做"好事"，道德教育追求的是"不坏"的生活，而不是"美好"的生活，道德教育放弃或降低了对美好人性和美好生活的引导。笔者认为，这个世界什么都可以放弃崇高，唯独道德必须坚守这份崇高，成为世俗社会崇高的守望者。如果连道德也放弃了崇高，这个社会就会变得俗不可耐。

道德教育不放弃现实生活，但不能仅限于现实生活。道德教育的根本在于超越现实，引导人性朝向美好，这是道德教育的根本，也是道德教育的永恒追求。人的幸福，不脱离世俗，但不能限于世俗。世俗的幸福需要精神的引导，需要走向崇高。所以，道德教育建构的幸福生活，在根本上就是要引导人走向人性的光辉，建构崇高的道德理想和崇高的精神生活。

三、道德教育怎样引导幸福生活的建构

幸福是人的天性，是生活的追求。虽然人人追求幸福，但不一定人人

---

① 陈惠雄，傅俊华. 树立助人为乐的幸福观 [J]. 思想政治工作研究，2011（1）.

② 马克思恩格斯全集（第40卷）[M]. 北京：人民出版社，1982：7.

都能够得到幸福。幸福是通过学习和教育获得的。那么，道德教育怎样引导建构人的幸福生活呢？

1. 幸福观的教育，使人认识幸福

幸福观是对幸福的总体认识，是对什么是幸福的价值判断，是人生观、价值观在幸福问题上的体现。幸福是生活的动力，有什么样的幸福观就会有什么样的人生追求、价值取舍和行为准则。因此，道德教育必须引导学生树立积极、健康、合理、科学的幸福观。

当代社会物质生活财富的增加，并没有带来幸福感的提升，重要的原因就在于幸福观出了问题。在一个功利主义的社会，人们把成功、幸福与财富相连，最大的成功也就是最多的占有物质财富，最大的幸福就是最大的物质享受。前面说过，财富是幸福的前提，但不是唯一条件，在物质满足生活的一般要求后，主导幸福的不是物质，而是精神。只追求物质生活的富有，而精神生活出现空白或荒芜，必然导致幸福感的降低或不幸的产生。所以，我们应当树立一种基于自然物欲又超越自然物欲的精神幸福观。

幸福不排斥个人利益，幸福把个人利益当作行为的出发点，一切行动服务于个人利益的实现，这本身没有错。但我们不能由此走向自私自利，为了个人的利益而不惜毁坏他人的利益，这样不仅他人得不到幸福，自己也得不到幸福。因为人具有社会的共在性，自私自利的人，得不到别人的爱，自然也得不到幸福。"幸福属于自己，但却是来自他人的礼物，所以，没有比给别人幸福更具道德光辉的了。"① 乐于帮助他人的人会收获更多的幸福。我们在追求个人幸福的时候，必须警惕个人主义价值观所追求的自私自利，在爱他人、爱社会、爱人类中，在助人和奉献中感受一种利他的幸福。所以，我们应该树立一种基于自我又超越自我的利他的幸福观。

幸福是一种美好，美好作为一种精神享受，内蕴美善和道德。因此，幸福本身是美善的，行善本身也是幸福的，幸福与道德融为一体。真正的幸福是一种道德的幸福。不道德的人，虽可享受荣华富贵，但内心恐惧、空虚，得不到真正的幸福，所以，"得"必须"德"。德国伦理学家鲍尔生指出："对于真正善良的人来说，对于意志完全由德性支配的人来说，

---

① 赵汀阳. 论可能生活（第2版）[M]. 北京：中国人民大学出版社，2010：147.

有德性的行为始终是最大的幸福和喜悦，即使它并不带来外在的幸福，即使它反给他的肉体带来磨难。"① 幸福与道德的融合需要我们树立一种德性的幸福观，把幸福提升到道德的崇高境界，这样的幸福才是高尚的、伟大的幸福。

2. 幸福的道德教育，使人体验幸福

正如赵汀阳所说，幸福需要双重关注："不仅意识到结果的价值，而且尤其意识到通向结果的行动的价值；不仅把结果看作是幸福的生活，而且尤其是把行动本身看作是幸福的生活。"② 因此，结果的幸福必须建立在过程幸福的基础上，否则不可能有完整意义上的幸福。道德教育要成为幸福的事业，自身必须充满幸福，使人能够在道德教育过程中真切感受幸福、体验幸福。

使人幸福的道德教育，尊重生命、顺应人性，彰显生命的价值和人性的光辉。道德教育长期以来处于"无人"的状态，在目的上，以社会的要求消灭自我；在方法上，以强制和灌输的手段压抑人性。在这种道德教育中，人不是"人"，而是可以被任意塑造的"物"。"无人"的道德教育压制人性，自然难有幸福的体验。所以，幸福的道德教育还原人在道德教育活动中的幸福状态，使道德教育顺应人性，凸显生命，是生命的一种诗意存在。这样的道德教育，不仅是使人幸福的道德教育，而且是直达生命深处，开启生命之门的道德教育。道德教育只有关注人性、尊重生命，才能打开幸福之门，走上幸福大道。

使人幸福的道德教育，把人作为主体，使道德教育的过程体现自由、平等、民主的精髓。自由、民主、平等虽不是幸福，但却是幸福的必要条件。没有自由、民主和平等，人就失去了资格与尊严，成为他人控制的工具。人无法主宰自己的生活，反映自己的意志和愿望，自然谈不上幸福。幸福展现的是一种人性的完满，只有在自由、民主、平等之中，才能体现人性的尊严和人的价值。灌输的、专制的道德教育，不尊重人性，也没有自由、民主和平等，有的只是专制的等级和压制。在这样的道德教育中，没有做人的尊严，自然不会有幸福的体验。幸福的道德教育，一定是自由

---

① 冯建军. 回归幸福的教师生活 [M]. 北京：中国轻工业出版社，2009：26.
② 赵汀阳. 论可能生活（第 2 版）[M]. 北京：中国人民大学出版社，2010：145.

的道德教育、民主的道德教育、平等的道德教育。没有等级，没有强制，只有你与我之间平等的对话、心灵的沟通和灵魂的敞亮。在你与我平等的、充满爱心的心灵交流和生命滋养中获得幸福。

使人幸福的道德教育，关注创造和创新，使道德教育焕发活力，富有灵性。长期以来，我们把道德看作一种社会规范，尤其是社会意识形态的规范，道德教育灌输社会规范，人就成为道德规范的被动执行者和工具。在适应社会的规范性道德教育中，人体验不到幸福。正如罗曼·罗兰所指出的，"创造，或者酝酿未来的创造，这是一种必要性：幸福只能存在于这种必要性得到满足的时候"①。创造实现了主体的自由，体现着幸福。幸福的生活是创造的生活。幸福的道德教育，是创造的道德教育，是还原生命的创造、唤醒生命活力的道德教育，是充满生命激情与灵性的道德教育。这样的道德教育，高扬了人性，激发了创造，实现了自我，一定是富有魅力的道德教育。

3. 培养幸福能力，使人创造幸福

幸福是一种能力。我们需要具备幸福的能力，才能最终拥有幸福。广义上，一切有助于幸福实现的元素，包括学识、能力、智慧、德性、人格、阅历等，都是幸福的能力。狭义上，幸福的能力是指一个人追求幸福、感受幸福、创造幸福的能力。前者为教育的目标，后者为道德教育的目标。

道德教育要使人追求幸福，就必须引导人树立远大的理想和目标，确立正确的信念和信仰，使他们具有追求幸福的能力。信仰是生命之根，是心灵之魂，是最高的价值向导。没有信仰的人生，迷失方向，缺少动力，自然就不会有对美好的追求和幸福的生活。幸福源于对美好生活的追求，源于人的远大理想和目标，源于背后的信念和信仰。树立远大的理想，确立正确的信念和信仰，是解决幸福追求的根本。信仰是一种精神，是人对人生观、价值观和世界观等的正确选择和持有。一个为物质所奴役的人，追求物质的享受，缺少精神的追求。享乐主义是他的人生信仰，但这是一种不科学的、不正确的信仰。当代青少年的重要问题是缺乏信仰或信仰迷失。信仰的高度决定着人生的高度。崇高的信仰使人走向崇高和幸福，低

---

① 冯建军. 回归幸福的教师生活 [M]. 北京：中国轻工业出版社，2009：4.

级的信仰则使人走向有限和平庸。所以，要教育学生追求崇高，树立崇高的理想和目标，坚守崇高的信念和信仰。

道德教育要使人感受幸福，就必须引导学生树立积极的心态，培养健康的人格，使他们具有感受幸福的能力。在心理学看来，幸福感完全是一种主观感受，是一种主观的心理体验。幸福与否，取决于个人的心态。虽然这种认识完全把幸福主观化，有其偏颇之处，但幸福确实与心态具有重要的关系。有句俗语说得好，"心在天堂，生活的感觉就在天堂；心在地狱，生活的感觉就在地狱"。用叔本华的话说，"人生的幸福与艰辛，并不取决于我们的遇际，而在于我们如何对付它，在于感受它的性质和程度"①。罗素的说法相对客观些："种种不幸的根源，部分在于社会制度，部分在于个人心理。"② 同样的环境、同样的物质生活，积极的心态与消极的心态，人所感受到的幸福不同。性格偏执、心胸狭窄、贪得无厌的人，感受不到幸福。所以，道德教育要借助心理教育的作用，引导学生确立一种积极的、乐观的人生态度，一种对待他人平等、尊重、宽容的态度，一种面对困难坚韧不拔、勇往直前的精神，一种面对挫折时开朗、能自我调整的健康心理，养成一种健全的人格。

道德教育要使人创造幸福、实现幸福，就必须提升人的道德水平，引导人创造可能的生活，使人具备创造幸福的能力。幸福源于创造，但不是所有的创造都能够给人类带来幸福，幸福在根本上源于德性的创造。德性的创造需要以道德引导人的物质创造活动，需要创造一种有意义的可能生活。赵汀阳认为，可能生活是一种幸福生活，因为可能生活是理想性的生活、合目的的生活、有意义的生活。道德教育通过引领人的精神，提升人的道德境界，创造一种具有美善品质的可能生活，使人在一生中创造幸福、享受幸福。

---

① 叔本华. 处事智慧［M］. 林康城，译. 哈尔滨：哈尔滨出版社，2002：39.
② 王雨，陈基发. 走向幸福——罗素精品集［M］. 北京：中国社会出版社，1997：67.

道德教育回归生活的文化意涵

南京师范大学道德教育研究所　孙彩平

　　摘　要：本文从教育文化学、教育社会学、教育政治学视角，分析了
当前在道德教育中占有主导地位的回归生活的道德教育思路所蕴含的文化
建构可能：实现教育回归文化濡化的可能；实现教育的文化正义，对来自
不同文化背景的儿童实现教育文化公正的可能；消解教育中的文化极权主
义的可能。回归生活的道德教育也面临着许多挑战，必须正视其中隐藏的
文化张力：个体生活与文化世界间的张力；突出经验世界与避免社群主
义，追求更大范围的文化与价值共契的张力。

　　关键词：回归生活；文化濡化；文化门槛；文化极权；文化团结

　　回归生活，是当下中国道德教育的主导思想，经过十多年的努力，这
一思想在理论研究与实践探索中都有了长足的进步，并成为中国义务教育
阶段品德与生活、品德与社会、思想品德课程标准的指导思想之一，也成
为教材设计与教育实践的基本指导原则，深入到了教师和学生的教育生活
之中，成为道德教育实践中的一种教育文化。在该理论提出的前期，关于
生活德育的探索，主要针对以前"知性德育"理论与实践中存在的偏差，
着力于道德存在于社会生活之中这一根本现实，提出德育回归生活的存在
论依据；之后，随着这一思想在课程与教材层面的落实，结合来自实践的
反思与理论中的争鸣，生活德育不断得到更加深入的阐发，对这一问题的

思考视角也不断得以丰富和拓展。① 但到目前为止，从教育文化与社会文化建构这一视角，思考道德教育回归生活这一思想——或者说这一教育事件——对于教育以及整个社会生活文化的建构，有着怎样的文化意涵，目前还较少受到关注。本文尝试从这一角度，思考回归生活的道德教育的文化可能及其内在的文化张力。

一、回归生活：教育回到文化濡化的可能

回归生活，使道德教育得以回到文化濡化的根本上来。"人对人的理解，是道德教育的基础"②，在这个基础上，实现人对他所在的世界的理解，是道德教育的最终目的。这种理解，不只是认识论意义上的知道，而是首先要使人与他所在的生活世界达成一种文化意义上的和解，因为理解本身"是让人与他自身与现实和解的方式；理解的实际目的是与世界达成和解"③。通过这种和解，人将自身放置于他所在的世界之中，与自己所在的世界以对话的方式相处与共存。

在这个理解过程中，有两个方向的文化过程：一是个体作为一个文化的主体，与他所在的世界发生相互联系；二是他所在的世界不是一个外在于他的自然或者客观，而是有着某种文化意义的存在。这种文化意义，不只是他用文化之眼审视周围的客观世界而带来的。在这一审视过程中，他与自己世界中的文化他者相遇，达成某种程度上的理解过程——这是鲁洁

---

① 十多年来，关于生活德育的文章与著作相继问世，成为道德教育研究中的核心问题之一。高德胜教授的两本著作——《知性德育及其超越：现代德育困境研究》（教育科学出版社，2004年）和《生活德育论》（人民出版社，2005年），是对这一问题的系统研究。在期刊论文中，从21世纪开始，对生活与道德教育的关系的研究呈现越来越热的情况，从刚开始对道德教育回归生活的理论倡导，到近几年中小学品德课堂的教学探索，与生活德育直接相关的论文有数百篇。与之相伴的争鸣也不断响起，为此，2012年4月，在南京组织召开了生活德育的高层论坛，对生活德育思想进行一个阶段性的总结、反省、丰富与展望。会议期间，与会者对生活与道德、德育的关系（冯建军），生活德育的生活根基（叶飞），生活德育内容体系的建构（张忠华），生活德育的贡献与局限（杜时忠），生活德育的境遇、主题与未来（高德胜），生活德育的知识论基础（孙彩平），生活德育的空间问题（郑富兴）等主题，进行了深层的反省与探讨，进一步丰富、完善了生活德育思想。

② 鲁洁. 人对人的理解：道德教育的基础——道德教育当代转型的思考 [J]. 教育研究，2000（7）.

③ 汉娜·阿伦特. 过去与未来之间 [M]. 王寅丽，张立立，译. 南京：译林出版社，2012：5.

教授所强调的道德教育的基础。如他看到自己身边的其他劳动者，一方面，要懂得其他劳动者对自己生命的承载意义，认识到其他劳动者在自己世界中的位置，即与他者发生存在意义上的关联；另一方面，也要懂得其他劳动者与自己一样，承载着人生的整个过程。这样，他与其他劳动者间，就不是一种孤立的各行其道、互不相干的孤立个体，而是有着相互支撑的共在，不是有着高低贵贱分别的差异的个体，而是在一个共同的文化世界中，同样承载着各自人生过程的存在，从而，在他的心灵世界中，有了与自己生活世界的他者的价值与文化共契。除了生活世界中的人，道德教育也要引导个体发现与理解其当下生活世界的意义与文化要素，如，对自己所在世界的习俗（衣、食、住、节日）的理解，将自己与一个"外在"于他的生活方式发生意义上的联结，从而使一个"客观"于他的生活世界进入他的生命与内心，由一种"自然"而"外在"的存在，成为一个文化意义上的存在。

在上述意义上，道德教育的生活化过程，亦即生活的文化意义形成过程。道德教育倡导回到儿童当下的生活，在本质上，是回到他当下的文化与意义世界。这种回到，并非是物理空间意义上的，而是一种心灵的转向，是要引导存在者打破人作为一种存在物与周围世界的心理距离，在内心深处建立起一种与自己的生活世界共生共存的感受。心理距离是道德存在空间的重要建构因素之一。人总是对与自己的熟悉的、有血缘关系的、触手可及的处于困境中的人，更容易产生道德感和道德行为，这一点，无论是在米尔格拉姆的实验①还是在弗朗索瓦·于连对孟子思想中人的"通个体性"的分析②中，都可以看到清晰的解释。当然，回归生活，也不仅是回归当下生活，因为任何生活都是延续的，不可能只在一个时间点上停留与展开。因而，回归生活的道德教育，也会在当下生活的延展性上，引导个体理解自己所在世界的过去与由来，与自己文化的过往发生意义联

---

① 米尔格拉姆实验（Milgram Experiment），又称权力服从研究（Obedience to Authority Study），是一个非常知名的关于社会心理学的科学实验。实验开始于 1961 年，目的是测试一个普通的市民，只因一位辅助实验的科学家所下达的命令，而会愿意在另一个人身上加诸多少痛苦。参与者会根据主导实验的权威者命令参与者伤害另一个人，即使参与者听到痛苦的尖叫声，产生强烈的道德不安。研究表明，参与者的道德不安程度，是与参与者和受害者的心理距离成正相关的，即两者的心理距离越小、越熟悉、越亲近，则这种道德不安越强烈。

② 弗朗索瓦·于连. 道德典籍［M］. 宋刚，译. 北京：北京大学出版社，2002：25.

结，让自己所在文化的过去之光，照亮当下及未来。这一点，在小学《品德与社会》五至六年级教材中，对民族的文化与历史部分的教育中体现得比较明显。

通过教育，人由一个自然的存在，成为一个文化的存在；通过教育之光，使得周边的世界，成为一个具有文化意义的世界，而不是客观的、完全异质于自己的物质世界。教育成为人进入文化的通道，在这个通道中，自我与自我的世界，都濡染上文化的光辉。这，也许才是教育作为一种文化活动的根本所在。

二、回归生活，降低了儿童融入教育的文化门槛

依据伯恩斯坦的编码理论①，在一个课程体系中，集合式的编码方式（collection codes），意味着课程内容相对孤立，相互之间相关性很小，处于相对封闭的状况，教师是编码的权威解释者，考试成为检查学生解码能力的方式。可以看得出，这基本上是学科课程采用的编码方式。这样的课程编码方式，对来自不同文化（阶层）背景的儿童来说，融入的难度是不同的。整体而言，对来自与课程文化相类似文化背景的儿童，融入的难度较低，学习的难度相对较小；但对来自与课程文化异质文化背景的儿童而言，由于课程文化与自己所在文化的异质性，导致学生理解与学习这种课程的难度相对较大。比如，我们的语文教材，对于偏远地区日常生活中不说普通话的儿童，和对于城市家庭日常生活使用与普通话接近的"地方普通话"的儿童是不一样的；整体上，对南方的儿童与对北方的儿童而言，难度也是不一样的。就品德课而言，以简单的文明礼貌为例，如果教材中规定见到年长者问"您好"是礼貌的表现，这对来自城市的儿童而言，是一种亲近的文化形式，而且，可能在学前阶段就已经在家庭教育中进行了，因而，在学校再进行教育时就非常容易；而对农村地区的儿童来说，他们日常生活和文化中对年长者表示礼貌的方式可能不同，可能只是喊一声"叔、婶、大爷、大伯"之类的称呼，或者只是象征性地问"你去哪里呀？吃饭了吗"等，而不会说"您好"。对这样的儿童，如果把见面说

---

① Basil Bernstein. Class, Codes and Control [M]. Redwood Burn Ltd., 1977: 85-156.

"您好"作为课程的要求甚至评价的标准，则很难在其生活与文化中找到相应的实现可能，只能以背诵的方式进行学习。

在这种情况下，教育中的文化编码倾向，决定了不同儿童在学校生活中的文化感受（是与自己所生活的世界相近、相同的文化情境，还是完全不同的异质文化），以及哪些儿童更容易接近和接受学校教育传递的文化，从而更容易取得好成绩。因而，课程的编码方式，成为不同文化背景中的儿童进入教育的文化门槛。这个门槛越高，意味着教育的难度就越大，因为这时的教育对他而言，不只是学习一些知识那么简单，还必须实现一种文化迁徙与适应，而且，通常是从一种被认为是较低级的、落后的文化，向一种较高级的、先进文化的迁徙。在这种情况下，学生要接受教育传递的文化，就要先放弃甚至贬低自己所在的生活与文化，因而，来自异质文化背景的儿童必须克服双层的文化不公正：课程难度上的不公正和文化正义上的不公正。

而课程的融合式编码方式（integrated codes），是更接近综合课的文化编码方式。这种课程内容的相互关联性比较强，课程的内容之间是相互融通的，呈现开放的状态，这种融通和开放，非常容易扩展到学生已有的生活与认识经验，因而，来自不同文化背景的儿童也就具有了对这种课程编码的解读基础、能力与权力，从而消解了教师对课程编码的解释权威，教师的解读起一种帮助、深化与引导的作用。这种文化编码方式因为具有更大的文化开放性与吸纳性，所以其文化门槛相对较低，更利于来自不同文化背景的儿童进入到教育过程，获得自主的成长。

回归生活的道德教育，摒弃了道德教育原来的学科知识性的编排逻辑，改变了原来教材类似学科课程的编码方式，明确将品德与生活、品德与社会定位于综合课程，以生活的逻辑组织教材和教学过程，以儿童生活过程中的真实而普通的成长事件作为教育的话题与学生学习的素材。品德与生活、品德与社会课程，综合了儿童生活中的自然、地理、社会习俗、礼仪、卫生、安全等知识、技能、情感体验，将道德与意义的教育隐含在以上内容的学习过程中，采用开放的留白课程设计方式，使得来自不同文化背景的儿童都能够在教育中发现自己的生活，发现自己生活的文化生长点，非常容易将自己所在的生活现实与教育中的话题发生联结，进入到教育文化中去。以过新年的内容为例，现行的教材，尽量呈现了多种过新年的方式，特别注意到以少数民族的不同的过年习俗和场景作为范例，供儿童依据这些范例去发现自己生活中与之相对应的生活因素。为了使教材能够最大限度地接近儿童的真实生活，除了在范例选择上注意选取最具代表性的、最普遍存在的习俗（如汉族的习俗和几个人数较多的少数民族的习俗）外，还特别设计了留白与提示，引导儿童通过讲述自己家、自己所经历的过新年的方式，将自己生活中的文化要素引入到课堂生活中来，在教师的引导与启发下，反思自己的生活中的文化与道德因子。这样，就给所有儿童提供了进入教育生活的机会，使课堂生活从自己的生活与文化开始，以美化与优化自己的生活与文化为目的，整个的教育文化是与儿童所在的文化同质的。

因而，生活化、开放式的课程编排逻辑，对不同文化背景中的儿童都是没有门槛的，是公正的。

三、回归生活：教育中消解文化极权主义的可能

极权不只是一个政治意义上的概念，在文化领域也同样存在。文化的生命是依靠传播得以延续的，因而，文化的强制与挤压，在很多情况下，就表现为文化传播空间的控制与垄断。教育是实现文化传播的空间，同样，也可能成为文化控制与压迫的空间。这一点，弗莱雷在他的《被压迫者教育学》中，已经说得非常清楚了。

在现代义务教育体制中，文化的强制与垄断，是非常容易发生的情况，因为，在现代社会中，人人都被以法律的名义要求去学校接受（免费）的义务教育，因而教育中的文化选择与评价标准和偏好，会在民众中得到最为广泛、最为有效的传播。在这种情况下，如果教育中的文化简化为某些人喜欢的文化，或者有利于某些人的文化与价值倾向，或者只是社会中某个层面的文化，则这种文化无疑会借助教育这一合法的渠道，被标定为唯一合法的、科学的、先进的文化，而除此之外的其他文化，一方面失去了教育这一最为有效的传播途径，从而失去了得以很好地延续的可能；另一方面，也会在价值上遭到贬抑，成为非法的、不科学的和落后的文化。社会学研究中批判的教育"脱域"问题，正是对教育文化过于偏向宏大而抽象的意识形态，而脱离或者忽视了受教育者所在的或者更贴近的

文化的反思。

回归生活，意味着学生所在生活世界的多层次的多元文化，随着学生的生活进入学校教育文化中。如上文所述，因为回归生活的道德教育意味着回到学生所在的生活世界和文化世界，从而使学生生活与学生所在的文化被激活，包括很多细微的文化成分——以民俗和民间歌谣的方式存在的民间文化，体现区域独特性的地方文化——进入学校教育文化中，成为滋养学生文化生命的资源，客观上，也使得学生所在的多层次的文化，得以通过学校教育的空间受到强化、巩固和延续。因而，回归生活的道德教育，不只是回到学生的个体化的生活，而且因为生活的完整性存在，使得学校文化与学生所在的完整的文化生态世界相遇，从而摆脱了简单化和精英化的现代教育文化的陷阱，使学校文化成为一个多元而贴近学生整体的实存，从而在一定程度上消解了一元文化对其他文化传播空间的挤压与剥夺。

回归生活的道德教育，不仅使得学生自己的文化有了得以进入课堂的机会，也使得文化灌输不再可能。回归生活的道德教育，是"要使学生通过教材、教学所学的一切，能回到他的生活中去，用以解决他生活中的问题，改变他的生活、生活方式，提升他们对生活的认识、态度、价值观等"①。因而，在课程与教材的设计中，引入了留白的做法，目的在于通过教师对教材的二次创作，用学生的真实生活，用学生所在的真实文化情境，作为学生学习的课程资源，在学生实际生活的基础上，去寻找学生思想与文化的生长点。回归生活的道德教育，特别强调课堂教育活动，要坚持"从本班儿童的实际出发"，学生通过自主的体验与对自己生活世界的反思而进行道德学习，实现德性的自主建构。新课程的教材在功能与观念上实现了重大的改变，"由'蓝本'走向'文本'"，"这就意味着教材'身份'的变化，教材不再是一个居高临下的'宣讲者'，它成为人们解读、对话的对象，它以自身的开放性和生成性，给予解读、对话以广泛的空间"②。这种开放，是对学生生活与文化世界的开放，更是对学生理性思维的开放。这种开放与生成，打破了文化灌输所需要的封

---

① 鲁洁. 再论"品德与生活""品德与社会"向生活世界的回归 [J]. 教育研究与实验, 2004 (4).

② 鲁洁. 德育课程的生活转向 [J]. 华东师范大学学报 (教育科学版), 2005 (3).

闭与强预设的思路，使得文化灌输在一定程度上失去了课程层面上的实现机制。

回归生活的道德教育，打破了树立规则本身的过度权威的做法，从而避免了权威性、过度规则化的生活可能导致的"平庸的恶"的可能。因为自主式、整体式生活成为教育的核心话题，引导学生过好生活成为教育的主题，因而，在一定程度上突破了传统道德教育中对道德规则的过分关注和对服从规则的过分赞赏，而是把规则与制度的遵守，看作是美好生活的一种补充，而不是充分条件。回归生活的道德教育引导与鼓励学生通过自己制定规则（如中年段班级规则的制定），了解规则的意义及其人为性特征，从而在一定程度上消解规则的过度权威。于连一针见血地分析道："由于规则必然含有固定性，必然超越任一具体情境，那它们也就肯定会使我们的行为与每个时机的特殊性脱节。一句话说来便会导致道义与自我和与世界的双重脱差：细察之下，道德准则反而成为道德障碍。它不仅限制了人心而且定死了行为。"① 阿伦特也特别指出，规则的过度权威，会压制人的思考与判断，而对规则的遵守，也会成为当事人回避道德责任的理由与借口，会成为极权和残酷行为的帮凶。这种似乎是"无辜的邪恶"，这种每个人在日常生活中都可能遭遇的"平庸的恶"，正是由于对规则不假思索的遵守和对权威缺失了判断的服从而导致的。对犹太人"进行屠杀的刽子手大多数都是正常人"，"既不异常地具有虐待性也不异常地狂热"②，但就是这些正常人，他们在日常生活中可能是可爱的父亲、是有爱心的儿子、是负责任的爱人、是尽职尽责的下属，在"尽心尽责"地完成上级给自己的日常工作中执行了这样的大屠杀。新的规则观与规则教育观，正是力图避免现代性生活中这种权威性、规则化行为所导致的道德恶果，最大限度地避免其给人类文化再次带来毁灭性灾难的可能！

---

① 弗朗索瓦·于连. 道德典籍 [M]. 宋刚，译. 北京：北京大学出版社，2002：68.
② 齐格蒙·鲍曼. 现代性与大屠杀 [M]. 杨渝东，等，译. 南京：译林出版社，2011：26, 27.

四、回归生活：游走于亲近个体生活与形成文化团结之间

上述是对回归生活的道德教育带来的文化可能的设想或者希望，这种设想不会自然实现，而是必须经由一线教师对这种设想的解读，对支撑这种设想的教材的解读，并以此为支点建构实施层面的道德课程，才会使这种设想有一线成为现实的希望。在怀着对这种希望的信仰式虔诚的同时，作为清醒的思考者，我们也必须知道，回归生活的道德教育，也面临着很大的文化挑战，甚至有将个体的精神世界与更广阔范围的文化的团结淹没在多元的个体或者社群的生活经验中的可能。

（一）个体真实生活与个体所在世界的精神文化间的张力

文化是一个人人都有感受，却没有确定的定义的概念。但不管现有的定义有多少分歧，至少有两点是我们谈到文化这个概念时有着内在的默契的：一是文化必须与人相关；二是与文化相关的人不是一个单子意义上的个体，虽然，某种文化可以在个体身上表现出来。在本质上，文化是一个群体性的概念，包含着群体的精神共识或者团结。

这意味着，并非所有个体化的生活经验或者生活世界的所有因素，都是他所在文化的构成因子，即使这对个体生活与成长有着极大的价值，也有可能是一种绝对个体化的特殊事件。如个体以血缘为纽带的姻亲关系，他与这些姻亲关系相处的具体情况，对个体而言虽然非常重要，但这并非与他所在的姻亲文化直接相关的内容。与他所在的姻亲文化相关的，是他所在的文化对他的姻亲关系的认可情况以及对他与自己的姻亲关系中的人员的相互作用模式的影响，如母系文化与父系文化中的相互作用模式是差别很大的。但这些生活中的文化因素，在个体看来，往往是超越于个体的生活之外的，是超越于其直接经验或者感受之外的，通常个体体会的是习俗（可见或不可见的）以及习俗对自己的生活选择的影响。

在这种情况下，回归生活的道德教育要实现其文化功能，就要注意不能只聚焦于对个体生活过于细节化的技术指导，而必须关注个体生活与他所在的文化之间的和解，也就是引导个体超越个体化的存在，进入群体化的精神文化空间，实现由"我"向"我们"的跨越。如果不能实现这个

跨越，则回归生活的道德教育便可能由一种无"我"的状况，由只关注宏大叙事的教育，转向关注个体具体生活技术指导的课程，在回归生活的同时，遗忘了道德，失落了精神与文化；在回到个体的同时，只剩下了个体，成为封闭在个体生活中的精致的个人主义者，失落了个体作为精神性存在和文化性存在的特征。

实际上，在近十年的课程改革中，我们在品德与生活、品德与社会的课堂上，经常发现课程在实施层面存在着"流标"的现象。如在讲"上学路上"的时候，教师将教学的重点放在认识交通安全信号、掌握交通规则上，甚至为了内容的丰富与充实，讲很多汽车驾驶员才需要知道的交通标志，而遗忘了要孩子学习交通信号的目的是源于对学生的关怀。因而，"上学路上"的重点不是讲路上的交通标志（特别是脱离学生生活实际的一些交通标志），而是讲这条路上的关怀，讲在这条路上呈现的孩子与自己的生活世界的关怀关系，在此基础上讲自己也要自爱、自我保护，了解与注意路上的交通信号，遵守通用的交通规则。如果剥离了交通信号的精神内容，是无法让学生通过学习交通信号而通达道德生活的，"与强制进行某种模式的道德灌输一样，精神教化的放弃或者弱化也是与道德生活相悖的"①。即使学生学会了遵守交通规则，因为对生活世界的内在精神的疏离，也只能过一种"无德"、"无爱"、"无诗"、"无灵"（金生鈜）的生活。

（二）有限生活经验与广阔文化团结间的张力

回归生活的道德教育，由于强调回归到个体所在的生活世界，强调回到"本班儿童的真实的生活"，则可能因为突出社群文化，客观上造成对更大范围的文化团结的忽视。

回归生活，是基于道德存在于社会生活之中的现实，是对知识化的道德教育的一种批判，是道德教育思路的一个重大转向：道德的先验论转向了经验论，认为道德是人在过生活的过程中，在对生活的敞开式体验中获得的②，是由自己而通达世界及他者的一种思路。在这种思路中，教育通

① 金生鈜. 物义论与道德教育的幻象 ［M］∥金生鈜. 道德教育评论. 北京：教育科学出版社，2006：5-24.
② 孙彩平. 知识·道德·生活——道德教育的知识论基础 ［J］. 教育研究与实验，2012 (3).

过引导学生对自己所在世界的精神与文化内涵的获得（这也是前文提到的文化濡化过程），而获得个体德性的生长，过一种丰富而有德性的生活。但这种个体的精神化过程，也受到自我的双重局限：一是个体从自我经验出发而建立的自己周围世界的关系，永远无法逃离自我中心主义的指责，在这种自我体验意义上，即使是对自我内在精神的丰富与安宁的追求，也终究无法逃离"自私（自爱）"的嫌疑①；二是个体所经验的世界，是有限的，更多可能是他所在的首属群体的生活体验，这种局限于一定范围的经验，如何扩展到更大范围的共同体，扩充为一种普遍的精神与文化价值共契，形成广泛的文化与精神的团结？这是需要认真思考的问题。因为如果无法引导个体在更广泛的普遍价值的层面追求精神与德性，那么，这种由个体经验而获得的德性生活，就极有可能只是有利于他所在的社群的，或者是在他所在的社群的利益基础上得出的，只是一种相对的价值，而不是一种普遍的价值。在发现社群的价值与周边生活的文化与精神性的同时，如何能够不把这种文化与精神性幻化为一种普遍的价值，在形成社群内部的团结的同时，不导致更大范围的文化对立与冲突，是需要时时警惕的。

有时，人们不是把与自己密切相关的社群的文化与精神作为普遍的和最高的价值观，而是把某一种文化，如精英的、工业化的、城市化的生活作为最高的价值，作为生活与价值的导向，就会让这种生活方式对所有生活产生一种压抑性的力量，从而以生活的名义，在精神建构中依然停留在宏大的、脱离学生真实生活的状态。这种脱离，不仅表现在教材中没有学生自己的生活，或者学生的生活不能进入课堂生活中，而且在课堂生活的价值导向上，学生自己的所在的生活就在价值层次上被定义为较低的，甚至是应该放弃的地位上。如城市化的生活被暗示为值得追求的生活模式，则农村孩子的生活就处于应该抛弃的位置上。这种内在价值贬抑，是更深刻的脱离。通过教育，它让学生形成一种放弃与脱离自己所在文化与生活的动力，并以此作为自己的生活追求。以一种异质的文化作为自己生活的梦想，使人处于精神的双重困境之中：自己所在生活的价值的祛魅，与对他者文化的不恰当的附魅。当自己所在的生活不值得珍惜，精神之梦又遥

---

① 弗朗索瓦·于连. 道德典籍［M］. 宋刚，译. 北京：北京大学出版社，2002：31.

不可及时，人的精神就必然缺少了支撑的力量，陷入空虚与焦虑之中。

在《关于"道德教育回归生活"的自我质疑》中，鲁洁教授说："'道德源于生活，为了生活'的理念面临着诸多理论上的挑战和难题。到目前为止，我本人还处于困境之中，需要作进一步的探索。"① 回归生活的道德教育是道德教育思维的转向，这意味着它与之前的思路之间存在着断裂，加上我们与传统文化之间的断裂，使得我们处于托克维尔所言的"心灵的晦暗"之中。因而，"不是解决什么问题，而是和这些问题一起活着，不变成萨特所谓的伪君子"②，是我们别无选择的宿命。

---

① 鲁洁. 关于"道德教育回归生活"的自我质疑［M］∥金生鈜. 道德教育评论. 北京：教育科学出版社，2006：4.
② 汉娜·阿伦特. 过去与未来之间［M］. 王寅丽，张立立，译. 南京：译林出版社，2012：6.

论责任心的类型与层级①

南京师范大学教育科学学院　　汪凤炎　郑红

摘　要：责任心的类型多种多样，并且，自个体步入前习俗水平开始，其责任心就不再是有或无的关系，而是一个层级关系。将"他律型责任心"与"自律型责任心"、"尽硬角色本分责任心"与"尽软角色本分责任心"进行排列组合，并考虑到量的差异，就生出了发展水平高低不同的多层次责任心，其中，拥有他律型尽硬角色本分责任心，是做个有责任心之人的底线。拥有第二层次的责任心有两种典型表现：一是拥有一般水平的自律型尽硬角色本分责任心；二是拥有他律型尽软角色本分责任心。个体一旦拥有一般水平的自律型尽软角色本分责任心，其责任心就达到了第三层次。拥有第四层次的责任心有两种典型表现：拥有高水平的自律型尽硬角色本分责任心，或拥有舍小我成大我式、持久且自觉的尽软角色本分责任心。拥有高水平自律型尽软角色本分责任心，是做一个有责任心之人的最高境界。

关键词：责任心；角色；层级；类型

一些中国人缺乏责任心，是导致当代中国社会频现"4 个'大盖帽'管不了一棵豆芽菜"②、"四道关卡不住'瘦肉精'"③、"荆州两幼童被遗

① 教育部人文社会科学重点研究基地 2012 年度重大项目"中华民族文化的基本精神研究"（项目批准号：12JJD880012）的成果之一。

② 张烁."天大的责任"谁来担［N］．人民日报，2011-04-27．

③ 是钟寅．从河南养猪场到南京菜市场，四道关为何卡不住"瘦肉精"？［N］．现代快报，2011-03-18．

忘在校车内 7 小时不幸身亡"① 之类事件的重要原因。可是，由于人们对责任心多采取"有"或"无"的简单判断，没有看到责任心类型的多样性以及不同责任心之间存在的层级关系，不但导致对不同年龄阶段个体的责任心教育缺乏连续性，而且导致责任心教育要求太高或太低，结果往往收效不佳。所以，认清责任心的类型与层级关系，不但能为循序渐进地开展责任心教育提供理论依据，还能为因材施教提供理论依据。

一、责任心的类型

对于"责任"或"责任心"（responsibility），《新华字典》的解释是："责任"指分内应做的事。《汉语大词典》的解释是：①使人担当起某种职务和职责；②谓分内应做的事；③做不好分内应做的事，因而应当承担的过失。《心理学大词典》认为，责任心是个性心理的重要品质，指一个人对其所属群体的共同活动、行为规范以及他所承担的任务的自觉态度，包括责任认识、责任感、负责行为等三种成分②。也有人将责任心界定为：一种自觉地把分内的事做好的重要人格特质，即个体对自我应负责任的自觉意识与积极履行的行为倾向③。总而言之，"责任心"有两个重要含义：①谓分内应做的事；②没有做好分内应做的事，因而应当承担的过失。通常情况下，"分内应做的事"与"角色"密切相关。一个人扮演的角色不同，其所承担的"分内事"自然也不同。例如，"抓小偷"是警察这个角色的分内之事，却不是医生的分内之事。可见，责任的合法性往往来源于个体所处社会的道德与法律对角色所作的相应规定。综合上述诸定义的优点，可将责任心作如下界定：在一个肩负某种角色的人身上展现出来的一种尽力将自己分内事做好的重要人格特质，个体一旦拥有此重要人格特质，便能对自己的分内事产生正确认知、情感及相应的行为倾向。责任心有不同类型，下面阐述三种最典型的划分标准。

---

① 甘丽华. 荆州两幼童被遗忘在校车内 7 小时不幸身亡，3 名相关责任人被刑拘［N］. 中国青年报，2011-09-15.

② 朱智贤. 心理学大词典［M］. 北京：北京师范大学出版社，1989：930.

③ 谭小宏，秦启文. 责任心的心理学研究与展望［J］. 心理科学，2005（4）.

（一）"正确责任心"与"错误责任心"

责任心与角色关系密切，角色有正面角色和反面角色之分，相应地，责任心也有正确与错误之分。正确责任心指在一个身负某种正面角色的人身上展现出来的尽力将自己分内事做好的重要人格特质，个体一旦拥有此重要人格特质，便能对自己的分内事产生正确认知、情感及相应的行为倾向。错误责任心指在一个身负某种反面角色的人身上展现出来的一种尽力将自己分内事做好的重要人格特质，个体一旦拥有此重要人格特质，便会对自己的分内事产生错误认知、情感及相应的行为倾向。限于本文旨趣，下文所讲责任心均指正确责任心。

（二）"他律型责任心"与"自律型责任心"

从他律与自律角度看，可将人的责任心分为他律型责任心与自律型责任心两种子类型。他律型责任心是指在一个身负某种角色的人身上展现出来的一种需有外在力量监督才会尽力将自己分内事做好的重要人格特质，个体一旦拥有此重要人格特质，在知觉到某种有形或无形的外部力量对自己的约束之后，便能对自己的分内事产生正确认知、情感及相应的行为倾向。自律型责任心是指在一个身负某种角色的人身上展现出来的一种自觉、努力将自己分内事做好的重要人格特质，个体一旦拥有此重要人格特质，便能完全只靠自己良心的指引就能对自己的分内事产生正确认知、情感及相应的行为倾向。

（三）"尽硬角色本分的责任心"与"尽软角色本分的责任心"

在社会生活中，绝大多数人都同时扮演多种角色，是一个"角色丛"（the role-set）[①]。默顿（Merton）把"角色丛"用来指人们由于占有某一特殊的社会地位而具有的角色关系的全部。这一概念表明了角色的复杂性。以张三为例，他在自己子女面前扮演的是父亲角色，在自己妻子面前扮演的是爱人角色，在自己父母面前扮演的是儿子角色，在上级领导面前

---

① Merton, R. K. The Role-set: Problems in Sociological Theory [J]. British Journal of Sociology, 1957, Vol. 8, No. 2.

扮演的是下属角色……从道德与法律对某种角色应尽本分所作规定的强制性程度分，可将上述诸种角色大致分为两种类型。

一是"硬角色"（the hard-role）。硬角色是指道德与法律对角色应尽本分有强制性规定，一旦个体扮演了此角色，就必须尽力去履行此角色应尽的本分，否则，轻则招来道德上的惩罚，重则招来法律上的制裁。最常见的硬角色是家庭角色和社会组织角色（在当代中国大陆，"单位"就是典型的社会组织）。这是由于，家庭和社会组织是社会赖以存在的细胞，二者虽有所区分，但都是社会不可或缺的，二者之间并无贵贱之分。并且，为了社会能够顺利运转，每个国家或地区都会对家庭角色和社会组织角色应尽的本分作一些强制性规定，并将之体现在相应的道德规范与法律制度中。如，中国人常说的"父慈子孝"，其中，"慈"是对为人父母者的道德规定，"孝"是对为人子女者的道德规定。如果一个为人子（女）者或为人父（母）者在做人与做事的过程中没有很好地履行"孝"或"慈"，轻则招来道德上的惩罚，重则招来法律上的制裁。

二是"软角色"（the soft-role）。软角色也叫弹性角色，是指道德或法律只对角色需尽的本分有一种指导性规定（不是强制性规定），愿意扮演此角色的个体必须尽力去履行此角色应尽的本分；若个体未尽力完成此角色应尽的本分，至多是不被人承认其拥有此角色，而不会招来道德上的惩罚或法律上的制裁。例如，李四某日心血来潮，想在宇宙苍生面前扮演起关心宇宙苍生的角色，由此而身体力行地过低碳生活，并停止购买真皮服装与家具等。但坚持一段时间后，李四的新鲜感已过去，就停止了上述行动，重新恢复了往日的生活方式。关心宇宙苍生的角色对于李四而言就属于软角色，所以，当李四不愿意继续履行此角色应尽的本分时，他人最多是不承认李四此时仍在扮演关心宇宙苍生的角色，却不能在道义或法律上惩罚李四。

由此可见，硬角色与软角色之间至少有三个显著区别。第一，对角色应尽本分的强制性程度不同。流行于一个国家或地区的主流道德与法律对本国或本地区所认可的硬角色应尽的本分往往有强制性规定，一旦扮演此角色的个体未尽力完成其本分，轻则招来道德上的惩罚，重则招来法律上的制裁。与此不同，一个国家或地区的主流道德与法律对本国或本地区所认可的软角色应尽的本分往往只有一种指导性规定，却没有强制性规定。

第二，角色的灵活度不同。虽然不同人可以选择不同的硬角色，但自家庭与国家出现后，所有个体几乎都必须扮演两种硬角色：家庭角色和作为国家成员的角色。在此意义上说，硬角色的灵活性相对而言要低一些，有些硬角色（如为人子女的角色）是与生俱来的，个体没有任何选择的余地；有些硬角色（如公民角色）虽有一定的选择空间，但选择的余地也不大。与此不同，软角色是人自愿选择的，其灵活性相对要高一些，人们既可以选它，也可以不选它。虽然选它往往易赢得他人或社会的赞赏，但不选它一般也不会招来谴责或惩罚。第三，角色拥有的人数不同。硬角色是一个国家或地区能够顺利运转的基本"部件"，与此相适应，每个人都至少拥有两种硬角色，有的人还同时拥有多种硬角色。若一个人身上的两种或两种以上的硬角色之间发生冲突，往往会给个体带来巨大的心理冲突。例如，在中国，"做子女"的角色是硬角色，扮演此角色的个体理应对自己的父母尽孝。一个人若连为人子（女）这个角色的责任都不担当，甚至会招来"禽兽不如"的严厉批评。与此同时，"做保家卫国的将士"的角色也是硬角色，扮演此角色的个体理应保卫祖国。若二者之间发生冲突，会让人产生"尽忠就不能尽孝，尽孝就难以尽忠"的心理冲突。与此不同，软角色不是保证一个国家或地区能够顺利运转的基本"部件"，而是让一个国家或地区能够变得越来越好的东西。与此相适应，在一个文明程度不高的国家或地区，虽然每个人都至少拥有两种硬角色，但可能有很多人都不会去扮演软角色。即便在文明程度很高的国家或地区，也不能奢望人人都愿意去扮演软角色。因此，拥有硬角色的人数要远高于拥有软角色的人数。

这样，从尽硬/软角色本分这个角度看，可将人的责任心分为"尽硬角色本分责任心"与"尽软角色本分责任心"两种子类型。前者是指一个人只将自己看成肩负某种或某几种硬角色（如扮演子女、家长之类的家庭角色或扮演学生、警察、医生、公务员之类的社会组织角色）的人，由此而让自己肩负起由该硬角色所规定本分的责任心。后者是指一个人将自己看成肩负某种或某几种软角色的人，由此而让自己肩负起由该软角色所规定本分的责任心。"尽硬角色本分责任心"的合法性来源于道德与法律对某种硬角色应尽本分所作的相应规定，而"尽软角色本分责任心"的合法性来源于基于道义与良心对某种软角色应尽本分所作的相应规定。

在通常情况下，"尽硬角色本分责任心"是做个有责任心的人的基本要求。只有当一个人的道德修养达到一定的水平，才有可能会去尽软角色本分的责任心；当一个人的道德修养达到崇高境界，才会自觉、自愿地履行做个真正关心宇宙苍生的大写之人本分的责任心，对于一些道德水平尚未发展到足够高度的人而言，不能一味要求他们去追求此类责任心，否则易流于空谈。

二、责任心的层级

责任心的类型多种多样，并且，个体的心理发展一旦从前道德阶段步入前习俗水平，个体的责任心就不再是"有"与"无"的关系，而是一个层级关系。① 就正确责任心而言，将"他律型责任心"与"自律型责任心"、"尽硬角色本分责任心"与"尽软角色本分责任心"进行排列组合，就生出了发展水平高低不同的多层次责任心。在此基础上，若再考虑到不同类型责任心在不同人身上所拥有的量的差异，结果，就能生出无数个层级的责任心。为便于读者理解，下面探讨五种水平责任心中的典型类型。

（一）拥有他律型尽硬角色本分责任心是做有责任心之人的底线

一个人若想做个有责任心的人，首先就要有他律型尽硬角色本分责任心，即在意识到外在有形或无形的监督力量存在的前提下，一个人不但要逐渐清楚地认识到恪守自己所扮演的硬角色的本职责任是做个有责任心的人的底线，而且要时时以此为准则身体力行。例如，一名学生若能在家长或老师的监督下，做到努力学习，那就表明其已拥有他律型尽学生本分的责任心。

用做人须要尽到他律型硬角色本分的眼光看，当今中国社会之所以存在某些不和谐因素，就是由于有一些人在其位，却不谋其政，在做人做事的过程中，明明知道有相关道德与法律的约束，却没有尽到自己所扮演硬角色的职责本分。而个体一旦滑落到这个底线之下，就会变成一个完全没有责任心的人。并且，一个人一旦缺乏对自己所扮演硬角色的基本责任

---

① 汪凤炎，燕良轼. 教育心理学新编（第3版）[M]. 广州：暨南大学出版社，2011：155-156.

心，做人做事就易马马虎虎，遇到难题时往往不愿迎头而上，而且易推卸责任。

（二）做一个拥有第二层次水平责任心的人

一个人若想具备第二层次水平的责任心，有两种典型做法：一是拥有一般水平的自律型尽硬角色本分责任心，二是拥有他律型尽软角色本分责任心。从自觉程度上看，前者高于后者；从角色大小角度看，后者大于前者。二者各有千秋，将它们视作类似水平。

1. 拥有一般水平的自律型尽硬角色本分责任心

在通常情况下，假若一个人无须外在力量的监督，就能够自觉地、经常地履行自己所扮演硬角色的本分责任心，此人的责任心就上升到第二个层次，拥有了一般水平的自律型尽硬角色本分的责任心。在日常生活中，如果某人在未受到外来巨大压力的前提下，兢兢业业、勤勤恳恳，自觉地、经常地履行自己所扮演硬角色的本分，就表明他已拥有一般水平的自律型尽硬角色本分的责任心。

2. 拥有他律型尽软角色本分责任心

假若一个人在外在力量的监督下，不但能够恪守自己所扮演硬角色的本职责任，还能尽到超出自己所扮演硬角色本分的责任，此人就拥有了他律型尽软角色本分的责任心。[①] 从这个角度说，一个人在外在力量监督下完成了自己所扮演硬角色的责任，若有余力，且在必要的情况下，还宜担当起某些软角色的责任。换言之，做人切不可采取"事不关己，高高挂起"的态度，切不可以"这不是我的本职工作"或"这已超出了我的职责范围"之类的话为自己不作为找借口，否则，不但会让自己逐渐变得冷漠，而且最终会害人害己。

（三）做一个拥有第三层次责任心的人

假若一个人在拥有一般水平的自律型尽硬角色本分责任心的基础上，

---

① 如果一个人在外在力量的监督下，不能恪守自己所扮演硬角色尤其是单位硬角色的本职责任，却去尽超出自己所扮演硬角色本分的责任，要么是此人一时心血来潮或良心发现，要么是此人拥有了错误的责任心或另有所图（并非真有责任心）。若是前一种情况，则是引导其产生正确责任心的一个良好契机；若是后一种情况，则要在责任心教育中谨慎地甄别，及时加以消除。

还能做到在无须外在力量监督与无须付出太大代价的条件下，就能够自觉履行超出家庭与单位角色本分的责任心，此人的责任心就上升到拥有一般水平的自律型尽软角色本分责任心的水平。当然，这要综合考虑如下两种情况：一是根据尽到一般水平的自律型软角色本分时自己是否需要付出成本以及付出成本的大小进行衡量；二是根据一般水平的自律型尽软角色本分责任心中所蕴含"大我"的发展程度，可将一般水平的自律型尽软角色本分责任心分为两个子级水平。

第一级水平是要做到在拥有一般水平的自律型尽硬角色本分责任心的基础上，还能经常自觉且努力地去做一些不会给自己带来任何损失，却对他人有利，但超出了自己所扮演硬角色必须承担的具体职责之外的事情。例如，当一个已拥有一般水平的自律型尽硬角色本分责任心的人在路上行走时，只要看到地上有垃圾，就能在无须监督下，自觉地随手捡起并将其放入垃圾桶内，就证明其已拥有最低限度的自律型尽软角色本分责任心。可见，在拥有一般水平的自律型尽硬角色本分责任心的基础上，再经常自觉且努力地去做一些不会给自己带来任何损失，却对他人有利，但超出了自己所扮演硬角色必须承担的具体职责之外的事情，这本是一件难度不大的事情，按理说，只要自己力所能及，每个人都宜有此层次的责任感，因为它既不需要人们付出什么成本，而且做出后还能给人带来愉悦心情。可惜的是，生活中很多人的责任心却达不到这个程度，其中一个原因是一些人的功利心太过严重，认为凡是不能给自己带来好处的事情都不值得去做。此种功利心不除，人的责任感就不可能得到大的提升。

第二级水平是要做到在拥有上述责任心的基础上，还能经常自觉且努力地去做一些虽可能会给自己带来某些不太大的损失，却能给他人、社会、本国或地球上的人与物带来益处，但超出了自己所扮演硬角色必须承担的具体职责之外的事情。例如，一个拥有一般水平的自律型尽硬角色本分责任心的人响应"保卫地球"的理念，平日自觉过低碳生活，充分节约每一滴水、每一度电，虽然由此而给自己生活带来某些不便，但却能自觉、持久地去做，就表明其责任心已达到第三层次中的第二级水平。如果有人自觉且持久地这样做，国家、社会和他人都应及时给予适度的褒奖。当然，因尽这种责任心常常需要人们付出一定的成本，不能强求每个人的责任感都达到这个层次，而只能引导人们朝这个方向努力。

（四）做一个拥有第四层次责任心的人

一个人若想具备第四层次水平的责任心，有两种典型做法：一是拥有高水平的自律型尽硬角色本分责任心，二是拥有舍小我成大我式、持久且自觉地尽软角色本分责任心。从所付代价大小角度看，两种类型责任心所付代价一般都极高，有时甚至是牺牲自我，所以，不是一般人能够做得到的。从角色弹性大小角度看，第一种类型责任心所履行的是硬角色的本分，弹性较小；第二种类型责任心所履行的是软角色的本分，弹性相对较大。从合情理程度高低角度看，第一种责任心的合情理程度高，第二种责任心因含牺牲小我以成全大我的价值观，虽易获得他人与社会的高度认同，却可能会引起家人的不满。

1. 拥有高水平的自律型尽硬角色本分责任心

如果一个人不但无须外在力量的监督，且在清楚地意识到外在力量的打压下，仍能够做到自觉履行自己所扮演的某种硬角色的本分，甚至为了履行自己所扮演硬角色的本分，宁死不悔，那么，此人的自律型尽硬角色本分责任心就上升到第四层次。例如，据《左传·襄公二十五年》记载，齐臣崔杼杀死齐庄公，当时的史家即据实直书："太史书曰：'崔杼弒其君。'崔子杀之。其弟嗣书，而死者二人。其弟又书，乃舍之。南史氏闻太史尽死，执简以往。闻既书矣，乃还。"① 面对淫威，抱必死之信念，坚定地自觉履行自己的分内责任，这样的史家没有理由不受到后人的尊重。② 当然，因尽这种责任心常常需要人们付出巨大成本，有时甚至要付出生命的代价，所以，不能强求每个人的责任心都达到这个层次，只能引导人们朝这个方向努力。但可以肯定，一个社会中具备这种责任心的人越多，这个社会里的人们就越少发生渎职行为，从而越易让人产生安全感和责任感。

在现实生活中，人们常说尽到家庭或单位角色的职责本分只是"自己应该做的事情"，不值得多说。不过，若深究，须区分三种情况。一个人

---

① 杨伯峻. 春秋左传注（修订本）［M］. 北京：中华书局，1990：1099.
② 方为. 史学何以值得尊重——反思中国史学传统［N］. 中国社会科学报，2011-05-12.

（尤其是一个身心已成熟的正常成人）在做人做事过程中，是在正常状态且要在外在力量监督下才能基本上尽到家庭或单位角色的职责本分，还是在正常状态且无须外在力量监督基本上都能尽到家庭或单位角色的职责本分，或是在绝大多数情况下尤其是在意识到有巨大压力前提下仍能自觉尽到家庭或单位角色的职责本分。这三者有差异：若是前者，那说明他已具备了他律型尽硬角色本分责任心；若是中间者，那说明他已有一般水平的自律型尽硬角色本分责任心；若是后者，那说明他已有非常高水平的自律型尽硬角色本分责任心。所以，一个人若像前者与中间者那样做人，他人与社会应给予肯定与赞赏；若像后者那样做人，他人与社会应给予高度的肯定与赞赏。从这个意义上说，我们赞成罗尔斯（J. Rawls）所主张的"不能把'本分'视作过于平常化"的观点。

2. 拥有舍小我成大我式、持久且自觉地尽软角色本分责任心

一般水平的自律型尽软角色本分的责任心与"舍小我成大我式、持久且自觉地尽软角色本分责任心"的共通之处是，都已拥有了自律型尽单位硬角色本分的责任心，都是在自觉地履行软角色的职责本分。二者的差异之处是：前者履行了家庭硬角色的本分；后者牺牲了家庭，没有很好地履行家庭硬角色的本分；前者所付代价一般不如后者高。

在中国，一个人牺牲家庭责任而去履行软角色的责任是被认可的，不过，若牺牲单位责任而去履行软角色的责任，通常情况下是不被认可的，甚至会为此受到惩罚。在此背景下，假若一个人虽未尽到家庭硬角色的本分，却已拥有了自律型尽单位硬角色本分的责任心，在此基础上还能做到在无须外在力量监督的条件下，就能够自觉地、持久地履行超出家庭与单位硬角色本分的责任心，不惜为此付出巨大代价，那么，此人的责任心就上升到一个高境界，即拥有了舍小我成大我式、持久且自觉地尽软角色本分责任心。例如，据报道，只为60多年前对战友的一句承诺，拥有上校军衔、享受师级退休干部待遇的欧兴田离休后，丢下儿孙，舍弃舒适的晚年生活，经过多年的艰辛努力，独自一人在安徽省固镇县清凉村建立起一个占地20余亩，埋葬2400多位抗日烈士的陵园，并坚持在此为牺牲的战友们守墓30年，为此花费了自己一生积蓄共130多万元，导致自己长年只能过着最简朴的生活，并不被自己的子女所理解。欧兴田的上述举动就证明其至少已拥有舍小我成大我式、持久且自觉地尽软角色本分责任心。

所以，对于像欧兴田这类做出这种崇高举动的人，国家、社会和他人都应及时给予应有的褒奖。当然，因尽这种责任心常常需要人们付出巨大成本，且为此往往要给自己的家庭带来巨大牺牲，本着人性化的原则，不能强求或鼓励每个人的责任感都达到这个层次，否则，易给人留下"在关键时刻越是大义灭亲、泯灭基本伦理亲情或人性的人，越显得自己的人格伟大"① 的怪印象。

（五）做一个拥有最高水平责任心的人

责任心的最高境界是排除万难，持久地拥有自律型真正关心宇宙苍生的大写之人本分的责任心，它是在一般水平的自律型尽软角色本分的责任心的基础上发展起来的，它高于后者的地方主要有二：一是拥有这种最高境界责任心的人，为了履行自己的职责，可以排除万难，可以做出任何牺牲，其自律程度已达最高水平；二是拥有这种最高境界责任心的人，时时刻刻都将宇宙万物（不仅仅是"我们的人或物"）纳入自己的道德共同体，成为自己关怀的对象。

马丁·尼莫拉牧师（Pastor Martin Niemöller）于 1945 年在《波士顿犹太人大屠杀纪念碑铭文》里写道：

> 在德国，起初他们追杀共产党员，
> 我不说话——
> 因为我不是一名共产党员。
> 接着他们追杀犹太人，
> 我不说话——
> 因为我不是一名犹太人。
> 继而他们追杀工会成员，
> 我不说话——
> 因为我不是一名工会成员。
> 进而他们追杀天主教徒，
> 我不说话——
> 因为我是一位新教徒。

---

① 汪凤炎，郑红. 中国文化心理学（第 3 版）[M]. 广州：暨南大学出版社，2008：80.

最后他们追来杀我，

此时再也没有一个人留下来

为我说话了。

马丁·路德·金也说："历史将会记录，在这个社会转型期，最大的悲剧不是坏人的嚣张，而是好人的过度沉默。"在当代中国社会，重温上述名言对于培育中国人高水平自律型真正关心宇宙苍生的大写之人本分的责任心颇有益处。

假若一个人在拥有一般水平的自律型尽软角色本分的责任心的基础上，还能无须外在力量的监督，就可排除万难，持久地自觉履行做个真正关心宇宙苍生的大写之人本分的责任心，此人的责任心就上升到最高层次。此时，他们一般会信守"宇宙内事都是自己的分内事"的做人格言，并为此而激励自己终身朝此前进，为达此目的，不惜付出任何代价。正如陆九渊所说："宇宙内事，是己分内事。己分内事，是宇宙内事。"明代东林党领袖顾宪成所撰名联"风声雨声读书声声声入耳；家事国事天下事事事关心"与明末清初思想家顾炎武所说"天下兴亡，匹夫有责"，讲的也都是这个道理。从这个角度看，做人要像梁漱溟那样，持久地、自觉地身体力行"以天下为己任"的做人格言，才能使自己尽快成长为有高水平责任心的人。

三、小结

综上所述，责任心的层级可用图 1 来表示。

根据图 1 所示，责任心有不同的层级。其中，低一层次责任心是发展高一层次责任心的前提与基础。每当个体的责任心向更高一层发展时，就意味着其道德发展水平或道德境界也上升到更高一层次。当个体的责任心发展到高水平自律型真正关心宇宙苍生的大写之人本分的责任心时，就达到责任心的最高境界。不过，千里之行，始于足下。做人先要尽到他律型硬角色本分责任心，若有余力，才可继续前行，追求更高境界。既不可将他律型尽硬角色本分责任心说得过低，从而要求人们在未履行此责任心之前就去追求更高层次的责任心；也不可将尽他律型硬角色本分的责任心说得过高，从而只要求人们尽到此责任心即可，而不鼓励人们去追求更高水平的责任心。

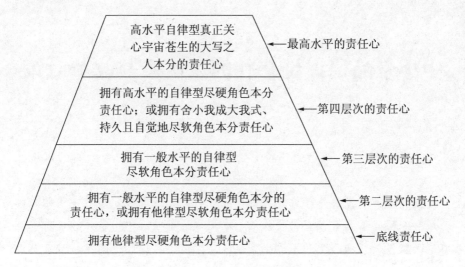

图1 责任心的层级示意图

道德教育评论2013

中小学品德评价存在的误区及其改革对策

南京师范大学道德教育研究所　齐学红

　　摘　要：学生品德评价作为教育评价的重要组成部分，对学生的品德养成和人格发展具有教育引导作用。本文分析了当前中小学品德评价普遍存在的数量化、功利化和惩戒化等误区，探讨了品德评价的独特性及其改革对策，提出应树立发展性的教育评价观，确立学生品德评价的学生主体观、全面功能观以及多维内容观。

　　关键词：教育评价；品德评价；发展性教育评价

　　学生品德评价作为教育评价的一个重要组成部分，对于学校德育工作具有导向、诊断、激励、服务和反馈等功能，是整个教育教学工作的关键环节。学生品德评价是教育者对受教育者品德发展状况做出的事实判断和价值判断，事关一个人如何做人、如何处事，是否得到周围人的认可，即人的社会化生存问题；对于社会而言，涉及国家对于未来一代在道德品质上的基本规格和规范要求问题。因其事关重大，因此评价的难度也大，成为当前教育评价中的重点和难点问题。本文在实证调查研究的基础上，分析了当前中小学品德评价存在的误区及其制度成因，从品德评价的独特性出发，提出了改进的对策——树立发展性的教育评价观，进而确立学生品德评价的学生主体观、全面功能观以及多维内容观，以期对教育实践有一定的启发借鉴意义。

一、中小学品德评价存在的误区

　　目前中小学经常采用的品德评价方法主要有三种：操行评语法、成长记录袋评价以及学生综合素质评价。从每种评价方法的内涵、具体实施办法以及存在的问题来看，学生品德评价作为教育评价的重要组成部分，在学校教育的制度设计中更多地发挥着对学生言语行为的规训作用，表现出如下三种误区，直接影响到品德评价的实施效果。

（一）品德评价的定量化

在学校普遍存在着过度追求科学化、精细化、高效性的管理文化背景下，学生品德评价呈现出过度追求评价的标准化和定量化的倾向。如同学科知识评价存在唯一正确的标准一样，品德评价也被设定了唯一正确的行为准则以及是非标准，进而对学生的言行施加无处不在的控制，导致学生真实生活的同质化。具体表现为：学生在学校里几乎说着同样正确的话语，刻意做出符合学校要求的规范动作，学校生活的丰富性、学生个性的差异性受到压抑，学校教育呈现出众口一词、千人一面的整齐划一格局，学校成为学生精神世界的真空地带，学生的真实思想和情感世界无法彰显，只能在虚拟的网络世界中满足自己渴望自由和追求个性发展的需要。人类在追求真理的过程中要经历一次次的尝试错误才得以发展进步，但是，在道德教育过程中却不允许学生越雷池一步，学生的真实思想，哪怕一个小小的错误都可能被记入评价手册，并伴随其一生。这样的品德评价造就的往往是虚假的道德人格，以及谨小慎微、毫无创造性可言的"好孩子"。道德评价成为套在学生身上的枷锁，成为学校教育对人施加控制的手段，而不是解放的力量。

（二）品德评价的功利化

在改革开放和市场经济的社会环境下，学校教育更多地表现出功利主义和实用主义色彩，在应试教育的背景下，品德评价不仅涉及对一个人品性的价值判断，具有价值引导的功能，更是同学生的切身利益，即同升学考试成绩联系在一起。学生品德评价不仅体现在个人的思想境界和道德的自我完善层面，而且被赋予更多的功利色彩。"三好学生"政策不仅在高考中得以体现，在小升初以及中考中也有所体现。作为一种奖励办法，市级"三好学生"和优秀学生干部都可享受一定的高考加分。此举对学生而言，意味着一个人的品德发展可以物化为个人的切身利益，进而为品德评价打上了功利化的烙印。品德发展从道德的高标和人的自我发展需要，降身为低层次的物质需求。品德评价不仅体现为社会对人才的甄别与遴选，同时还显性化为物质的奖励与实惠，同时又与权力、利益捆绑在一起，进而呈现出庸俗化、功利化倾向，成为学校与某些利益集团实现资本兑换的筹码，由此形成的日益恶劣的学校道德文化生态给学生身心的健康成长造成了不利影响。近年来，学术界围绕"三好学生"评价制度的存废问题引发的争议，即是对这一问题的具体反映。

品德评价的功利化倾向不仅体现在中考、高考这样一些学生生命中的重大事件中，还渗透在学生的日常生活中，进而主宰并塑造着学生精神生活的意义和价值。这集中体现在一些学校实行的"道德银行"的做法，以及由此引发的"道德能否市场化"的广泛争论。青少年"道德银行"昙花一现的事实表明，过分市场化对道德教育的冲击以及由此带来的弊端，是学校实施道德评价时尤其需要避免的。

（三）品德评价的惩戒化

从目前中小学普遍采用的品德评价办法来看，评价的主要目的是促进学生良好行为习惯的养成，评价的主要内容涉及纪律、卫生、活动和作业等诸多方面，评价的主要功能是奖惩，主要表现为对触犯学校纪律或未完成作业情况的惩戒等，主要的评价方法是量化评价。例如，在中小学生品德评价中普遍存在着以考试分数决定品德等第、以纪律决定品德等第的做法。我们不妨来看一所学校的规定。

> 学生有如下行为之一者，学期品德考核为不合格：
> 迟到、早退累计超过 30 次者；连续旷课一周或累计旷课超过一周者；翻越校墙、门窗者；损坏公共财物者；楼道内大喊大叫，嬉闹起哄者；打架斗殴者；勾结校外人员拦截、威胁、殴打同学、干扰教学秩序者；有小偷小摸行为者；考试作弊者；吸烟酗酒者；校园内、楼道内、水房里乱大小便者；攀折树木花草者；在宿舍内玩赌棋牌麻将者；威胁辱骂教职工者；威逼抢劫同学钱物者；违章用电者；拆阅他人信件者。
> 凡学生在校期间，有 3 次品德考核不合格者，则不予发毕业证。

这种以惩戒为主，把品德发展具体化为分数的简单机械做法，把学生完全变成了评价的客体，不仅不能调动学生自我发展的积极性，反而容易挫伤学生的上进心和发展的主动性，难以发挥品德评价应有的教育激励作用。

二、学生品德评价的改革对策

品德评价存在的上述误区不是孤立的，而是与学校品德评价的功能定位、对品德评价独特性的认识与把握以及品德评价的观念等直接相关。为了科学有效地实施品德评价，需要从品德评价的独特性入手，进而在观念层面加以改革。

（一）认识品德评价的独特性

相对于学业成就评价，学生品德评价的独特性具体表现在如下方面。

1. 学生品德形成的复杂性

同知识学习相比，学生品德的形成机制及其影响因素尤为复杂，具体表现如下。

第一，学生品德的形成机制问题。品德形成涉及知、情、意、行四个方面，缺一不可。从知到行往往存在一定距离，懂得道理未必就会产生相应的行动；在品德形成中还存在着动机与效果的不一致性。一般而言，要求动机与效果相统一，但在实际生活中动机与效果不一致的情况时有发生。好的动机未必产生良好的社会效果，有时甚至会适得其反，所谓"好心办坏事"。有时，好的社会效果未必出于好的动机，所谓"无心插柳柳成荫"。所以，评价道德行为不能仅考察动机或只考虑社会效果，需具体问题具体分析，防止片面性。

第二，品德形成的外部环境问题。在教学过程中，学生的学习较少受到社会外部因素的影响，而在品德形成过程中，家庭、亲友、社区等学校外部社会环境因素均起着重要的影响作用，而学校教育的影响往往是有限的。

第三，道德实践本身的复杂性。在道德实践中大量存在着"道德两难"问题，学生要学会面对并处理不同的生活实际问题，往往需要时间和经验的积累，即学校道德教育的效果往往具有滞后性，难以短期见到成效。

以上特点使得品德评价成为一项非常复杂的工作，不可能简单地用测验、测试等量化手段来评定学生的品德状态，量化方法只能在有限范围内使用。品德评价的过程在一定意义上还是一个深入研究学生、了解学生、与学生进行对话交流的过程，不能简单地用同一个标准去衡量每一个学生。同时，中小学生作为未成年人，其思想品德尚处于形成中，或者说世界观的基础尚未确立，行为容易反复，在对其行为进行评定时，要善于区分偶发性行为与经常性行为，用发展的眼光看待学生在成长过程中出现的问题。

2. 评价主体的多元性

制定学生品德评价标准的依据主要是《中小学德育纲要》《中小学生守则》和《中小学生日常行为规范》。《中小学德育纲要》作为学校实施德育的纲领性文件，反映了国家对中小学生道德面貌的基本要求，以及实现这一目标应有的途径、方法等。《中小学生守则》和《中小学生日常行为规范》则直接面向中小学生，规定了中小学生在学校日常生活中需遵守的基本行为规范和具体要求。除此之外，学校德育工作还有一套完整的制度设计，包括课程系列、活动系列、德育队伍系列、学校管理系列等，进而构成一个完整的学校德育系统。因此，学生品德培养的途径以及评价主体是全方位、多元化的，这就意味着，不同的评价主体对于评价标准的理解、评价主体的价值取向不可能整齐划一，而是存在歧义的，评价主体的多元性客观上增加了评价实施的难度。

3. 评定结论的非精确化

学生品德形成的复杂性、评价主体的多元性以及品德发展状况难以量化等特点，决定了品德评定的结论往往不是用成绩单的形式，而是以"品德评语"的方式加以呈现。品德评语是建立在班主任以及学科教师对学生的全面了解基础之上，并由班主任实施的评价活动。在实施品德评价活动中，班主任应以肯定激励为主，体现对学生的人文关怀，鼓励学生向更高的境界提升；品德等第的评定应体现模糊性，大部分学生应处于优或良的等级，不能采用"末位淘汰制"，更不能采用"好"与"坏"这样简单化的评价标准。由于学生的道德品质是在多方面因素影响下形成的，而且表现于不同的生活情境中，班主任在写评语前要多方面听取意见，特别要听取学生本人的意见，以便了解其处事的动机和真实的想法。如何写好、用好品德评语，更好地发挥品德评价的激励和引导作用，是班主任实施品德评价的出发点和立足点，需要用科学的态度认真对待，决不能敷衍了事。

（二）品德评价的观念变革

在充分认识品德评价独特性的基础上，为了克服品德评价存在的误区，还需要在观念层面进行变革，树立发展性的教育评价观，进而确立品德评价的学生主体观、品德评价的全面功能观以及品德评价的多维内容观。

1. 品德评价的学生主体观

评价主体问题反映了学校在学生品德培养活动中地位的合法性问题，进而构成品德评价的首要问题，即，谁来对学生的道德发展水平做出评价？道德评价的主体是谁？教师作为学生道德评价主体的合法性何在？仅仅凭借教师在道德认知上的优先地位（即使是"闻道在先"在今天也未必完全成立）就能认定教师在道德发展上一定优先于学生吗？对教师在学生品德评价中唯一合法地位的强调，反映了人们对学生品德形成发展规律性的理解与认识，即强调外在的道德约束的地位和作用，而忽视了学生作为道德发展主体的作用发挥及实现可能。这种由外而内的道德评价势必不能调动学生的评价积极性。

道德评价改革首先要从调动评价主体的积极性入手，使学生从评价的对象变为评价的主体，提高学生的道德分析能力和判断能力，培养富有创造性和实践能力的社会主义公民。21 世纪学校道德教育的使命是从"教会顺从"的道德教育转变为"教会选择"的道德教育[①]，而选择的前提是独立的道德判断能力。面对具有"明确表达的选择愿望、强烈主张选择权利、自愿承担选择后果"特征的"选择的学生"，学校和教师的角色不应只是规章制度的制定者和监督执行者，还应该是学生道德选择的引领者，学生道德成长的伙伴；评价活动不应成为外在的"标签化"过程，而应成

---

① 吴康宁. 教会选择：面向 21 世纪的我国学校道德教育的必由之路——基于社会学的反思[J]. 华东师范大学学报（教育科学版），1999（3）.

为学生自我展示、自我反思、自我成长的主动探索过程。例如，上海市嘉定区绿地小学以提高学生道德自我判断能力为出发点，设计"小公民道德点评"专栏，让学生对身边发生的不文明现象发表评论，组织大家献计献策；同时把自己学习生活中的困惑和烦恼向点播台投稿，并组织学生讨论，从而唤醒了学生的主体意识，使学生从被动评价的对象成为学校道德建设和管理的主人，促使学校道德评价的效果向社区、家庭辐射，发挥了学校应有的道德引领作用。

2. 品德评价的全面功能观

品德评价的功能可概括为如下方面：选拔与甄别、控制与发现、惩罚与赏识。目前中小学的品德评价实践无疑较多地强调了评价的选拔功能、控制功能和惩戒功能，而忽视了评价应有的甄别功能、发现功能和赏识功能。为此，需要树立全面的评价功能观，处理好选拔与甄别、控制与发现、惩戒与赏识的关系。

（1）选拔与甄别

目前，学生品德评价实践更多地强调评价的选拔功能，而忽略了评价的甄别功能。吴康宁在《学校的社会角色期待：现实及选择》① 一文中提出，学校在实现学生身心健康发展的教育目标的同时，需要对学生的知识构成、能力倾向、个性特点、文化意趣及发展潜能等内在特质有所甄别，这种甄别不是人们通常理解的对于"优劣"、"真伪"的价值评判，而是对于学生内在特征的一种事实辨别，是对学生之"独特性"、"适应性"的一种发现。而甄别的结果不应呈现为对不同学生之"人才价值"的比较性评价，而是对每一位学生之"人才价值"的肯定性评价，因而不会对学生造成伤害。而实现这一功能的前提是教师对每位学生独立人格的尊重，对学生独立性、差异性、发展性的全面了解和深入研究。换句话说，选拔与甄别的前提是把学生作为道德发展的主体和深入研究的对象，而不是简单地贴标签。

（2）控制与发现

目前，中小学生品德评价的主要依据是《中小学德育大纲》《中小学生守则》与《中小学生日常行为规范》，强调的核心价值是对既定行为规

---

① 吴康宁. 学校的社会角色期待：现实及选择 [J]. 教育研究与实验，2005 (4).

范的遵守和执行，道德评价的主要功能是对学生思想道德行为施加一定的控制，而不是对学生道德发展潜能的发掘和发现。这样的评价目标造就的往往是遵从型人格，而不是创造型人格。旨在发现的品德评价活动势必改变传统意义上教师与学生之间单一的评价与被评价关系，构建促进师生道德发展的共同体。江苏省无锡市五爱小学的做法就体现了这样的评价理念。"师生道德发展共同体"由学生和教师共同组成，以有意义的师生共同学习生活为载体，以促进成员德性发展为共同愿景，强调在过程中的相互对话、相互辩诘、相互认同、相互理解，在充分保障成员权益与责任的前提下，通过人际沟通、交流，分享个人经验与各种资源，而实现相互影响、相互促进的道德教育存在方式。"师生道德发展共同体"概念的提出和构建，改变了教师在学生道德发展中的优先地位和唯一合法性，把评价的目标定位为师生共同的道德成长，而不是拿一个永恒不变的尺子去量所有的学生。

（3）惩罚与赏识

与品德评价的甄别、控制功能相对应，目前学校道德评价主要体现为一种奖惩性评价，注重以筛选为主要目的的相对评价，用排名次的方法刺激学生个体之间的相互竞争。这种做法虽有利于团体内部形成力争上游的风气，但容易给学生带来心理上的压力，造成学生之间的两极分化，使教育偏离既定的目标。奖惩性教育评价注重奖惩，对学生以分数论高低，使评价结果直接与奖惩挂钩。这种以奖惩为目的的评价，容易导致评价的功利主义倾向。

现代教育呼唤和提倡的是发展性教育评价。发展性教育评价的结果不直接与奖惩挂钩，它以学生的全面发展为目的，评价结果注重发展不注重奖惩，但不排斥奖惩。凡是在原有基础上有进步、有发展的学生，都应该得到鼓励或奖励；淡化评价的奖惩功能，在注重共性的同时，体现对学生个性发展的要求，适应不同学生的特点，使评价更有效地激发和促进学生的自我反省和自主意识，凸显评价的教育性。发展性教育评价注重绝对评价，它以团体外部的教育目标为标准，评价团体成员达到目标的程度，激励学生向着预定的目标努力，促使学生朝更高的要求发展，使每个学生都能得到评价的鼓励和发展的机遇。

3. 品德评价的多维内容观

目前中小学生品德评价的内容主要包括道德认知、品德行为、人格发展及综合测评等方面。而许多学校在具体实施过程中更多地注重了学生的道德认知水平，而不是道德行为能力；评价的重点集中在学生日常行为规范的认知层面，而非日常行为层面，因而难以全面衡量与体现学生真实的道德发展水平。品德评价中充满矛盾与悖论之处在于，学校在对学生进行品德评价时，评价内容和目标定位上的高位，与实际行为层面简单机械要求之间的反差。例如，有的学校把学生的人格发展目标作为品德评价的内容，提倡的是独立、自尊、自信、自治、自强等现代人格特质。但是，在具体实施过程中，强调的却是按部就班、不折不扣地执行学校规定的各项学习任务，不允许越雷池一步。培养目标与具体实施过程的要求是不吻合的。

为此，学校应树立全面的评价内容观，将学生的道德认知能力、行为能力、社会交往能力以及现代人格特质的要求等全面素质纳入品德评价的内容。同时，评价应放在人与自然、人与社会、人与他人的关系维度中加以考查，而不是孤立地指向学生个体。因为一个人的品德本身就是一个关系性概念，对学生实施品德评价也必须将评价放在学生所处的社会关系系统中进行。例如，南京外国语学校仙林分校对学生实施综合素质评价多元奖励条例①，将中学生综合素质分为六个维度：道德品质、公民素养、学习品质、交流合作、运动健康、审美表现。各维度下表彰类型有 19 种，爱国学子、浩然学子、勤俭学子、孝敬学子、诚信学子、"三自"学子、清雅学子、爱心学子、环保学子、善学学子、勤奋学子、创新学子、雄辩学子、合作学子、实践学子、领袖学子、阳光学子、"五环"学子、艺术学子。如果认为还拥有其他优秀表现，各年级组还可以设立自报项目进行表彰。所有这些，意在让每个学生的个性特长都得到认可，体现了面向全体学生的教育性原则，凸显了评价对学生全面发展的促进作用，使评价过程成为学生不断认识自我、发展自我和完善自我的过程，进而有助于激发学生积极向上的道德人格的形成。这样的做法是值得提倡的。

总之，学生品德评价因涉及对学校德育目标的达成度以及对于学生品

---

① 参见南京外国语学校仙林分校《中学生手册》，第 42 页。

德发展状况所做出的事实判断与价值判断，在学校德育工作中占据着举足轻重的地位。同时，品德评价作为一门复杂的科学，应该包括哪些内容，如何实施评价，如何做到科学客观等问题，仍然是当前教育理论界和实践领域一个亟待解决的重点、难点问题，需要认真研究，科学对待，以更好地发挥品德评价的教育激励作用。

出版　人　所广一
责任编辑　李宗喜
版式设计　沈晓萌
责任校对　贾静芳
责任印制　曲凤玲

图书在版编目（CIP）数据

道德教育评论. 2013／高德胜主编. —北京：教
育科学出版社，2014.2
　ISBN 978－7－5041－8271－5

　Ⅰ．①道…　Ⅱ．①高…　Ⅲ．①德育—中国—文集
Ⅳ．①G41-53

　中国版本图书馆 CIP 数据核字（2014）第 009004 号

出版发行	教育科学出版社		
社　　址	北京·朝阳区安慧北里安园甲9号	市场部电话	010-64989009
邮　　编	100101	编辑部电话	010-64981259
传　　真	010-64891796	网　　址	http://www.esph.com.cn
经　　销	各地新华书店		
制　　作	北京大有图文信息有限公司		
印　　刷	保定市中画美凯印刷有限公司		
开　　本	169毫米×239毫米　16开	版　　次	2014年2月第1版
印　　张	14.25	印　　次	2014年2月第1次印刷
字　　数	219千	定　　价	33.50元

如有印装质量问题，请到所购图书销售部门联系调换。